邪馬台国の夜明け

新たな視点と緻密な検証で真実に迫る

髙木 豊博

東京図書出版

はじめに

邪馬台国については多くの研究者が探求しており、書店には数多くのそれに関する本が並んでいます。私自身も他の人と同じように、若い時から興味を持ち色々な本を読み続けてきましたし、インターネットの掲示板も見てきました。しかしどの本や掲示板を見ても、自分自身に対して心から納得できる説明がなされたものが見当たらず、またたとえ最新の研究と称するものでも、探求方法では『魏志倭人伝』を無理に解釈していて論をなしていないものも多いようです。

また陳寿が『魏志倭人伝』を書いた晋の時代は、漢の時代からのしきたりがまだ生きていた時代で、彼が参考にしたであろう役人の旅行報告書や交通手段に関する木簡や竹簡などの資料の研究成果が、今の邪馬台国の研究者に生かされていないことにもあります。

私の専門は、本来は土木構造物の設計ですが、それ以外の多岐の技術の仕事も担当してきました。それらの仕事で特に九州の各地に出張を繰り返すうち、この島全体の状況がよく掴めてきました。また昔から、世界各地の途上国などに出張することも多く、それらの国々での見聞で、弥生時代の事物に繋がるものが多くあることを再認識し、より深く古代史の様相を目に浮かべることも出来るようになりました。

そうすると考古学についての興味が深まり、探求するにつけ、いつのまにか邪馬台国は宮崎ではないかと漠然と感じるようになってきました。日向の古い名前「ひむか」が女王卑弥呼の「ひみこ（ピミカ）」に通じることが大きな理由でしょう。フィーリングで位置を決めるのは、良くないことと分かっているつもりですか、証拠を積み上げてきた段階、位置をほぼ特定できた段階になり、最初の勘が当たっていたことを嬉しく思っています。

高校時代に宮崎康平氏の『まぼろしの邪馬台国』を読んだ時に、奴国から南に国々を比定していく箇所に深く感動したことを今も覚えています。この影響は私には非常に大きなものでした。私の探求方法も知らずにこれに倣っているようです。ただ、彼の書籍では途中から無理に島原に持って行こうという姿勢が見られ、失望も覚えました。だからこそ、これが正解だという旅程を書きたいと考えたのが、私の最初の動機でした。

そして25年前に、私なりに考えて最初の粗原稿を作り友人に見て頂いたのですが、その後は仕事の忙しさにかまけて、掲示板で論争する以上のことは出来ませんでした。この時の調査で邪馬台国が都城盆地にあるというところまでは掴みましたが、卑弥呼の墓が分からなかったことでそれ以上の展開が出来なかったというのが正しいかもしれません。

その後、大地舜氏のホームページ内「カルタゴ皇帝ゴンの世界」と、日高祥氏が書かれた『史上最大級の遺跡　日向神話再発見の日録』を拝見した時に「卑弥呼の墓」がついに見つかったという驚きとともに、やはり宮崎が邪馬台国の地であったことに確信や自信を持つことが出来ました。

九州各地の風土は、県ごとに独特なものがあります。これらは、その土地が培ってきた歴史的な産物であり、それらの由来を知ることにより得た知識や日高氏の著書から、今ようやく私自身として邪馬台国はここだと誇りを持ち決めることが出来、やっと長年の不安感を癒やすことができました。知人に話したところ、皆から原稿にしたらいいよとの勧めを受けたので、ここに発表する機会を作ることができました。

ここで述べる内容は、25年前にワープロで作成した粗い原案をさらに発展させたものです。当時としても今までの探求手法とは異なった新しい視点で書いていますが、今回はそれをより深めたものとしています。その後に発見した新たな情報も加えています。私が発見したこれらの一つ一つの内容は非常に簡潔であり、何故他の研究者が分からなかったのか不思議に感じています。

この思考の過程のなかで、『魏志倭人伝』が深窓の学者にしか研究出来ないような、そして勝手で無理な解釈をしなければ分からないようなものではないことが、よく理解できました。

真実は簡単であり、誰にでも普通の常識があれば、分かるものであるし、まとめた陳寿が心血を注いだもので、非常に正確なものであることも分かりました。これは読者がこの本を読み進めていくうちに気が付かれることと思います。文章は、出来る限り平明に書こうと努力しましたが、技術者のくせで少し硬いかもしれません。

『魏志倭人伝』は、本来『三国史』の「魏書」第30巻烏丸鮮卑東夷伝《うがんせんぴとういでん》の倭人の条ということですが、本書では、『魏志倭人伝』と単純化しています。

なお邪馬台国の「台」が本当はこんな字だったとか、「1月」は「1日」の間違い、「景初二年」は「景初三年」の間違い、送られた鏡は何か、台与は壱与とかいうような神学論争には興味がなく、それらについてはこの本の中では、私の力不足もありますので取り上げていません。ご了承下さい。

なおこの原稿に、協力頂いた日高祥氏には心からの感謝を述べさせて頂きます。

令和4年12月吉日

髙木豊博

邪馬台国の夜明け◇目次

目次

第1章　女王国の国々

1 旅程の記事の見方

邪馬台国の位置の解明については、いろいろな人が挑戦してきました。勿論私もその一人です。しかし古代中国の地理誌については基本的なルールがあるように思えます。それを解決するには古代中国の地理誌の形式を知ることが重要だと思います。その解決がないために、邪馬台国の位置が、学者や在野の研究者ごとに違う百家争鳴と言われる迷走状態に陥っているのが現状です。日本各地、場合により海外の地が比定地として名乗りをあげています。

この混乱を整理するために、まず一番重要な旅行の報告書の有り方について述べたいと思います。古代中国の地理誌は、官僚が地方旅行を行った後の報告書に基づいて作成されていますので、次のような２段階形式になっています。

(1)　出発地～A、A～B、B～C、C～D、D～(到着地・目的地)とした場合、それぞれ旅行した区間ごとにその旅程（方位、距離、日数）を最初に述べます。そしてA、

B、C、Dなどの宿泊した場所の特徴を書くという流れです。『魏志倭人伝』が準拠した報告書も、その形式に従ったものだったでしょう。第一段階としては、帯方郡~狗邪韓国、狗邪韓国~対馬（海）、対馬（海）~一大（一支）、一大（一支）~末羅、末羅~伊都、伊都~奴、奴~不弥という具合です。これは女王国の領域に達した時点で、記述が止まっていますが、一つの区切り（古代の支配者の領域）がそこにあったことを窺わせます。

(2)

次に締め括りとして、出発地~目的地までどのような方位、距離かを述べます。出発地からみた到着地・目的地がどこにあるかが重要です。これは誰もが知りたいことです。どの歴史書の地理誌でも、中心地から対象の目的地までが必ず記載されます。漢を中心とした地理誌ですと、以下に述べるように洛陽が中心となり、そこからそれぞれの目的地への方位、距離が示されています。この形式に準拠すると、『魏志倭人伝』では、出発地が帯方郡ですので、そこからの方位、距離を示していると分かります。

ちなみに、締め括りの見本として『続漢書』郡国志五に載る南方の諸国での位置関係を示すと、次のようになります。雒陽は洛陽のことです。

●南海郡　武帝置。雒陽南七千一百里。七城，戶七萬一千四百七十七，口二十五萬二百八十二。（東へ約20度）
●蒼梧郡　武帝置。雒陽南六千四百一十里。十一城，戶十一萬一千三百九十五，口四十六萬六千九百七十五。
●鬱林郡　秦桂林郡，武帝更名。雒陽南六千五百里。十一城。
●合浦郡　武帝置。雒陽南九千一百九十一里。五城，戶二萬三千一百二十一，口八萬六千六百一十七。（真南）
●交趾郡　武帝置，即安陽王國。雒陽南萬一千里。十二城。（西へ約15度）
●九眞郡　武帝置。雒陽南萬一千五百八十里。五城，戶四萬六千五百一十三，口二十萬九千八百九十四。
●日南郡　秦象郡，武帝更名。雒陽南萬三千四百里。五城，戶萬八千二百六十三，口十萬六百七十六。

これを見ると、南方向というのは交趾郡（西へ約15度）から南海郡（東へ約20度）の範囲に収まっています。そのことから、帯方郡からみて、九州の東へ約20度の傾斜は、九州が南方向といえる範囲内にあるとして良いと思われます。

古代中国の地理誌では「南」の方角であってもばらつきがあり、また距離もさほど正確なも

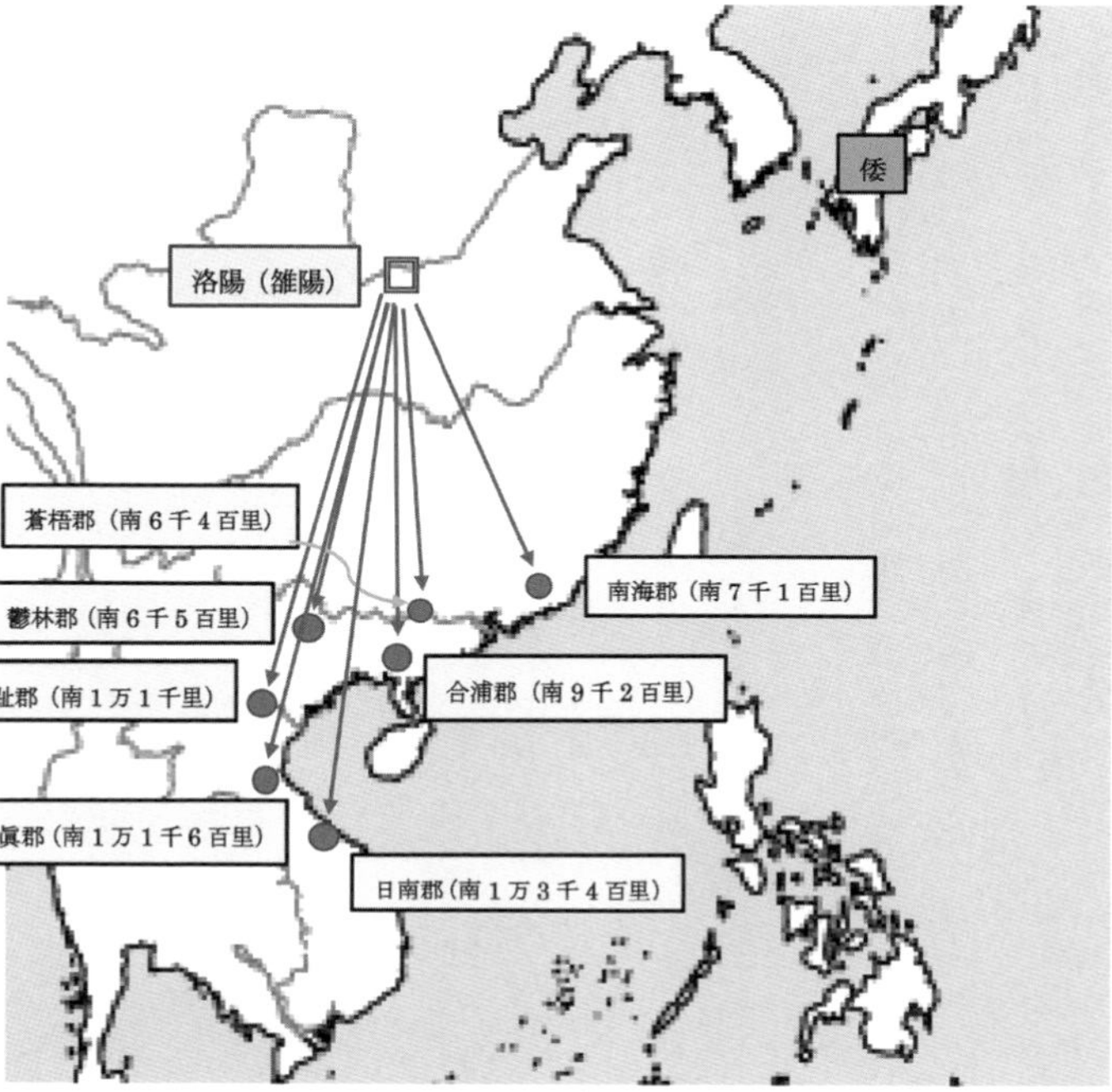

図1-1　洛陽から見た南部の支配地域までの距離

のではないことが分かりますので、図を参考に示しました。

2 投馬国と邪馬台国の位置

まず投馬国まで南へ水行20日の記事が出てきますが、これは投馬国が、出発地帯方郡より南方角に水行20日行った場所にあることを示しています。

次に南の邪馬台国は、水行10日、陸行1月にあるということですが、これは帯方郡から南に水行10日、陸行1月行った場所にあるということを示しています。そしてこの地は、会稽東治の東にあるというのですから、交点を結ぶと自ずとその位置が分かります。この位置の詳細については、後程述べさせて頂きます。会稽の南に東治（城）があり両地方はかなり離れていて両地域が一つの地域として説明されることは、古代中国でも例がありませんが、これは説明上一まとめにしても差し支えがないと判断させて頂きました。

図1-2　邪馬台国の位置の一次推定

帯方郡から出発した第一段階の旅程が奴国で止まっていますが、これはすぐ南に女王国の領域があり、それに達した時点で、国の支配が異なっていて記述が止まっているためです。ここから南側には皆さんがよく知るいわゆる「不明21ヶ国」が登場しますが、これは[3]で述べさせて頂きます。

[3] 21ヶ国はどこか

いわゆる不明21ヶ国については、陳寿が引き立てられた張華の『博物志』に載せてあったあいまいなものをそのまま記載した、あるいは邪馬台国まで出張していない偽の報告書をそのまま信頼して記載したなどの理由をつけ、いい加減なものとして無視している研究者が殆どです。たとえそうでなくても、日本国中の都合の良い地名に当てはめて、その位置を主張しているのが見うけられます。

しかしこの21ヶ国の位置を知ることが、この邪馬台国問題を解決する最も重要なクリティカルポイントと思いますので、旅程問題を解決するその最初の手順として、これらの国々を探りたいと思います。これらの国々は、女王国の範囲の国々で、魏使が通った道筋にある国々です。

邪馬台国は、その一番先にあります。

21ヶ国の記述は、下記のように「次有○○国」となっています。邪馬台国の位置の説明に続く文章です。

「女王国自《よ》り以北は、その戸数・道里略載を得《う》べきも、其の余の旁《ぼう》国は遠絶にして詳《しょう》を得べからず。次に斯馬《しま》国有り、次に巳百支《いわし》国有り、次に伊邪《いじゃ》国有り、次に都支《たし》国有り、次に弥奴《みな》国有り、次に好古都《ほかた》国有り、次に不呼《ふこ》国有り、次に姐奴《しゃな》国有り、次に対蘇《つそ》国有り、次に蘇奴《そな》国有り、次に呼邑《こゆ》国有り、次に華奴蘇奴《かなそな》国有り、次に鬼《き》（木）国有り、次に為吾《いご》国有り、次に鬼奴《きな》国有り、次に邪馬《やま》国有り、次に躬臣《くし》国有り、次に巴利《はり》国有り、次に支惟《きい》国有り、次に烏奴《おな》国有り、次に奴《な》国有り。これ女王の境界の尽くる所なり。」

「次に○○国有り」という意味ですが、この「次」というのは、順序や続くの意味の他、当時の軍事用語としての「1泊して次に向かう」という意味もあります。そのため『新漢語林（大修館）』では、「人が吐息をついているさまをかたどり、ほっとしてやどるの意味をあらわす。」、また「つぎにつづくの意味をも表す」ともなっており、順序的なものと宿泊的なものを示しています。『漢字源（学研）』では、順序の他「やどる。とまる。もと、軍隊がざっと部署をととのえて宿営する。また旅の間に一日だけとまる」と説明されています。

つまり「行軍途中での軍隊の小休止」、「泊まる」という意味が最初にあり、次第に物を順序つけて並べる意味が強くなり、順序を表す意味の方に移っていったようです。

「次」の字については、二つの字の構成からなっており、「二」が「並べる」、「欠」が「人が体をかがめて周りを整理する」という意味を持っています。

従ってこれらの21ヶ国は、勝手な場所に別々にあるのではなく、1日行程の範囲で連続したルート状に繋がっていることを表しています。勿論その到着点は『魏志倭人伝』に「次に奴国あり、此れ女王国の境界の尽くる所」と原文にあるように奴国ですが、邪馬台国からの順番となっていますので、それを終点からとして逆方向で考えてみました。

邪馬台国の横に（次に）斯馬《しま》国があり、邪馬台国が南にあるとしたら、この21ヶ国は縦方向に北に向かって繋がっているはずです。そして当然のことですが、出発点を奴国にして逆に南に下がれば、邪馬台国の位置も判明するはずです。『魏志倭人伝』に「奴国」を2回書いているのは、これに気づいてもらうための表現なのでしょう。

『翰苑』は太宰府天満宮に伝世されていた唐の張楚金の撰、雍公叡が注を付けた書物です。中国を取り巻く北は匈奴、西は西域、南は両越、天竺までの各国の様子を述べたものです。その蕃夷部の中に倭国が書かれており、『魏志倭人伝』の内容を簡単に纏めたものも載せられています。

この中に、「邪は伊都に届《いた》り、傍《かたわ》ら斯馬《しま》に連なる」という表現が入っています。これは伊都国から斯馬国までの国々が、一連の流れで連なっているということで、「次有」という表現を的確に表しています。昔の方は、そう正しく解釈していたのでしょう。

またここには、「伊都《いと》国に到る。また南して邪馬台国に至る」とも書かれていて、伊都国の南側に邪馬台国が位置していることも述べられています。

『魏志倭人伝』に「女王国自《よ》り以北は、その戸数・道里略載を得《う》べきも、其の余の旁《ぼう》国は遠絶にして詳《しょう》を得べからず。」と書かれてあるのは、女王国の端の奴国より北は戸数・道里を載せられるが、21ヶ国以外の国々は旅程のルート上にはなく、詳細情報が得られない旁《ぼう》国として扱っているということを表しています。

4 当時の国の概念

『常陸国風土記逸文』に「昔は郡を国ということが多い」とありますが、これは現在の歴史研究者も同様の認識をされているようですので、私もそれに従います。従って最初に比定する際の基準は、『和名抄』に載る郡名程度としますが、当然違う場合もあります。

学研の『漢字源』では、「或いは弋《くい》＋口（四角い区域）の会意文字。金文の或の字は、口印を上下両線で区切り、そこに標識のくいをたてることを示す。弋はのち戈《ほこ》の形となり、ほこで守る領域を示す。」となっています。これは城壁で囲まれた武器で守られる中国の都市をイメージしたものですが、日本では境界という概念が乏しいので、本来の概念は使えないでしょうね。日本での国とは、当時の中心的な村を中心とした漠然とした地域で、のちに郡ということで一つの行政単位とされた範囲と考えて良いと思います。

5 21ヶ国の比定

いよいよ21ヶ国を探る旅に出たいと思います。

(1) 奴《な》国

この奴国は、『魏志倭人伝』では「女王の境界の尽くる所」と紹介されています。南にある女王国との間のボーダーをなしている国です。この奴国は、那珂や那の津の地名とのつながりから福岡市と春日市に比定されています。弥生銀座と呼ばれる福岡市の南側の春日市の須玖岡《すぐおか》本《もと》遺跡が有名ですが、弥生時代の始まりの米作文化の発祥地である空港横の板付《いたづけ》遺跡、東北地方の漆を塗った土器が出土した雀居《ささい》遺跡、比恵《ひえ》・那珂遺跡の都市的遺跡など、豊富な遺跡群が存在しています。

ここには福岡県最古の墳丘長75mの前方後円墳の那珂八幡古墳もあります。中学生の頃、この墳丘で、上下に分かれて雪合戦をしたことを今も覚えています。

当時、福岡市の西部には吉武遺跡、高木遺跡、東入部《ひがしいるべ》遺跡群、通称早良《さわら》国がありましたが、卑弥呼の時代には既に廃れていましたので、前述した福岡市の中心部から春日市にかけての一帯が、奴国の中心でした。

須玖岡本遺跡からは、銅剣・銅矛や小銅鐸などの青銅器を作るための鋳型を始め、銅矛の中《なか》子《こ》や取瓶《とりべ》・銅滓などの生産に必要な遺物、ガラスや鉄の工房跡もみつかっています。奴国は、我が国における有数の、そして恐らく最初の工業地帯というべき地域であったろうと思われます。春日《かすが》市の地名の「すが」は、谷川健一氏によると金属精錬に縁のある地名だとあり、この地の名前として相応しいと思われます。

比恵《ひえ》・那珂遺跡群（福岡市博多区）は、福岡平野のほぼ中央にあり、東西を御笠《みかさ》川と那珂川に挟まれた丘陵上にあります。中央を幅約９ｍ、南北の延長１・５㎞の計画道路遺構があり、その周辺は「街区」を形成しています。まさに都市です。

この奴国には、多々良《たたら》川、須恵《すえ》川、宇美《うみ》川、御笠《みかさ》川、那珂川、樋井《ひい》川、室見《むろみ》川などが、ほぼ南から北側の博多湾に流れています。これらの川が土砂をより下流側に堆積させており、土地の隆起をもたらし年々海岸線を湾側に押しやっています。

そのため弥生時代やそのすぐ後の時代まで、海岸は遠浅の状態になり、大型船が着ける状態になく、津としては湾の西側の今津《いまづ》湾が用いられたものと思われます。意外なことに博多湾が津として整備されたのは、『日本書紀』によれば、ずっと後の宣化《せんか》天皇元年五月の条に、「宮家《みやけ》を那津《なのつ》の口《ほとり》に修造《つくりた》てよ」とあるのが初めてです。今津の南の周船寺《すせんじ》という地名も、その頃に出来たのでしょう。船を管理する役所が置かれた所です。

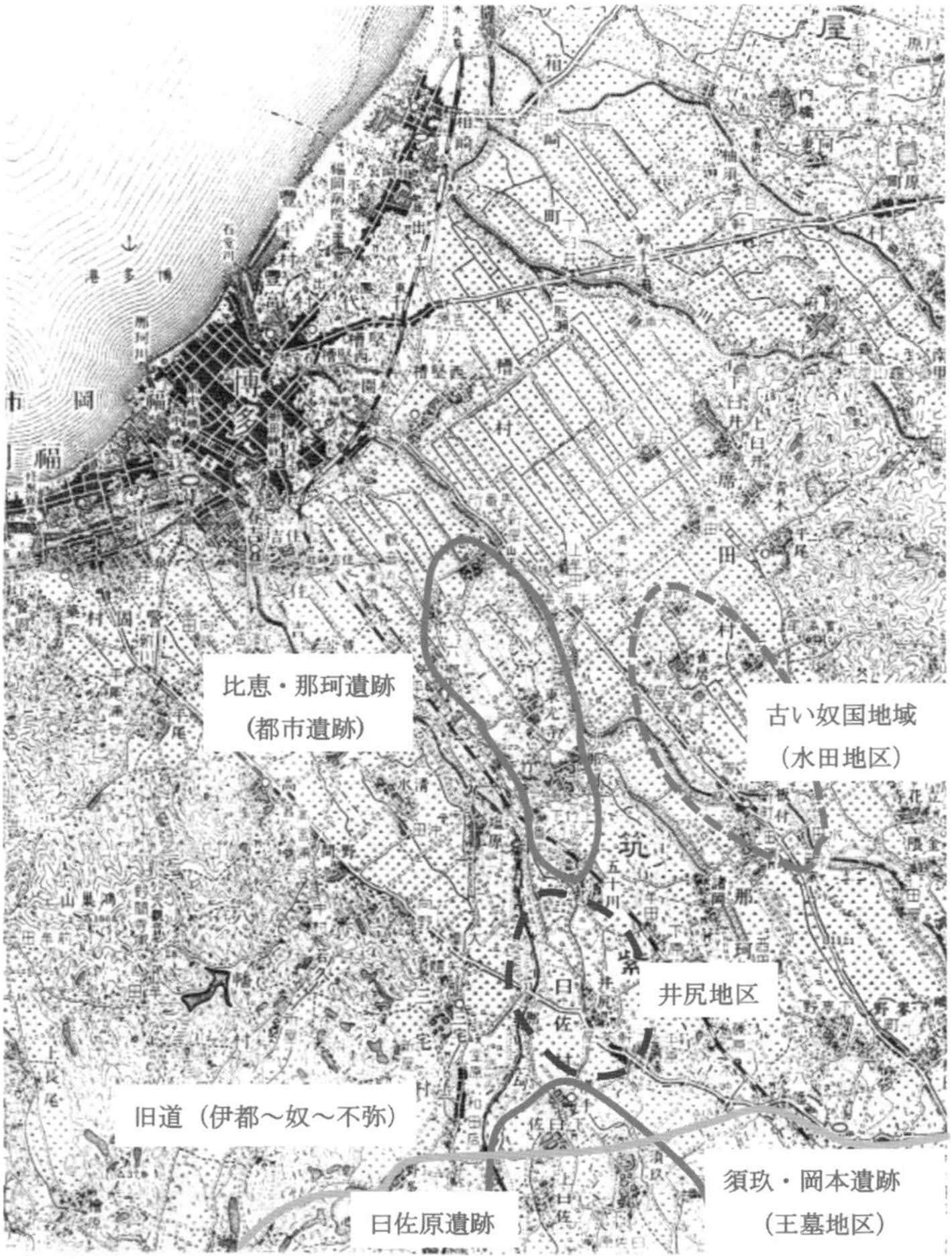
比恵・那珂遺跡
（都市遺跡）
古い奴国地域
（水田地区）
井尻地区
旧道（伊都～奴～不弥）
須玖・岡本遺跡
（王墓地区）
日佐原遺跡

図1-3　奴国

この奴国の王都の位置は、まだ十分な検討がされていません。しかし私はこの地域に生まれ育ったため、幸い肌身で地形を感じることが出来ます。この場所は北の比恵遺跡と南の須玖岡本遺跡の丁度中間ぐらいにあったのではないかと推測します。地形をみた印象として、須玖岡本遺跡から歩いて15分ほどの井尻《いじり》付近が相応しいと考えています。

「井尻」という地名は、井が「斎《いつき》」の意味を持ち、尻は「はて、末端」の意を表しています。尻と付いたのは、須玖岡本遺跡付近から低くなった地形が、ここから北の五十川《ごじっかわ》にかけて丘上の台地をなしており、その西北端にあるためでしょう。

⑵ 烏奴国《おな》

この烏奴国は、筑前の国御笠郡に「大野郷《おおの》」「大野山（四天王寺山）」があり、西暦663年朝鮮で唐・新羅連合軍に破れ、その防衛のために朝鮮式山城を設けた地域一帯であると思われます。範囲としては、現在の大野城市と太宰府《だざいふ》市を合わせた領域が考えられます。

この地は、俗称二日市水道と呼ばれる地峡があり、JR鹿児島本線、西鉄天神大牟田線、国道3号線や九州縦貫自動車道が通っています。朝鮮式山城を設けた時代（665年）に、この狭い地峡を利用した「水城《みずき》」と呼ばれる堤防上の防塁も築かれています。しかし現在は、上記のインフラにより、堤防が寸断されているのは残念な気がします。

御笠川も流れており、江戸時代まで博多を結ぶ水運の川として使われていたようです。この大野の地の東側の奥には大宰府政庁が設けられました。

大野城市の弥生時代の遺跡としては、上大利《かみおおり》遺跡群があり、牛頸山《うしくびやま》から北側にのびる丘陵のうち、現在日《ひ》の浦池《うらいけ》となっている大きな谷から南西にのびる小さな谷にあります。縄文時代から中世までの遺跡があります。村の中には、竪穴住居や掘立柱建物があり、水の確保が困難であったのでしょう、井戸が何本も掘られています。この遺跡は春日市と距離が近く、奴国に入れるとする意見もありますが、私はこの烏奴国が良いと考えます。

太宰府市は、大宰府跡、観音寺境内、筑前国分寺跡、大宰府学校院跡など豊富な遺跡が残されています。なお「ダザイフ」の表記については、太宰府と大宰府のように区別して使われています。古代の印影（押印された院の文字が）は「大宰府の印」となっているのですが、奈良時代に既に「太宰府」という名称も使用されており、はっきりした区分はありませんでした。しかしそれでは不便ですので、昭和30年代末頃、九州大学の鏡山猛《かがみやまたけし》教授が、遺跡には「大宰府」、中世以降の地名や天満宮には「太宰府」を使うよう提唱し、今に至っています。

⑶ 支惟国《きい》

この国は、佐賀県三養基郡基山町と筑紫野市、小郡《おごおり》市、鳥栖市あるいは筑前町を合わせた範囲に想定出来ます。『和名抄』で基肄《きい》郡基肄郷と呼ばれている所で、大野城と同じ時期に、防衛のための基肄城が設けられた一帯です。「木伊」という呼び名も残っています。

ここは交通の要所で、『延喜式』では鳥栖郷を通り佐嘉（現在の佐賀市）に向かう道と、御井《みい》駅を通り筑後から南に向かう道の分岐点として、駅馬10疋と伝馬5疋を置く基肄《きい》駅が設けられています。

隣接の小郡市は、三沢遺跡、津古内畑遺跡を始め多くの遺跡に恵まれています。特に注目されるのは、小郡・筑紫野ニュータウン建設に際して発掘調査をされていた地区について、筑紫野市や小郡市で非常に多数の甕棺が出土していることです。このうち筑紫野市の甕棺からは、戦闘時に打ち込まれたと思われる石剣・石戈・銅剣の切っ先や石鏃を伴ったものが発見されています。

また小郡市には全長33mの津古生掛《つこしょうがけ》古墳があり、ここからは3世紀初めころ製作された直径13・4㎝の方格規矩鳥文鏡《ほうかくきくちょうもんきょう》が出土しています。また最古級の布留式土器も出土しています。全長40・5mの九州最大の前方後方墳である筑前町（旧夜須町）の焼ノ峠古墳も範囲に入れて良いかもしれません。

『肥前国風土記』に景行天皇が巡行した時に、筑紫御井《みい》郡の高羅行宮より見渡せば、霧が基肄山一帯にかかっていたので、「霧の山」といったとの話があります。

⑷ 巴利国《は(ぐ)り》

この国は、甘木市から朝倉郡杷木町（現朝倉市）にかけての地域に比定できます。巴利の音は上古音では「pag-l｜i」となり、「ハグリ」の音であり、古代「ハグリ」であったものが「グ」の音が強くなり、「ハギ」に変化したと思われます。この地は、『延喜式』では筑前の上座郡《かむつあさくら》に設けられた「杷伎駅《はぎ》」や「広瀬駅」があり、伝馬5疋が置かれた所です。

この杷木町からは、外周２・２５㎞の神籠石が発見されています。神籠石は6～7世紀に造られたものですが、近くに朝倉宮が設けられた朝倉市があり、また古墳が多く、古くから筑後川が平野に流れ始める肥沃な要衝の地であったと考えられます。このため、この地は北部九州における邪馬台国の地としての最大の候補地とされている所ですが、私としては、南の邪馬台国に向かう通り道の国と考えています。

ここで何故使節一行が支惟国より東側に進路を取ったかについて説明したいと思います。造陸運動と貝塚の状況から、縄文時代の早期では標高20ｍ前後、縄文後期では標高10ｍ前後、弥生前期では５ｍの線が海岸線であったと思われます。これから言えることは、邪馬台国の時代は、北野平野の沖積は終了し、久留米市の南西側の海岸線があったと思われます。

しかし、北野平野は埋没作用が終了したとはいえ、甘木付近で岡状になっている一部を除いて、葦の生える湿地帯であったと思われます。そこで帯方郡からの魏の使者は、この病気の巣窟の湿地帯を避け、筑後川上流に迂回したと考えられます。これは、次の躬臣国《くし》の位置からそのことが窺えますし、成人甕棺の分布が、三角形の北野平野の周辺部しか見られず、中央にまったくないことも、それを証明しているでしょう。

鳥栖《とす》や夜須《やす》の地名が下流に見られますが、この「す」は砂のある海岸の洲《す》から来ているものです。

１９９３年に、福岡県甘木市の平塚川添遺跡の調査結果が、甘木市教育委員会から発表になりました。この遺跡は、筑後川に流れる小石川の東側にある小高い岡にあり、最大七重の堀に囲まれた弥生中期から古墳時代初頭にかけての環濠集落です。全域では17haに及ぶものと言われています。

ここからは、出土品はたいしたものはなかったようですが、竪穴住居３００棟以上、掘立柱建物が１００棟以上出土しています。非常に規模が大きな都市の遺構です。中央部に高殿と思われる４棟の大型掘立式建物があり、それを囲むように住居が分布しています。付近にも集落跡が見つかっており、それらの遺跡を統合して小田・平塚遺跡と呼んでいます。もしこれらの周辺遺跡を全て調査が出来

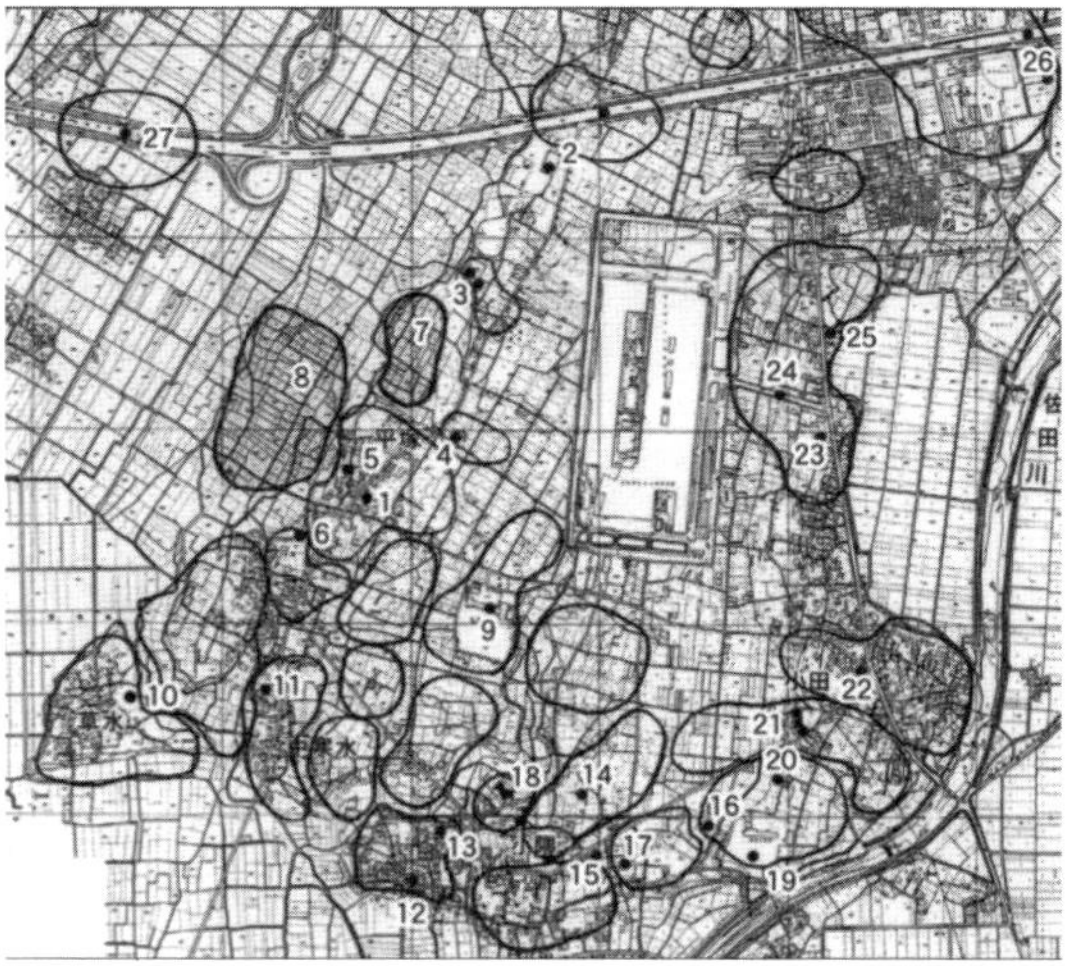

図1-4　小田・平塚遺跡群の詳細分布図

（川端正夫『小田・平塚遺跡群』より）

るとしたら、東西約1・5〜2㎞、南北約3㎞の450haほどの規模のものになります。このことから甘木、朝倉、杷木には大きな国があったことが想定されます。8番が、平塚川添遺跡、20〜25番までが、小田関係遺跡群です。

巴利国の名残として、原鶴《はらづる》、原田《はらだ》、針摺《はりすり》などがあります。

平田重雄氏が1979年に著された『杷木の昔ばなし――郷土の歴史』では「昔この地方に邪馬台国の杷利国があり、現在の原鶴の原は、その場所が杷利国の端にあることから杷利尻《はりしり》と呼ばれていたものが訛ったものではないか。しかしそれを裏付けるものはない（取意）」という面白い記事が書かれています。昔そういうことに気付かれていた人がいたのには驚きます。

⑸　躬臣《くし》国

この地は、豊後の8つの郡の一つ『豊後国風土記』での「球珠《くす》郡」と思われます。筑後川を上流に遡り山間を抜けると日田に到りますが、この地のことです。大宰府出土の木簡には「久須評」と書かれたものもあり、「玖珠」の名称も後に出てきます。『豊後国風土記』には、「昔この村に大きな樟《くす》の樹があり、それにちなんで球珠《くす》とした」という記述があります。1933年に久大線の工事の際、ダンワラ古墳から金銀錯嵌珠龍文鉄鏡《きんぎんさくがんしゅりゅうもんてっきょう》が出土していますが、この鏡は漢代に魏の太祖曹操が所持していたと言われるもので、高位の支配者となる人物しか用いられないものです。この地域にかなり有力な支配者がいたのでしょう。アイヌ語で「クシ」は「峠」を意味し、これが国名になったと思われます。筑後川は上流に遡れば、浮羽町（現うきは市）荒瀬から日田市の石井《いしい》を通り筏場《いかだば》までは峡谷となっている関係で、「峠」という表現が出てきたのでしょう。

筑後川を遡った魏の使者は、この石井の地で対岸に渡り、その後筑後川を下ったのでしょう。『延喜式』での駅の順序としては、杷伎駅の次に来る駅が石井駅です。『豊後国風土記』に、石井の郷の話として「昔、この村に土蜘蛛《つちぐも》の堡《とりで》があった。石を使用せず土をもって築いた。こういうわけで名を無石《いしなし》の堡といった。後世の人が石井郡と謂っているのは間違っているのである」という話が残っています。

八女にある筑紫の君たちの古墳を調べた時に、磐井《いわい》の古墳だけ筑紫の君だった先祖の墓の後円部を結んだラインからズレていましたので、ひょっとして磐井は本来の筑紫の君の流れではなく、この石井の地から筑後に婿養子に入った人物ではないかと想像してみました。大和に敗れたのち『筑後国風土記逸文』にあるように豊前國上膳《かみつみけ》の縣の山深い山中に遁れた際には、ここを通ったのではないでしょうか。そしてこの事実を暗に伝えるために、石がない（磐井がいない）とした伝承が出来たのではないかと考えています。何となく岩戸山古墳の、石人、石馬が破壊されたこととの関係がありそうに思えます。

磐井の逃走経路と思われるこの日田市に、石人のような石製品を有する古墳（天満二号墳、前方後円墳）があることから、磐井の勢力が日田市まで及んでいたのでしょう。

⑹ 邪馬国《やま》

この地は、筑後の国「八女郡《やめ》」、現在の筑後市に比定されると考えます。耳納山地の北側の平坦地を通り、躬臣国から筑後川を下ってきた使節一行は、ここでしばし休息を取ったものと思われます。筑後川は河床勾配が２００分の１と比較的緩やかで、舟運で上下することは容易に行われたようです。

『延喜式』では、ここに「御井駅《みい》」と「葛野駅《くずの》」が設けられています。御井駅の近くには高良山神籠石があり、後に筑後国府が設けられています。この地域の中心と考えられ、伝馬５疋との記載があり、現在の久留米の御井が当てられます。葛野駅は、現在の「羽犬塚《はいぬづか》」に比定されています。

高良山神籠石のある筑後一の宮の高良大社の神名を、『延喜式』では高良玉垂命《たれたのみこと》と呼ばれていますが、『記紀』などの他の資料には載っていない神名です。武内宿禰ではないかという意見が多いですが、景行天皇を筑後の開拓神として県主《あがたぬし》の水沼君《みぬま》が祭ったとも言われています。水沼君は景行天皇の孫裔と称しています。熊本県高森町に、神原と書いて「こうら」と呼んでいる所がありますが、本来の名前は、神の原というような意味だったのでしょう。

羽犬塚は現在の八女市にあり、近くに筑紫の君磐井の墓である岩戸山古墳があります。この磐井は、継体天皇21年（西暦527年）に大和政権が新羅に併合された伽耶《かや》の地を回復するために、朝鮮に派遣される軍団を阻止するために挙兵し、翌年御井の地で大和軍と戦い、敗れた豪族です。これは躬臣国の項に少し紹介させて頂きました。この地は、この強力な地域豪族を生むほど恵まれた穀倉地帯で、この「邪馬国」にふさわしい所と思われます。「八女《やめ》」は「邪馬」に由来する名前と考えられます。

集落遺跡としては、岩崎遺跡群や室岡遺跡群があり、多重環濠で囲まれている遺跡もあり、その集合体を考えると、ここにも弥生時代後期に非常に大きな集落があったことと見てとれます。

近くに「山門《やまと》」という地名があり、邪馬台国の有力候補に上がっていますが、発音上問題があり、関係がないと思います。

※邪馬台国への途中の国々であるとした福岡県内の国々には、必ず神籠石、土の堡あるいは天智天皇の時代の山城があります。これは、後の時代においてもその地域の中心であったことを示しています。神籠石は6～7世紀に築造され、そこの地域の人たちの逃げ城となっています。

⑺ 鬼《き》奴《な》国

この地は、現在の玉名市に比定されます。八女市からみやま市を通り、大牟田市の三池、櫟野《くぬぎの》を通り玉名市に到る古代の「藤山道」は、景行天皇の巡行路に当たっています。八女にはこの道を通り南からの侵入者を防ぐために、天智天皇の時代と思われますが、上津《かみつ》に土塁が設けられています。この道は『延喜式』に載る南関《なんかん》を通る官道が整備される前に、南北を結ぶ道路として存在していたものと思われます。この道を張政が歩いたのではないでしょうか。

鬼奴《きな》の名前は、景行天皇が筑紫の国を巡行した際、高来県《たかくあがた》（島原）からこの地に臨み、土蜘蛛の津頬《つら》を殺害した時に出てきた地名「玉杵名《たまきな》」に名残が残っているものと思われます。玉《たま》が美称ですので鬼奴《きな》の前に付けられたようですね。そのあと「き」の字が避けられ、現在の玉《たま》名《な》に落ち着いたと思われます。あるいは『倭名類聚抄《わみょうるいじゅうしょう》：和名抄』に「たまいな」とあり、弱音の「い」が抜けたことも考えられます。鬼の発音の「キィ」に由来するのでしょう、久井原《ひさいばる》、鬼王《おにお》という地名にその名残があります。

『延喜式』では玉名になっています。恐らく、和銅6（713）年の二字名をよしとする中央官庁の命が出た後、現在の呼び名になったのでしょう。玉名には周辺の台地に遺跡が多いですね。

「平成7年2月、玉名市の柳町遺跡から4世紀初頭の木製よろいが出土し、付着していた棒状の木片（留め具）の裏側に、文字とみられる約5㎜四方の黒い跡が5つ、横並びになっており、うち1つが『田』と読めた」と報道がありました。熊本県教育庁は、「嬉野町より20－30年古く、日本最古の文字」と考えているようです。

また同市玉名の「両迫間日渡遺跡《りょうはざまひわたし》」では、剣と青銅鏡の石製模造品を伴った古墳時代中期（5世紀）の祭祀《さいし》遺構が確認されています。古墳時代前期（4世紀）の祭祀用の勾玉やご神木のような役割を果たしていた可能性のある自然木も出土しており、同じ場所で繰り返し祭祀を行っていたとみられています。

(8) 為吾国《ゆが》（又はゆご国）

為吾《ゆが》国は、主に菊池川右岸の山鹿と考えてよいでしょう。上古音では為吾は「Hiuar nga」であり、為は湯《ゆ》に通じています。「が」は、遠賀川《おんががわ》のように、大きな川という意味があります。福岡県芦屋町のこの遠賀川を挟んだ対岸に、山鹿という地名があります。これは山と川に挟まれた土地という意味があり、熊本県の山鹿も、地名の変化の流れの中で採用されたのでしょう。熊本の山鹿は現在温泉で有名ですが、『まぼろしの邪馬台国』の作者の宮崎康平氏も湯を温泉として紹介しています。

山鹿の初見は、『釈日本紀』巻10所収の『筑後国風土記逸文』に「山鹿の郡の荒爪の山」とあるものでしょう。『和名抄』には、山鹿郡《やまかぐん》として載っています。

『肥後国誌』によれば、鹿本郡を中心に玉名郡や菊池郡にも及ぶ「茂賀の浦」があり、阿蘇大明神が巡狩し山鹿に来た際、たっぷりと水がたたえられているのを見、鍋田の岩を蹴り倒して湖の水を有明海に流したことになっています。湖の水を流した水路が、今の菊池川と言われています。久留米地名研究会の中原英氏は、この研究成果を「古代の湖『茂賀の浦』から狗奴国へ」として発表されていますが、邪馬台国の時代でもかなりの広さがあったようです。

こういった蹴裂伝説を持つ所は、阿蘇の立野の蹴裂伝説などのように、製鉄あるいは鉄を使った作業などに縁があります。菊池川は有名な砂鉄地帯で、古墳時代には日本でも有数の製鉄が行われていた場所です。

湯《ゆ》には、温泉という意味がありますが、たたら炉から流れ出す解けた金属のことを、鍛冶屋は現在でも湯《ゆ》と呼んでおり、この意味から金属

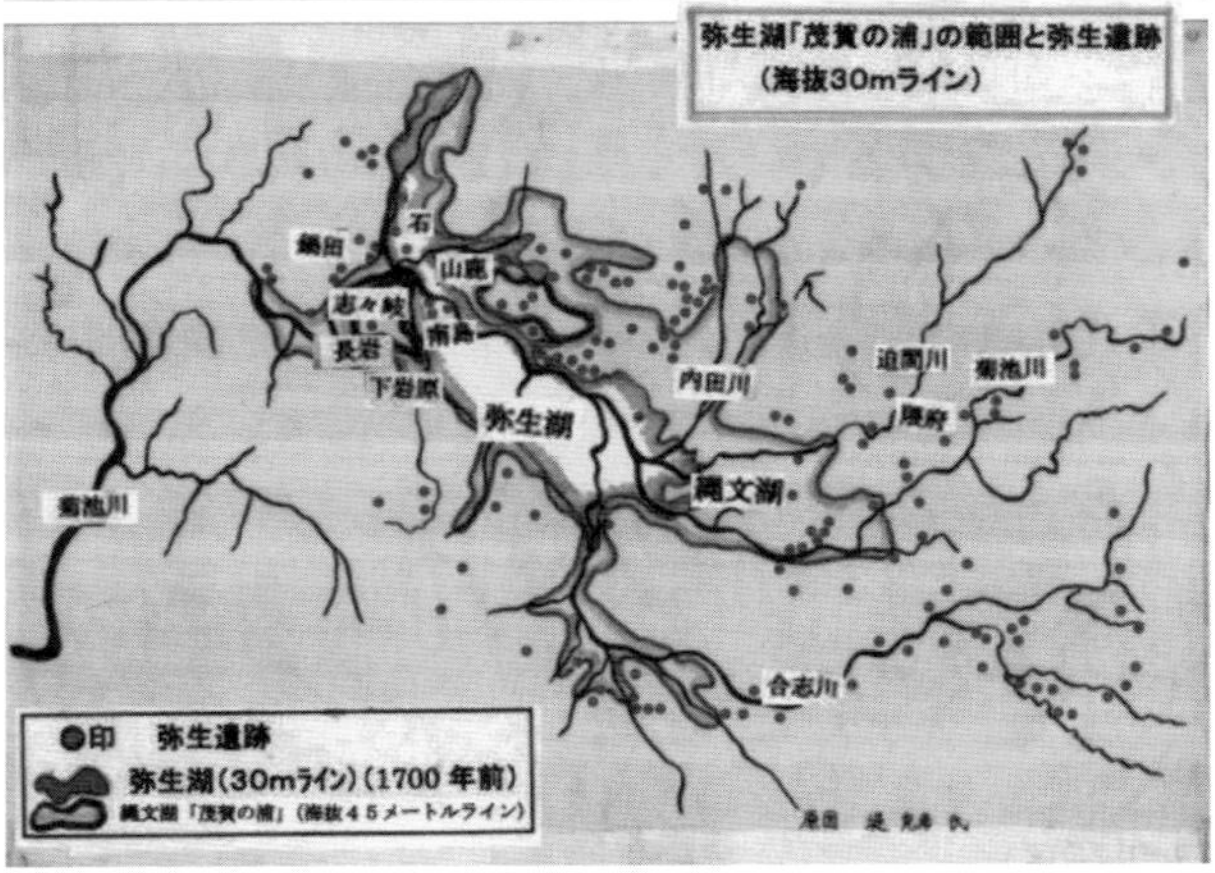

図1-5　邪馬台国時代頃の菊池川（茂賀の浦）
（中原英氏作成）

の精錬されている所と解釈すれば、より古代の環境を表しているように思えます。そしてこの湯《ゆ》の作業は、厳粛さが求められることから斎《ゆ》としての意味の変化があったかもしれません。

谷川健一氏の『青銅の神の足跡』によれば、山鹿市久原《くばる》に510年創建と言われる天目一箇神を祀る薄野《うすの》一目《ひとつめ》神社があります。地元では鍛冶の神の一つ目神社と呼んでいるそうです。この「一つ目」の意味は、「たたら炉の仕事に従事する人たちに一眼を失する者がきわめて多く、それゆえに、彼らは金属精錬の技術が至難の業とされていた古代には、目一つの神とあがめられていたと私は考える、つまり、炉の炎の色を見つめすぎた結果目を悪くしたとして、一眼を損じたと考えるのが、もっとも妥当であると思われる」とのことです。

山鹿の周辺には双子塚古墳、チブサン古墳、鍋田横穴群、江田船山古墳などがありますし、方保田東原遺跡では青銅器や鉄器などの使用が認められ、大規模な集落となった所もあります。

県の文化財の説明では、「方保田東原遺跡《かとうだひがしばる》は、菊池川とその支流の方保田川に挟まれた台地上に広がる弥生時代後期から古墳時代前期（今から約1700～1900年前）に繁栄した大集落遺跡です。これまでの調査の結果、幅8mの大溝をはじめとする多数の溝や100を超える住居跡、土器や鉄器を製作したと考えられる遺構が見つかっています。また、全国で唯一の石包丁形鉄器や、特殊な祭器である巴形銅器など数多くの青銅製品や鉄製品が出土しており、この遺跡の国力の強さがうかがい知れます。このほか、山陰地方や近畿地方など西日本各地から持ち込まれた土器なども出土しており、交易でも繁栄していた集落であったことが分かってきました。これらの発見から、菊池川中流域の拠点的な集落であったと考えられていますﾟ」となっています。

多くの集落が環濠を持ち、特に方保田東原は吉野ヶ里に比肩される程規模が大きく、また蒲《かも》生上《ううえ》の原《はら》遺跡では、深さ2～3ｍの大型の環濠が、山の斜面の下端にある居住地を取り巻いています。これらは狗奴国との戦闘用防御と考えられます。

⑼ 鬼国《き》

『和名抄』に菊池郡として載っている国で、「き」は「きくち」から来ているのでしょう。菊池を古くは、「くくち」と呼んでいたと書かれていたものがあります。この「くくち」は「木《き》木《き》」の古い形で、『日本書紀』には木の祖「句句廼馳《くくのち》」が出てきます。

鬼国は、現在の菊池市と考えて良いでしょう。この地は『和名抄』の菊池郡城野《きの》郷であり、木乃《きの》という地名も残っています。この一帯は弥生時代製鉄が盛んで、木を伐りだした所から付いた名前ではないでしょうか。

ここでは袈裟尾《けさお》高塚古墳、木柑子《きこうじ》二ツ塚古墳、また、岡田遺跡や吉野ヶ里に匹敵する弥生時代の大規模集落の台《うてな》遺跡など遺跡が豊富にあります。大野城・基肄城の兵站基地として有事に備えた古代の山城である鞠智城《くくちじょう》（きくちじょう）の跡があります。

この鞠智城は、城の面積が内城55 ha、外縁地区65 haに及ぶもので、大宰府管轄下にあった

６城の一つで、大野城・基肄城の兵站基地として有事に備えた城と言われています。『続日本紀』文武天皇２（６９８）年５月25日の条に、「大宰府をして、大野、基肄《きい》、鞠智《くくち》の三城を繕《ぜん》治《ち》せしむ」とあるのがそのことを示していますし、邪馬台国の使者が通った道筋を表しているのも面白いですね。

※このように、鬼奴国、為吾国、鬼国の３国はそれぞれ玉名市、山鹿市、菊池市として後に発展していくことになります。玉名郡天水町ではわが国最古の鉄斧も発掘され、金属器が多量に鍛造使用されており、発見された鉄器量が多いことも有名です。古墳時代に入ると菊水町、鹿央町などに前方後円墳を中心とした古墳群が発展し、６〜７世紀には日本有数の装飾古墳文化がこの３カ国を結ぶ菊池川の流域に栄えます。菊池川の「きくち」は本来「鬼の地の川」と呼ばれたものだったかもしれません。

⑽　華奴蘇奴国《かなそなこく》

この国から姐奴国《しゃなこく》までの５カ国は、阿蘇・高千穂を通り延岡に到る途中の漠然としたまとまりの範囲にあると思われますが、現在の地名からここだと断定することは難しい所があります。

この九州中部の地名は、古くは「蘇《そ》」の国と呼ばれていたことが現在のわずかに残る地名から推定されます。２００９年に永眠された元西都原古墳研究所長の日高正晴氏は、その著『古代日向の国』（ＮＨＫブックス）で、「阿蘇から高千穂一帯にかけては古来『ソノクニ』が支配していたと考えており、景行天皇の巡行を機にそれらが消えていった（取意）」と述べられています。

また『西都原古代文化を探る　東アジアの視点から』では、「『ソのクニ』という地域は、古くから阿蘇山を中心とする地帯（阿蘇山、祖母山）から南霧島山一帯にかけての呼称であり、日向、肥後、大隅の三国に囲まれた山岳地帯周辺に、古く『ソ』という勢力圏が存在していたのではないか？『ソ』の中心地域は、宮崎県の高千穂一帯、それに熊本県阿蘇郡、さらに大分県直入郡地方を含めた地帯と考えられる。」とも述べられています。非常に広い範囲と考えざるを得ません。

これらを鑑み阿蘇一帯の広い範囲で「蘇の国」と呼ばれていたものと推察します。「そ」は「背《せ》」に通じます。従って「蘇《そ》」は中心の山々の背中すなわち山の稜線を指していたようです。山岳地帯という意味に考えても良いでしょう。背の古形は「そ」で、「そ」は「それ（反）」・「そへ（後方）」のように使われますので、「せ」の語源でもあるわけです。台湾の2番目に多い種族はタイヤル族ですが、「蘇魯」はタイヤル族の言葉で「背後」を意味し、山の後ろや人の背中などを指します。「蘇」は大昔南方から人が渡ってきた時の名残の言葉かもしれません。

華《か》奴《な》蘇《そ》奴《な》国は、「金《かね》蘇奴」と分解できると思います。つまり金属の村として、この地域の中心的な役割を果たしていたと考えられます。

菊池から阿蘇の外輪にある二重峠を越えて下り広い平原状の阿蘇市に入ると、阿蘇黄土（酸化第二鉄）＝褐鉄鉱の地が広がるカルデラに出ます。ここが湖だった時期に溶岩に含まれている鉄分が湖水に溶けて、水酸化鉄となり沈殿して出来たもの（推定50万～100万トン）です。この阿蘇黄土は焼けば簡単にベンガラになるので、阿蘇一帯の古墳の石室では一面に敷かれているものも見られます（山西遺跡、下山西遺跡他）。ここの明神山《みょうじんざん》には、弥生時代の木鍬や櫂が出土しており、この時代からの鉄の生産を窺うことができます。

『魏志倭人伝』に「朱丹を以て其の身体を塗《かざ》ること、中国の粉を用いるがごときなり」とあり、この豊富なベンガラが邪馬台国の人たちが塗った朱丹であり、「其の山に丹有り」とあるのは、この阿蘇山のベンガラのことと思われます。厳島神社の記録では、平清盛が社殿を作る際に、阿蘇家からベンガラを入手したとあります。

また付近の「多々良《たたら》」という地名や、「赤水」という地名も鉄の生産に関係しているものです。「華奴《かな》」は、「鉄《かな》」から来たものでしょう。

このことから、この華奴蘇名国は、阿蘇町（現阿蘇市）付近に比定したいところです。大津市の北側旧七城町に蘇崎という地名が残っていますが、西はこの範囲までとなるでしょう。

⑾ 呼邑国《こゆ》

この国を正確に比定することは難しいですが、国間の距離から考えると、阿蘇山の南側の白川を挟んだ平野部となります。
阿蘇市から南側に峠を越えると、南郷谷に入ります。ここの東側の白川に阿蘇からの水が湧き出でる白川水源があります。この地は遊水地ともなっている吉見《よしみ》神社があり、南阿蘇村の自然環境保全地域となっています。常温14度の水が、毎分60トン湧き出し、熊本市の中央を流れる白川の水源の一つになっています。この白川は、南郷谷のほぼ中央を東から西に流れ、立野より熊本市方面へ向かっています。

日本語の語源が残る琉球語に、「kaa(かあ、水源の意味)」という言葉があり、これから「呼邑国」は、豊富な南郷谷の水系より集められた水が湧き出す白川水源のある南阿蘇村白川付近と考えること

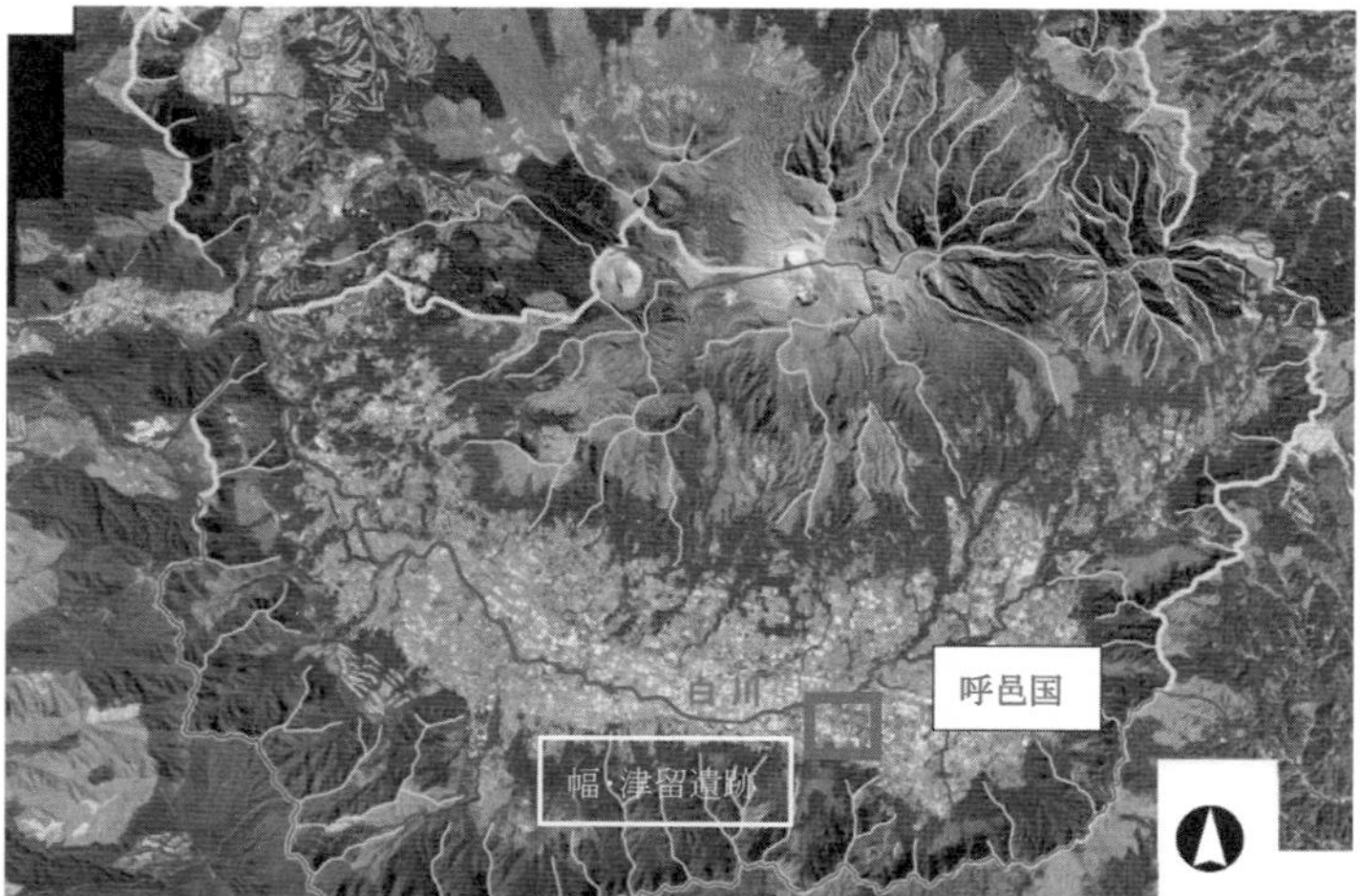

図1-6　南郷谷の尾根線と白川の集水界

『「阿蘇の文化的景観」保存調査報告書、Ⅰ総論、2016年３月、阿蘇市、南小国町、小国町、産山村、高森町、南阿蘇村、西原村』より

ができます。日本語の川《かは》の元の意味です。「邑《ゆう》」は、村として纏まった集落があった状況を表現しているのではないでしょうか。弥生時代の集落の分布は、この南郷谷の東側に集まっており、この水源が人々をこの地域に住まわせたのでしょう。

中心的な遺跡は、幅・津留遺跡で、西の村と東の村に分かれていて、それぞれ環濠で囲まれています。花弁式住居跡や線刻絵画土器も見つかっており、九州の南北を結ぶ交通の結節点の位置にあったと考えられています。

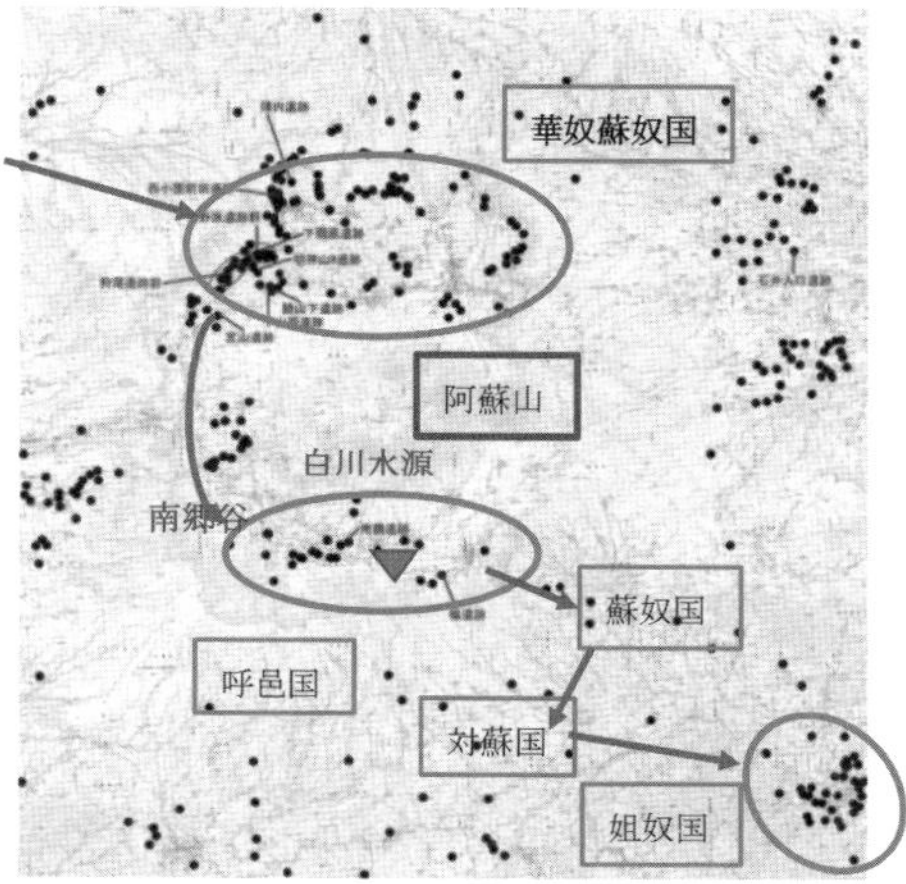

図1-7　弥生時代の遺跡の分布図

『「阿蘇の文化的景観」保存調査報告書、Ⅱ詳細調査、2016年３月、阿蘇市、南小国町、小国町、産山村、高森町、南阿蘇村、西原村』の「第２章歴史　第１節土地利用」参照

⑿ 蘇奴国《そな》

蘇奴国は、高森町の草部《くさかべ》と思われます。ここに草部吉見《くさかべよしみ》神社があります。日本三大下り宮の一つで、鳥居の下に社殿があるという珍しい神社です。創建は阿蘇神社より古く、神武天皇の

第1皇子である日子八井命《ひこやいいのみこと》によるものです。

日子八井命（彦八井耳尊）は、神武天皇の勅命を受けて草部の郷に来られた際に、住民を苦しめていた大蛇を征伐し、大蛇の住んでいた「吉ノ池」の水を東の谷に流し、その池を埋めてそこに宮を立てられ、屋根や壁を草で葺いたことから草壁という地名が作られ、後に「草部」に改められたと伝えられています。

日子八井耳命は、神武天皇の子供であり、神武天皇が東征の際、蘇の国に入りそこに拠点を構えた人物です。

後に武磐竜彦尊《たけいわたつひこのみこと》（健磐龍命）が日向を鎮めた後、三田井（高千穂町）から馬見原を通って草部《くさかべ》に入り、そして阿蘇に向かいますが、馬見原の幣立宮《へいたてぐう》で天つ神、国つ神を祀ったという話が残っています。この草部で健磐龍命は阿蘇都姫と夫婦になり、熊本進出の拠点とします。阿蘇一の宮の阿蘇神社の祭神はこの健磐龍命です。この辺りは日下部《くさかべ》一族の居住地であり、蘇の国を束ねる中心的な地域であったのでしょう。

弥生時代から古墳時代にかけて、この辺りでは遺跡が急増していますので、邪馬台国の時代には、既に村のようなものが出来ていたのでしょう。

⒀ 対蘇国《つそ》

この国は、高森峠を越えて広い平原地帯を抜けた先にある二瀬本《にせもと》・馬見原《まみはら》付近と考えられます。この地域は現在は山都町でまとめられていますが、その中の旧蘇陽町に当たる地域です。ちなみに旧蘇陽町を代表する古代地名は「大野」のようですが、二瀬本や馬見原も古い名前のようです。とにかく、平坦な土地がどこまでも続く平野なだけの地域ですが、「蘇の国」の中心として留まったために、国の名が付いたと思われます。

『魏志倭人伝』で同じ「対」の字を使っている国に、「対馬国」があります。「つしま」という名前は、古朝鮮語で「二つの島」を表す「tu-sem」から来たのではないかと言われています。「tu」は「二つ」を意味します。日本語の「連れる」との関連が考えられます。また「対」という字は、対馬のように「向かい合う、向こうがわ」などの意味があります（『例解新漢和辞典』三省堂）。これはこの「対蘇国」にも言えるのではないでしょうか。

南阿蘇村高森町から高千穂にかけての山岳地帯の遺跡の分布をみると、概ね二瀬本と草部《くさかべ》付近に二分していることが分かります。二瀬本・馬見原と草部の間には、蘇陽峡という大峡谷があり、この地域の地形を二分しています。そこで、帯方郡からの使者が対岸の国を望み、もう一つという意味で「対」を使ったものと思います。この対岸の国は、二瀬本付近の地域を指したのでしょう。川の水量が少ない時は、一度渓谷に下がりそこから対岸に上がることが可能でした。そこから馬見原に向かったと思われます。

熊本県の観光案内では、この蘇陽峡のことを「五ヶ瀬川上流に位置する蘇陽峡は、高さ約

２００ｍもの切り立った絶壁が、竿渡の滝から花上ダムまで10㎞も続く、全国でも珍しい『U字谷渓谷』です。その雄大さから、まさに九州の『グランドキャニオン』といった感じです。」とあります。

　馬見原の地は、古代高千穂から阿蘇に入る重要な拠点であったと思われます。地元の方は、「まめはら」と呼ぶこともあるようです。

⒁　姐奴《しゃな》国

　馬見原の地より後の日向往還となる道を通り東に向かうと、高千穂町に到ります。ここは『日向国風土記』によると「知鋪《ちほ》郷」とあり、天津彦彦火瓊瓊杵尊《あまつひこひこほのににぎのみこと》がこの地の二上《ふたかみ》の峰に天降りした際に「天孫降臨の際、土蜘蛛の奏言で稲千穂を抜きて籾と

図1-8　蘇陽峡

（熊本県の観光案内「もっと、もーっと！　くまもっと。」から）

為して、四方に投げ散らしたら、天開明し、日月照光した、それにより高千穂の二上の峰とい い、後の人改めて智鋪と号した」とある所です。この地からは、稲穂を刈る石包丁が出土しており、水稲耕作が伝わっていたことを物語っています。三田井《みたい》は大字名ですが高千穂を代表して呼ぶこともあります。

弥生時代後期、この地方では二つの特徴的な土器が出土しています。一つは弥生後期の薄糸《うすい》平《とびら》遺跡からの「工字」突帯甕で大分県大野川上流域に繋がるもの、もう一つが「免田式」長頸壺で人吉地方に繋がるものです。福岡県の須玖式土器もあります。いろいろな地域からの文化の流入があったようです。高千穂が九州の中心に位置し、各地との結節点となっていたのでしょう。

この地には、鬼八伝説があります。鬼八は山々を自由に駆け回っていた異族の首魁でした。この地に神武天皇の兄三毛入野命《みきいりののみこと》がやってきて、この鬼八を退治しバラバラにして別々の所に埋めるのですが、その首が天に舞い上がり、その怨みにより阿蘇に早霜が降りて祟るようになったため、霜宮を作ったという伝説です。その足の速さから「走健《はしるたける》」と呼ばれています。向山椎屋谷の竹の迫には「鬼八の膝付き石」があり健磐龍命に弓を射た場所だと伝えられています。

この伝説をよく見ると、鬼八が椎屋《しいや》谷を根拠としていたことが読み取れます。この地は現在の高千穂町の中心部より西南にあたる場所にあり、椎谷という地名もあります。この「椎谷《しいや》」

地名があります。宮崎県の椎葉村も関係ありそうな名前です。

が「姐奴《しゃな》」として表現されたものでしょう。旧蘇陽町や旧東陽町に椎屋戸あるいは椎屋という

⒂ 不呼国《うか》

この国は、延岡市の北側に比定されます。延岡の地は、『和名抄』では「英多郷《あがた》」と呼ばれていましたが、この名前は、延岡の土地が拡大した古墳時代の後に付けられたようです。

この国は、高千穂から五ヶ瀬川を下り、海に出る寸前の五ヶ瀬川の左岸（北岸）にあります。平安末期中世に宇佐領の「岡富荘《おかとみそう》」と呼ばれる荘園（別名岡富別府とも呼ばれていた）があり、最近まで岡富村と呼ばれていた地帯です。五ヶ瀬川の延岡市の入り口には岡元という地名もあり、この地域一帯が「岡《おか》」と呼ばれていたのでしょう。南方古墳群などがあります。延岡の地名はこの「岡」から後世作られたものでしょう、明治36年の測図では延岡町より岡富が大きな活字で表現されています。「う」と「お」は移ろいやすく、「うか」が「おか」に変化したのでしょう。

『延喜式』では、日向16駅のうち延岡には五ヶ瀬川の南の南方古墳群のやや南の辺りに「川辺《かわのべ》駅」があり、駅馬5疋、伝馬5疋を用意するようになっています。現在の延岡市の中心市街地は、この時代概ね海の中か海岸にあり、「岡」から南下した古道は、南方古墳群の東側を通り、大瀬川を渡り沖田川の南側を通り日向灘に抜けていて、魏の使者もこの古道を通ったと思われ

ます。

⒃ 好古都国《ほかた》

好古都国は、臼杵郡刈田郷《かった》に比定されます。門川町の地籍図では同町の西北に、「カギ田」という地名が古川の河口にあたる所に見られます（「古代日向の地域的中心と交通路」〈藤岡謙二郎『地理学評論』１９７３〉参考）。この「カギ田」は「カッタ」の変形でしょう。

ここに『延喜式』での刈田駅があったと思われます。「刈田」は「かりでん」と呼ばれることもあります。「好《ほ》」は、「他より抜きんでてすぐれている」という意味ですが、元々何かの一字名が地名の前に付けられていたのでしょう。しかし二字が好字ということで頭の字を取った「刈田《かた》」として残ったのではないかと思われます。今では推定が出来ません。この刈田は、後に変化し門川町の「門《かど》」になったと言われています。

刈田のある門川町には、円墳や横穴のある小規模な門川町古墳があります。

⒄ 弥奴国《みな》

弥奴国は、耳川河口の右岸側の美々津《みみつ》と考えられます。この地は『延喜式』における「美弥《みね》駅」が設けられた所で、神武天皇が東征に船出した地として、また戦国時代豊後の大友氏と薩摩の島津氏が戦った際、戦死者の耳を川に流し弔ったことでも有名です。この駅には、駅馬５

疋、伝馬5疋が設けられています。

美々津には、権現山の先にある岩場の間を通り船出した神武天皇が、二度と戻ることがなかったため、漁師は絶対にこの岩場を通らないという言い伝えがあります。この南には、大己《おおなむ》貴命《ちのみこと》を祀る都農《つの》神社があります。

地名の対応として、五島列島の福江島の三井楽《みいらく》があります。『肥前国風土記』に、遣唐船が「美禰良久《みみらく》」の崎より船出した所として出てきます。『万葉集』では、同じ字で「みねらく」と呼んでいます。「旻楽《みみらく》」や「旻美楽《みみらく》」という表現も見られます。両地名とも「みみ」と「みね」が対応しています。同じ白水郎（あま）の系統を引いているためでしょうか。

この美々津には、旧暦の8月1日に「起きよ祭り」があります。これは、神武天皇が船出する際、船出が予定より早まったことから「起きよ、起きよ」と起こし回ったことに由来しています。この地は、その当時港としてかなり大きかったのでしょう。

⒅ 都支《たし》国

都支国は、佐土原町の田島《たじま》に比定されます。この地は、『延喜式』で「当磨駅」として駅馬5疋が設けられた所です。田島は「当磨」の転訛と言われています。「都支《たし》」はこの田島と同音でしょう。『和名抄』における、那珂郡田島郷の地にあたります。田島は、後の国府のある西都原や都萬神社に達する一ツ瀬川の河口に近く、古くから重要な外港があったと言われています。

福岡県に中間や赤間、沖縄に慶良間《けらま》など、「ま」がつく場所は古代に津があった所ですので、「都支《たし》」＋「間《ま》」として、合併した地名に変化したものでしょう。

⒆ 伊邪国《いや》（いざ国）

この国は、中古音でそれぞれ「いや国」あるいは「いざ国」と呼ばれていますが、日本の古い時代の使われ方から考え、「いや」が古い音を表していると思います。

この国は、現在の宮崎市に比定されます。この名前で思い出されるのが、日向神話の最初に出てくる、伊邪那岐《いざなぎ》と伊邪那美《いざなみ》の神のことです。「伊邪那岐の神が黄泉《よもつ》国から逃れてきて、日《ひ》向《むか》の橘《たちばな》の小門《おど》の阿波岐原《あわぎはら》で禊祓いをすると、天照大神が生まれた」ことが『記紀』に載せられています。

大淀川は、その位置を常に変遷させてきたために、神話の禊の位置を正確にあてることは不可能ですが、現在の新別府川の北側の檍《あおき》中学校の校庭から江田原集落跡が発見されており、この地がふさわしいと思われます。

この地は、大淀川の河口の小戸《おど》地区にある対岸に渡るための船泊になっている所で、景行天皇の勅により創建された小戸神社があります。昔は大淀川河口の沖合「小戸の瀬」に近い海岸にあったのですが、地震や道路拡張工事で場所が移転し、現在の地に落ちついたところです。また阿波岐原町産母《よぼ》には、産母様と呼ばれる江田神社があり、伊邪那岐と伊邪那美の神を祀っています。その他、加江田神社（伊勢神明宮）と呼ばれる神社が、元伊勢という地名の加江田村字中原というところにありましたが、海辺であったため1662年の地震で沈み、その後曲折があり、現在は学園木花台に鎮座しています。また西側の跡江台地には、古来神明宮と称し、伊勢の豊受大神を祀っている跡江神社があり、名前の通りの伊勢の地に建てられています。この台地には県内有数の生目《いくめ》古墳群があります。

このように宮崎市一円には天照大神にちなむ事績が数多く、この地で伊邪那岐の神、伊邪那美の神、そしてその子の天照大神が活躍しておられたのでしょう。この両神の名前は、この国名の「伊邪」から来ていると思われます。あるいは逆にこの地名が両神の名前から来たとも考えられます。また「伊邪《いざ》」という地名は、後に変化したとすると「伊勢《いせ》」になると考えられています。まさに宮崎市はそれにふさわしい場所です。

この大淀川の「よど」については、「伊邪の戸《いやど》」が訛ったものではないでしょうか。「戸」は、広い所から狭まった所に入る地形を表現しており、宮崎市から西の高岡町に到る付近で両岸が狭まってくることから名付けられたと言われています。あるいは、大淀川が邪馬台国（高天原）の時代では、後に述べるように「安川《やす》」と呼ばれていたため、「やす」が「いやす」、そし

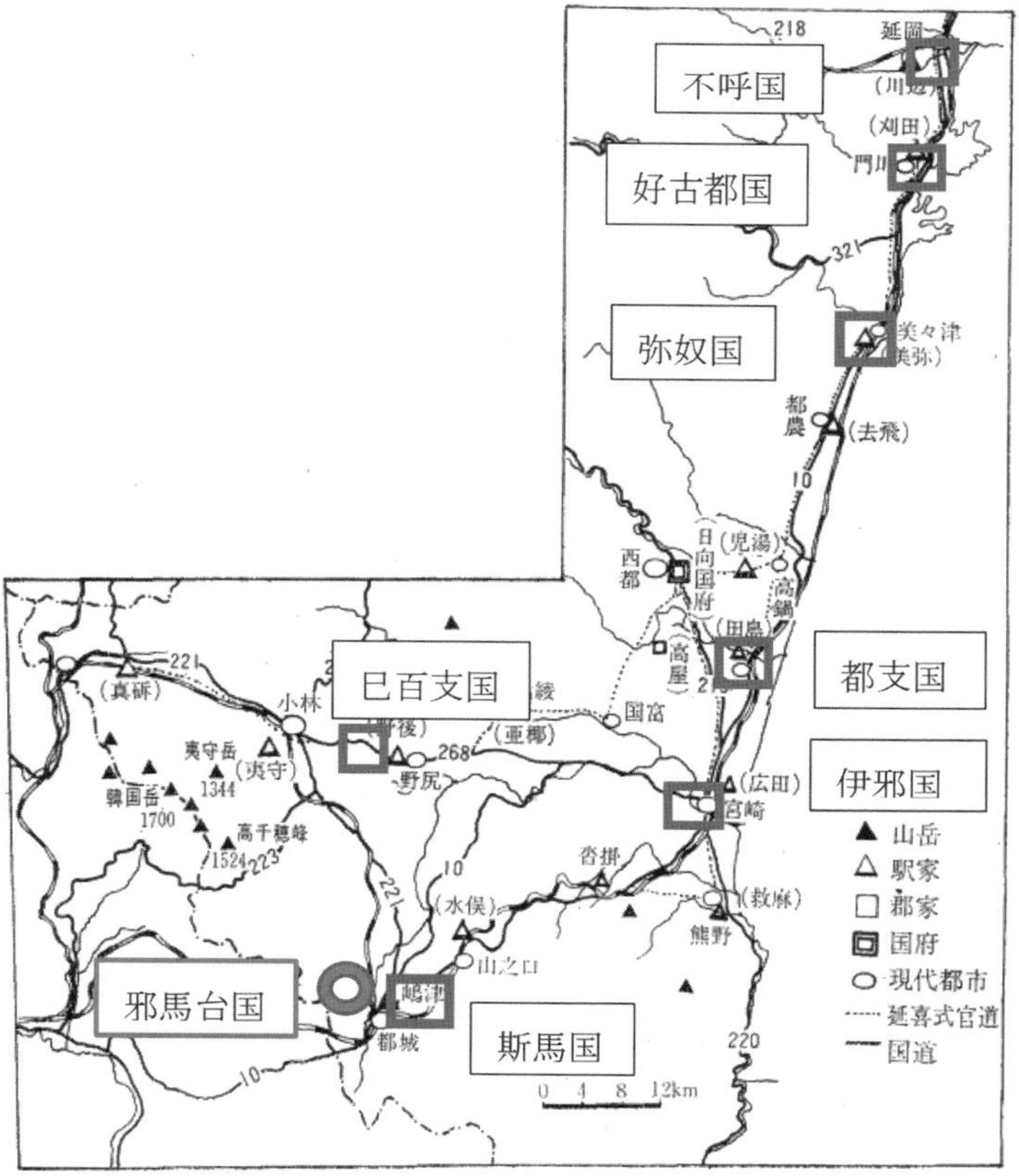

図1-9　日向での各国の位置

(『古代日向の地域的中心と交通路』の図利用)

て「いや」に変化していったことも考えられます。

この国は、『延喜式』での江田駅にあてられるでしょう。なお宮崎市中心街から大淀川をやや遡った瓜生野の伊勢の地に、卑弥呼の墓と思われる全長145mの弥生式墳丘墓があります。卑弥呼は天照大神のことですが、亡くなった時、自分の生まれ育った故郷に葬られたのでしょう。

『豊前国風土記逸文』に「豊前風土記にいわく　京処《みやこ》の郡　いにしえ　天孫《あめみま》ここより発《た》ちて、日向の旧都に天降りましき。けだし、天照大神の神京なり。云々」とありますが、日向の旧都は、伊邪那岐、伊邪那美両神が天下った先で宮崎だったことを傍証しています。

この図からは、宮崎の海岸線を魏使の一行が通過する際には、後の『延喜式』の駅が設けられている地で、弥生時代の後半にはある程度の集落が営まれていたのでしょう。

⑳ 巳百支国《いわし》

巳百支国は、小林市野尻町の岩瀬《いわせ》だと思われます。魏の使者の一行は、大淀川に沿い西行し、野尻に宿泊したと思われます。その時に宿った場所が岩瀬だったのでしょう。この道は、高原町に到ります。この野尻町の大萩遺跡には、地下式横穴墓に580個のガラス製小玉と一緒に、櫛を挿した女性が葬られていました。大淀川の両岸には、「岩瀬川」・「岩瀬」・「小岩屋」・「岩骨山」・「岩満」・「岩屋野《ゆえがの》」などの岩が付く地名が散見されます。「石山《いしやま》」という遺跡や「岩瀬城（岩牟礼城）」もあります。

この辺りは、大淀川が狭まり渓流状になっていて、この両岸に岸壁が迫っている所が多く、また岩の多い地質のため岩の国とでも呼ばれていたのでしょう。

景行天皇18年、景行天皇は野尻町の岩瀬河《いわせがわ》を訪れます。この時「諸縣君泉媛《もろかたのきみのいずみひめ》」の一族が集まり、天皇に食事を差し上げますが、この姫は大萩遺跡に葬られているような女性だったのでしょう。

㉑ 斯馬国《しま》

当時から現在に至るまで、高原町から南に下る主要道があり、ここを通り最後の地、『延喜式』における嶋津《しまつ》駅、つまり都城に辿り着いたと考えられます。

この都城は、神代に神の都として高千穂宮が建てられた跡と言われ、古来から、都島（宮古島）と称していたと言われています。吉田東伍氏の『大日本地名辞書』に、「『地理纂考』に言う。都城は、上古都島と言い、中古島津あるいは島戸と言い、後世庄内とも言う。永和元年（1357年）、島津氏の一門、北郷義久ここに築城し、都城の名起こる。その都の名は、もと皇孫の高千穂の宮の遺跡であろう。」（以上原文は文語体）

『和名抄』では、諸県《もろあがた》八郷として挙げられた郷のうち、財部《たからべ》がこの地域に比定されています。

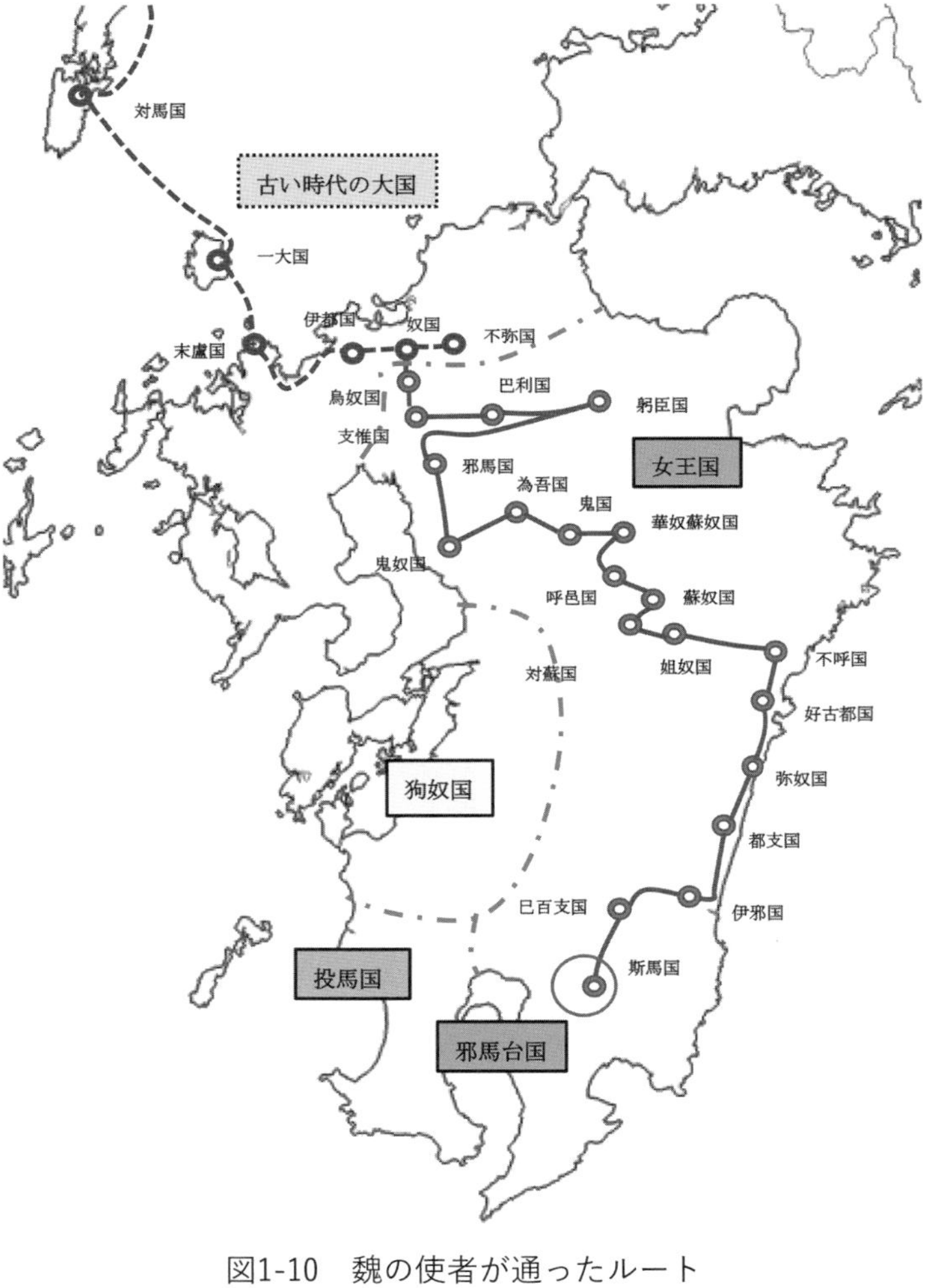

図1-10　魏の使者が通ったルート

建久年間（1190〜1199年）に、島津忠久が、薩摩、大隅、日向の3カ国の守護職としてこの地にくだり、島津殿と呼ばれるようになったのも、この地名によります（安本美典『邪馬台国は、その後どうなったか』参照）。

太古都城盆地は、西から流れ入る庄内川（旧名安永川）の水で大きな湖を形成していました。卑弥呼の時代でも湿地状態であったようです。人が住んだ地が島のようだったため、この地を島津と呼んだ、あるいは島戸あるいは島門《しまと》から来たもので、沼沢混じりの湿地帯の集落の入り口という意味でつけられたものとも言われています。

『延喜式』の駅は、都城市郡元早水神社の東、早水池の辺りにあったと伝えられています。

『魏志倭人伝』では、この地が「邪馬台国」に臨む最終の国であり、この近くに目的地の邪馬台国があります。

6 吉野ヶ里遺跡の扱いについて

吉野ヶ里遺跡は、佐賀県の東部にあり、弥生時代における非常に重要な遺跡です。

『後漢書東夷伝』に西暦107年に、倭国王師升が、中国に使者を送ったとありますが、それが「安帝永初元年、倭国王帥升等生口百六十人を献じ、請見を願う。」の記事です。これが吉野ヶ里と関連がある「面土国《めた》」の記事です。

これは倭国の帥升という国王が、奴隷や戦争での捕虜などを160人も中国まで輸送し献じるという非常に重要な記事です。奴隷は当然脱走しようとしますから、同数近くの護衛と官吏を含めて、最低300人の人々が幾艘もの船に乗り、中国に向かったものと思われます。大変規模の大きな事業でした。

この国王がどこにいたのかについては種々の説がありますが、『後漢書』では「倭面上国王帥升」とあり、『通典』では「倭面土（地）国王師升」とあることから、この「倭の面土」というのが地名を表していると思われます。

この「面土」というのは、上古音や中古音では「メタ」と発音するのが一般的です。ではこれはどこにあったのでしょうか。代表的な箇所は、次の2カ所です。

●佐賀県神埼郡吉野ヶ里吉田目達原《めたばる》（現在自衛隊の目達原駐屯地があります）
●佐賀県三養基郡米多《めた》郷

どちらも佐賀県にあり、吉野ヶ里遺跡に近い場所です。ここが本拠地だったと思われます。吉野ヶ里遺跡では、防御柵が壕の外側に設けられるという異常な環濠（内堀）がありますが、ここに生口（奴隷）が厳重な監視のもと収容されていたと思われます。160人程度の人たちを収容するに丁度良い広さがあり、出入りをチェックするゲートもあります。

１６０人の生口を後漢に送るとすると、戦だけでは足りず近隣のどこかから人さらいのようにして無理やり集めるしかなかったと思います。当時はそれほど人口が多いわけではありませんでした。帰る当てもない見知らぬ外国に生口を送ろうとすると、強制的にするしか方法がなかったと思います。この場合を奴隷狩りと呼びます。結果として泣き叫ぶ１６０人の生口を送られた王朝は、この面土国に好感を持たなかったと思います。それはその見返りが歴史書に記載されていないことから分かります。漢王朝の怒りを買い、そしてそれがこの面土国の衰退に繋がっていったのではないでしょうか。

奴隷狩りや奴隷制度の行われていた吉野ヶ里の地域は、女王国の範囲には含まれていないこともあり、ルート上にないことから魏の使者は寄らなかったと思われます。

これも『魏志倭人伝』で論じられることがないものに、中国での生口の価値があります。邪馬台国は貢物として中国に生口を送りますが、それが中国社会でどのような意味があったのでしょうか。漢の時代を描いた水谷謙治氏の「中国における物的貸借の歴史的考察」（『立教経済学研究』２０１２）を参考に考えたいと思います。

漢の時代の人の身分は、王侯・官史・庶民・奴隷（奴婢）に分かれていて、殆どの人間が農・商・工・雑の庶民に属しています。その庶民から上位の人々が使う奴隷は、中国全体で２００万〜４００万人いたと推計されています。人口の４％程度です。

この奴隷は売り買いの対象でした。当時としては高価なものと思われていたようですが、現在の人間尊重の時代にあっては、安すぎる感じを持つかもしれません。他の物価との比較では、次のようになります。牛馬よりは数倍高いが、金に比べると2倍程度というところで、小史の俸給の15カ月分というところでしょうか。

当時の奴隷は、意外と思われる点は、労働条件等で交渉することが出来た点でそのようなエピソードも残っています。働き手としては非常に貴重だったようで、面土国からの生口は、大切にされた可能性はあります。

そうは言っても、奴隷（奴婢）は主人の意思により結婚が出来るものの、妻も子供も全て奴隷（奴婢）となります。そして奴婢は戸籍簿でなく財産簿に記録されます。あくまでも財産ということですの

表1-1　奴隷の値段

軺車《ようしゃ》（一頭の馬が引く軽車）：5,000～12,000銭			
商車：	1,200銭	鉄器（小鍬）：	100銭
馬：	4,000～6,000銭	傭賃：	300銭
牛：	2,400～2,600銭	小史俸給（月）：	700～1,400銭
牛車：	1,200～2,400銭	車雇賃：	1,000銭
布帛（一匹）：	1,200銭	複袍：	1,100～1,800銭
粟（一升）：	400銭	金（一斤1.8g）：	10,000銭
剣：	650～800銭		
奴隷（大人男性）：15,000～20,000銭			

で、自由な行き来は不可能です。また財産ですので、姓がありません。主人が替わると、売り買いの対象となったようです。総合すると、邪馬台国からの奴隷は、当時の中国の人口自体が7分の1に減少する状態でしたので非常に大切にされたとは思いたいですが、会話が出来ないでしょうし、生活に耐えられず、常に故郷を想い、悲観のうちに人生を終えたように思えます。

平安時代、日本の朝廷から渤海に貢いだ踊り子たちは、そこから転々と移り住んでいて、中国で踊りをしながら生計を立てていたのを目撃されたという話が残っていますが、邪馬台国時代やその前の時代の生口も、雇い主を渡り歩いて生き延びていたと考えたいですね。

古代中国の庶民の殆ども同様に貧しくて、安い賃作業（アルバイトのようなもの）をしながら、その日暮らしをしていたようで、生活は奴隷とさほど変わらないものだったでしょう。

志賀島で発見された「漢委奴國王」の印は108・7gであり、彫りの費用を除いても金は奴隷の値段に比べて非常に高価なものであったことが窺えます。

7 アクセントから見えるもの

方言の基礎は、日本では弥生時代に出来たと言われています。方言には、語彙、音韻など様々なファクターがありますが、その中でもアクセントは長い年月をかけても型の明瞭さを維持すると言われています。アクセントの分布図は、余程のことがない限り、後日の人為的に分けた藩境や県境などの社会的な条件に左右されません。このことから、逆に弥生時代の勢力の分布が推定できます。

九州の分布図をみると、北九州と豊前・豊後では中国地方と同じ東京式アクセントが行われているのに対して、熊本や鹿児島では特殊なアクセントが行われています。またその中間地域では、崩壊アクセントか曖昧アクセント地域になっています。

豊前・豊後と出雲（中国地方）が同じアクセント圏であることは、これらの地域が、かつて出雲の勢力圏にあったことを示しているようです。この地域は、葦《あし》原中国《はらのなかつこく》と思われる範囲とほぼ重なります。

また島原半島、熊本沿岸部や鹿児島で

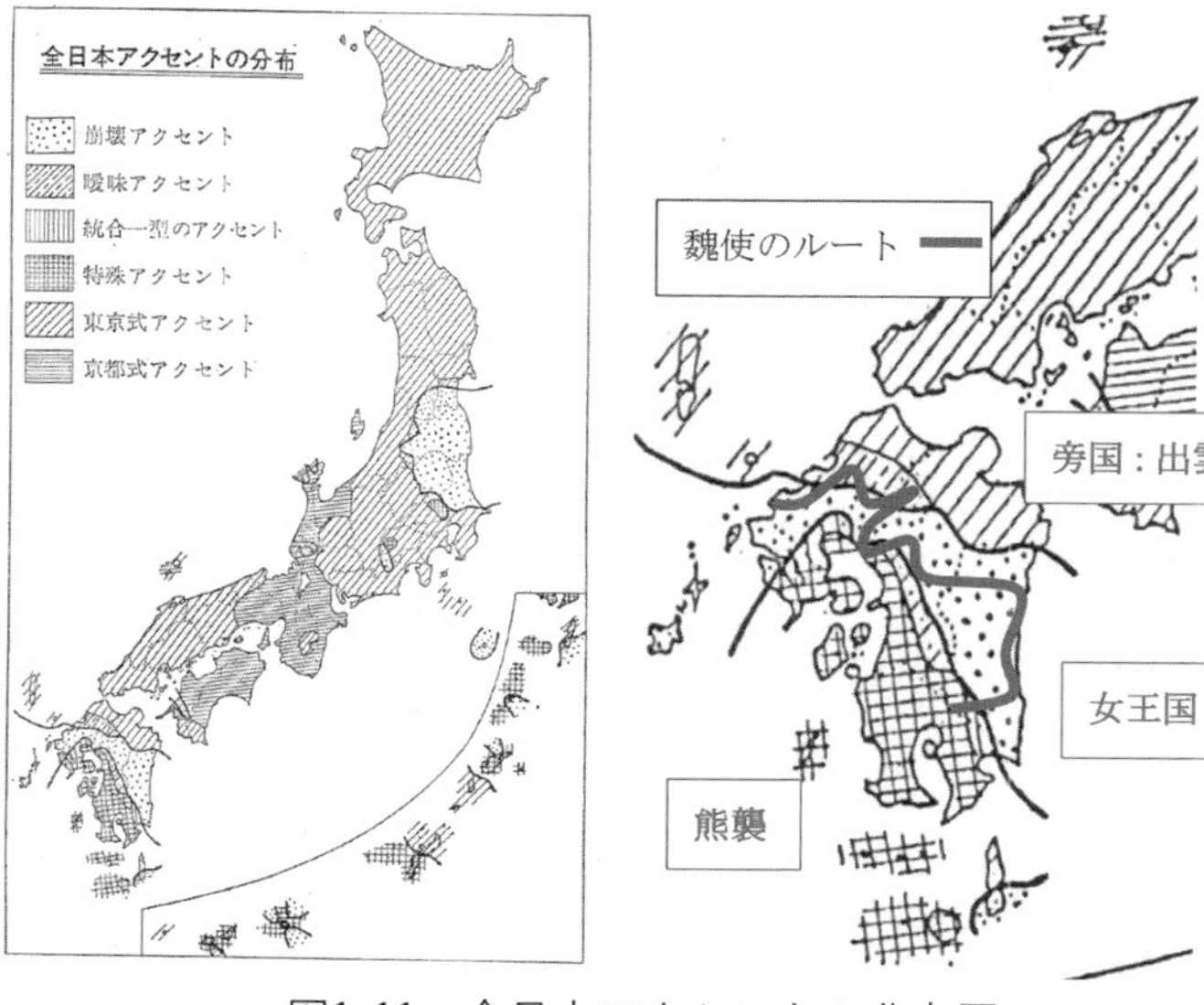

図1-11　全日本アクセントの分布図

（平山輝男『日本の方言』より）

は特殊なアクセントが行われています。これは狗奴国と投馬国として生きる肥人と隼人が、本来同じ南方系等の同じ人種であることを示していると思われます。これらの地域は、女王国あるいは邪馬台国の範囲からは除かれます。

もっとも重要なのは長崎北部、奴国、阿蘇の山岳地域、日向の海岸地域から都城にかけての九州の中間部では、崩壊アクセントか曖昧アクセント地域になっていることです。その原因は、もともとは明瞭な別々のアクセント基があったが、弥生末の戦乱による混乱と、女王国としての統一国家樹立でその基礎を失ったものと言うことが出来るでしょう。日本のアクセントは高低アクセントが主ですので、そういうことが起きやすいと言えます。良い面としては、地域間の交流が部族に関係なく行われたことによる崩壊とも考えて良いでしょう。

この地域は、奴国から南に下った魏使が邪馬台国に到る際に通過した陸行のルートであり、邪馬台国に到る21ヶ国がその中に入ります。つまり女王国の連合国家の地域ということになります。

第2章 海路と陸路

1 奴国への道筋をたどる前に

帯方郡から奴国への道筋をたどるにあたり、帯方郡から末盧《まつろ》国まで水行という表現での航海の状況が記載されていますし、末盧国から奴国へは陸行という表現での徒歩による旅行が記載されています。そこでこの詳細を知るためには、当時の航海の様子を知ることが重要と考えますし、同時に陸路の状況を知ることも重要です。

そこで、船や航海の状況を最初に述べて、次に陸路での状況を述べ、次に次章で奴国より北側の国々についての旅程を中心に検証を行い、旅程問題を解決したいと考えています。

2 邪馬台国当時の船

船は、漢代になり大きく発展を遂げます。次の三国時代の卑弥呼の時代の船は、漢代の技術水準の色濃い影響を受けていますので、その時代から船の発展について述べたいと思います。

(1) 漢代の船

漢代は秦の築いた基礎の上に造船技術が非常な発展を遂げます。種類、数とも非常に多く、海上航運の発達には目覚ましいものがありました。船には客船、貨物船、軍艦などがあり、客船には官船、民船がありました。民船には、舸（大船）、艑（平らな小舟）、艇（短艇）、扁舟（平らで薄い舟）、軽舟、舲舟（窓のある小さな船）、舫舟（並列のもやい舟）など用途に応じて各種のものがありました。

この時代の船には舵や錨はありましたが、小型の民船には帆柱はまだありませんでした。軍艦は民間の船から発達してきますが、堅固、防御、攻撃性、速度、柔軟な進退などの要求に従い、各種のものが出来ました。戈船（ほこ積舟）、橋船（板を渡した船）、闘艦、艨艟《もうどう》（蒙冲）、楼船などです。三国時代と同じように、赤馬、斥候なども見られます。これらを用い武帝は強力な水軍を作り、7回に及ぶ巡回航行を行いました。

漢代の水軍は、楼船軍と称していました。海軍として正式に発足したのは、西漢が初めてでした。楼船軍の士兵は、「楼船士」、「楫濯士《しょうたくし》」あるいは「棹卒《とうそつ》」と呼ばれて、その多くは漁民出身でした。その服役年齢は、23歳から56歳までとなっています。兵役義務年限中に1年間正卒となり地方警備にあたります。また資産4万銭以上の者から材官・騎士・軽車・楼船の特殊部隊が選抜されます。漢代の水軍の将士は黄色い帽子を被っていますが、これは五行説の

「土は水に勝つ、その色は黄色」によっています。

⑵ 漢の2階建ての船

武帝は紀元前120年方40里の昆明池の中で楼船を作りました。2階建ての船（楼船）は、漢代の前に発生していましたが、漢代に発展を開始しました。2階建ての船は高さが10丈（33m）あり、その上に旗指物が並んで、壮大な眺めだったと言います。各階でそれぞれ名前がありました。1階が草庵、2階が飛ぶ草庵、最上階が雀《スズメ》部屋と呼ばれていました。スズメ部屋と呼ばれたのは、周囲をよく観察するようにということで名付けられたようです。

復元模型やその時代の船の画をみると、各階には人間の背丈の半分程の防護壁があり、矢を射るための四角いスペースが空けられていました。連絡通路は大きく出来ており、騎乗が出来たと言われています。船の前後には、大きなやじろべえのクレーンが設けられており、戦いの際にも何らかの役割をしたものでしょう。戦艦の場合、船腹から櫂を出しそれで推進する方法を取る場合もありましたが、それに加えて2帆を設けてあるものもあります。漢時代から方向転換や操作性の向上のため、帆が最低2個設けられるようになったようです。

ただまだこの時代の前帆は垂直に設けられていて、後代のような前に傾けるスタイルにはなっていません。漢代に発明された舵の操作は、舵の軸を船上にあげ、それに横木を通して人が右や左に回転させていたようです。これは大変な作業だったでしょう。

また大風に遭った時は、人力では制御しがたく操作が出来ないもので、実際の航海には向かないため、実施の目的は、軍威を示すのにあったと言われています。安定も良いものではありません。

漢の王朝は何かあるとすぐに20万の水軍を有する2千艘の船を出動させることができました。艦隊中には色々な役割をする船がありました。「先登」が最先頭にいる船、「蒙沖」が敵の船に激突し、「赤馬」が馬のような快速船で、「艦」が重武装で2枚の板で防御した重防御の船で、2階建ての船が指揮船で水軍の主力でした。

前漢の水軍の基地は、川沿いの海の要地に設けてあり、郡が総括していました。主要な基地として、豫章（江西南昌）、尋陽（江西九江一帯）、廬江（安徽安慶）、会稽（江蘇蘇州）、句章（浙江余姚銭塘江口杭州湾）、博昌（山東博興入莱州湾）などがありました。

元狩3年（紀元前120年）、武帝は長安城の西南40里にある昆明池に楼船数百艘を集め終日操練に明け暮れたとあり、当時西安の昆明池は水軍の訓練基地でした。ここで訓練をし、南方に進出します。

漢の武帝（在位紀元前141～87）は、南越国を征服し7郡を置きます。ここには広東省、海南島、ベトナム北、中部（交州）を含み、この後中国はこれらの地を根拠にして南海貿易に本格的に進出して行きます。漢人でインドに達した人も現れています。ただし、この時代は中国人が自らの船で南方に進出したわけではなく、崑崙船を利用していたようです。後漢の延熹の時には大秦（ローマ）王安敦から使節が来たりします。

武帝は南方方面の攻略が終了すると、その矛先を朝鮮に向けます。元封２年（紀元前１０９年）衛氏朝鮮が長年の中国との連携を止め、中国から朝鮮や日本に行く経路を切断したことから、楊僕将軍が楼船兵５万人を率いて渤海を渡り、王険城を落とすことになります。そして激しい戦いが続いた後、元封３年（紀元前１０８年）夏、再び王険城を攻撃しこれを攻略、朝鮮の降伏により、朝鮮が漢に平定されます。その結果、真番、臨屯、楽浪、玄菟の４郡が置かれ、朝鮮は漢の版図に組み入れられます。

⑶ 漢代の造船所と船具

広州には漢代の造船所（船台）の跡があります。これからは当時の生産設備がかなり先進的なものであったことが分かります。船台は枕木・２列の滑板、滑板上の木の台座で構成されており、２台の滑板で船を挟む形になります。ここでは違った規格の船も建造されたようですし、勿論同じ規格のものも当然できます。長さ30ｍ、幅８ｍ、積載重量30トンの大型船が製造でき、ここにはこうした船台が３カ所ありました。

木の台座は船を支えると同時に、船底での作業を容易にしました。２列の滑板は進水台ですが、幅は船に応じて調整できるものです。枕木は船の重量を分散させ、沈下を防ぎます。この広州で初めて舵《かじ》が発明されました。

この舵のお陰で、これ以降船の向きのコントロールが容易になり、航行速度や積載重量を上げることが可能になりました。船の最後尾に操舵室が設けられ、船長が操舵を担当していました。船の先にはいかりも設けられるようになります。船尾の舵は、中国では最も重大な発明の一つと考えられています。

造船所はこのほかにも、陝西、福建、浙江、江西、四川など数十カ所に秦時代からのものがありました。造船の量は大きく、管理は船の長さ「丈」（２・２m）で行っていたようです。ある商人は、千丈の船があったといいます。１９５２年長沙で発見された船は、幅が狭い長いもので、16の櫂が付いていました。注目すべきことは、船腹の両側、前後の甲板上に規則的に鉄の「釘」が使ってあったことです。世界でも先進的な技術でした。

帆は東漢元初２年（紀元１１５年）の『広成頌』の絵に見え、中国最初の辞典の『説文解字』に帆の記載がありますが、中国の学者も私も帆の使用はもう少し早い時代からと考えています。

この時代に、初めて船の属具としての錨、舵、

図2-1　漢代出現の舵
（『中国風格オンライン』船尾舵より）

櫓、帆、鉄釘が1セットとして揃います。

⑷　前漢の武帝の海上交通開拓

武帝は7回の巡回航行を通して、秦の始皇帝のように、執拗に日本にいるという仙人を求めるため日本に渡る航路を探しましたが、失敗します。しかしこのため後に魏や邪馬台国の使者が行き来するルートに繋がりました。また結果として領土拡大に繋がり、南への遠洋航海も含めて海上交通として主要な3ルートを開拓することができました。このルートが「邪馬台国」あるいは「倭国」との相互の連絡ルートになるわけです。

- ●北は遼寧丹東（北朝鮮横）から、南は広西（中国最南）の白侖河口に至る南北沿海航路
- ●山東沿岸から黄海を通り、朝鮮を経て日本（倭）に至る航路
- ●海上シルクロード：徐聞（海南島対岸）、合浦（南越）航路

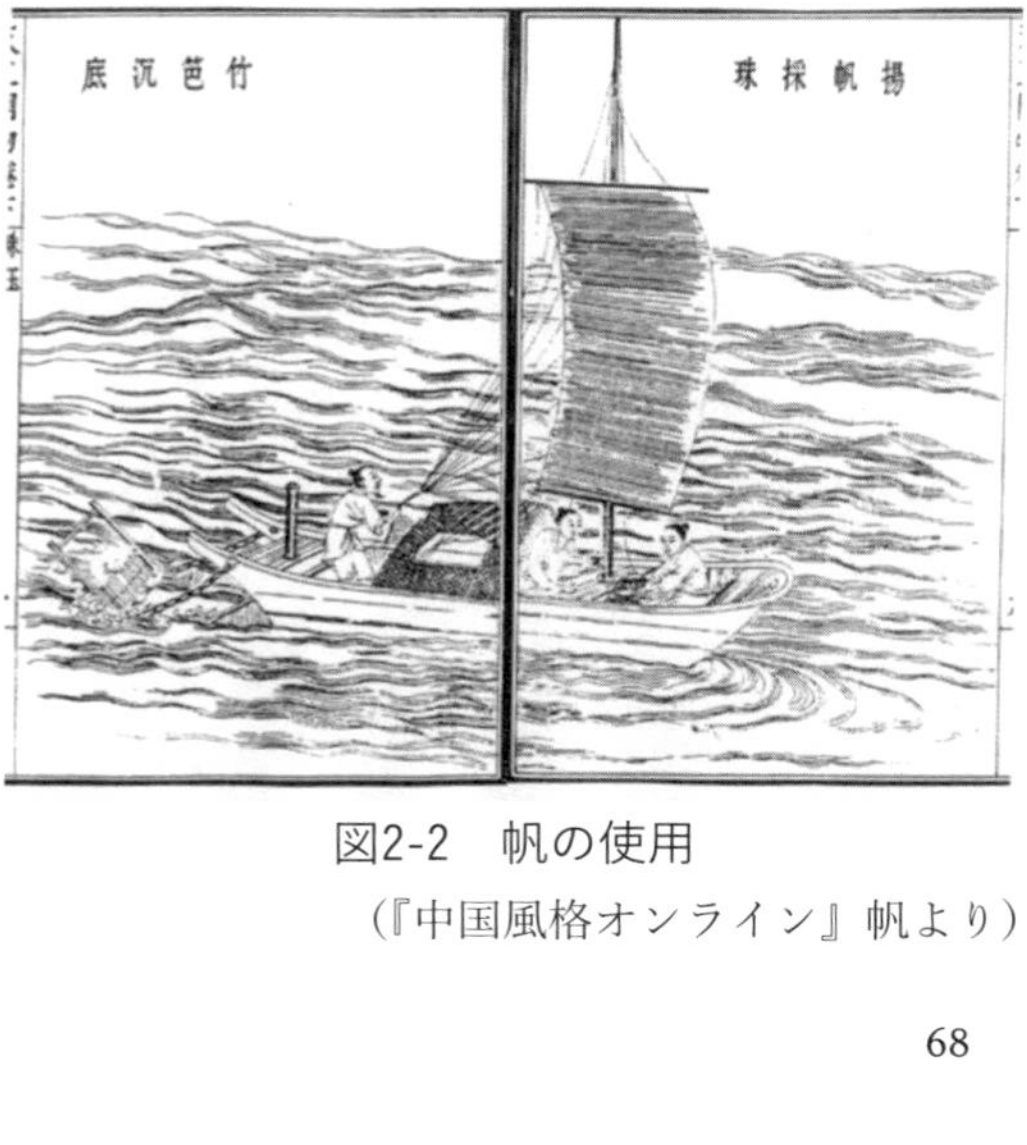

図2-2　帆の使用

（『中国風格オンライン』帆より）

(5) 客室の区画

１９５５年広州出土の後漢の陶船と１９７４年湖北の江陵出土の船からは、船の甲板の下に前、中、後の三つの客室があることが分かりました。八つの板状の横梁が船の強度を上げるとともに、板で区切ったことで九つの部屋を発生させています。この横梁は水の他の区画への浸入を防ぐことが出来るため、水を汲み出す時間の確保ができ当然船の沈没を防ぐことができます。

3 三国時代の船

(1) 三国時代の船

三国時代、魏の曹操は北方を統一後、江南に進出し水軍を作ります。しかし赤壁の敗北の後、その反省で「軽舟を作り、水軍を治める」こととなります。そのあとを継いだ曹丕も水軍の建設を重視し、広陵（現在の江蘇省揚州）で「江に臨み、観兵を行」います。景初元年（紀元２３７年）四つの州で大船を造った記事があります。しかし北方に位置しているため、舟や楫等の制限があり、呉に比べ終始劣勢に立たされていました。

三国時代に船の発達が著しかったのは、呉越の地でした。呉の国の軍艦で最大のものは上下５層で、３千人の戦士を収容することができました。この呉の国が滅びた時、晋朝が捕獲した船の数は5千に上ったと記録にあります。その後南朝の時には、千トンの大船を造ることができたようです。

しかしこれらの船は、アメリカ映画でミシシッピー河を下る船のような形をした大きなものですが、外洋航海には不向きなものです。そこでその穴を東南アジアで使われていた崑崙船が埋めることになります。倭人伝での航海の記録は、この崑崙船によるもの、あるいは崑崙舟を参考に作った船と考えて良いと思います。万震の著した『南州異物志』には4帆を使った操作技術が書いてありますが、インド洋上の航路では7帆の帆船で風を使い航行もしていました。

(2) 三国時代の軍船

平底船に龍骨がないということは、船体の強度が衝撃に弱いということです。そのため衝角戦法で最初に相手の指揮船を破壊し、小型の船の突撃・乗り移りでの白兵戦、そして敗走船の追撃のような戦場パターンになったと思われます。

●檻、楼船………水軍の主力で最重要な船、周囲に板を立てた重装備の楼船、監獄に似ていることから檻と名付けられました。長さ20m前後、艪の数は片舷20前後、後に大型化し孫権が東南アジアに使者を送った時には、7枚の帆を張り600人程度の乗員を乗せています。

●先登……………先陣をきる小型の船、立哨も行う快速船。長さ７ｍ前後、艪の数は片舷２〜３。
●蒙冲、艨衝……頑丈な船首で突撃した相手の船を破壊。長さ10ｍ前後、艪は片舷５前後。
●赤馬……………馬のように速く進む快速船。長さ７ｍ前後、艪は片舷２〜３前後。

その他として露撓《ろとう》、斥候《せっこう》、（遊）艇《てい》などがあったと言われています。

船の形は戦闘用として基本的に考えられるにしても、漁船や商船用には改装を行ったようです。作戦の需要に応えることが第一でした。軍艦に乗れる人数は、米２石を１人分として計算したようです。

呉国の最大の軍艦は、５階建てで３千人の兵士を乗せることが出来ました。孫権の乗る〝飛雲〟や〝蓋海〟は、非常に雄大で壮観だったと言われています。孫権はこの船団を遼河の東部や南シナ海に派遣しています。

魏の跡を継いだ西晋も船の発達が著しく、晋武帝は２７２年大将の王濬《おうしゅん》に命じて、小さな船を多数集めて〝連舫〟という大船を造りました。「方１２０歩（１歩＝１・４５ｍ）で、２千人を乗せることが出来、木で城を築き、楼櫓を設け、４つの門があり、馬を走らせることができた。」（『晋書』「王濬伝」）とあります。

⑶ 赤壁の戦い（208年）

中国の北方を支配した曹操は、20万の大軍を以て呉の孫権に戦いを挑みます。これに対して呉は蜀の劉備と同盟を組み迎え撃とうとしますが、その勢力は5万しかありませんでした。曹操は荊州の水軍を加え長江を下り、両軍は赤壁（湖北省嘉魚県）で対峙します。曹操の軍は大半が水上の戦闘に慣れていないことに目をつけた呉の武将黄蓋《こうがい》は、火責めの策を呉の武将周瑜《しゅうゆ》に進言します。

黄蓋は油をかけた薪と草を積み込んだ蒙衝（小型の快速艇）で曹操の舟に近づき火を放ちます。東南の風が激しく吹いていたことも幸いし、曹操の船は一気に燃え上がり、全てを失った曹操は北に逃げ帰るしかなかったといいます。この時河の横の崖が真っ赤に染まったことから赤壁と名づけられたと伝えられています。

この時に使われた楼船の復元模型では、全長は30m以上、全体に1階の部屋が設けてあり、指揮のための屋形が後方に設けられています。帆は垂直に前と中央に立てられ、木製に鉄を被せた碇が二つ船首に配置されています。ここでの舵は、まだ大型の櫓というようなものです。

⑷ 三国時代の造船所

三国時代には、黄河と長江を中心にその両岸で戦闘が行われたため、船が重要な兵器でした。そこで各地に官営の造船所が多く造られました。洛陽の孟津《もうしん》、建康付近の東府城などがそれにあたります。勿論広州もその一つでした。

呉国には、江に臨む場所に秣陵（現南京）、京口（現鎮江）、豫章（現南昌）、海に臨む場所に永寧（現浙江温州）、横陽（現浙江平陽県）、温麻（現福建連江県）などの造船所があり、「船屯」（船の村）と呼ばれていました。そこに最高の熟練技術者が集められ、それを建安（現福建省福州）においてある典船都尉（造船担当者）が管理していました。

⑸『魏志倭人伝』に出てくる船

南インドの崑崙船は、戦国時代頃から中国の沿岸に姿を見せはじめ、紀元前１１１年に漢に滅ぼされた南越には崑崙船の造船所があったと言われています。漢の時代には東南アジアとの通路が開け、それとともに本格的に南方の崑崙船が中国沿岸に出没を始めてきます。それを参考に中国船自体の改良も行われており、広州の造船所で作られた船は崑崙船ではないかと考える学者もいます。

日本と帯方郡を行き来したこの崑崙船、あるいは中国の改良船は中国人も見慣れていて、外来船といえばこの崑崙船という意識があったと思います。それで船の構造それ自体に対する言及が『魏志倭人伝』に記載されなかったのでしょう。

東南アジアから帰国した康泰の『呉時外国伝』（『太平御覧』巻７６９、舟部２）には、扶南国の船（崑崙船）が記録されています。「扶南国は木を伐って船をつくる。（木は）長さ12

尋（約23ｍ）、広さは肘6尺（約3ｍ）となり、頭尾は魚に似て、鉄鑷《てつじょう》（毛抜き状の鉄板）を以って露装す。大なるは百人を載す。人は長短の橈《かい》と篙《さお》各々1あり。頭より尾に至り、面に50人あり。或は42人、船の大小に従う。立てば即ち長橈を用い、座れば短高を用う。水浅ければ及ち高を用う。皆まさに上れば、声に応ずること一の如し」とあります（長澤和俊氏訳）。

かなり大きな船で、小さな船しか知らない倭人は、この船を見て度肝を抜かれたと思われます。写真は、晋代の模型ですが、三国時代もほぼ同様の規模の船です。

4 船の速度

水行（航海）での船の進む速度は、「邪馬

晋代的八槽舰　Eight-slot vessel of the Jin Dynasty

図2-3　晋代の船
（『中国古船図鑑』宁波出版社：中国宁波市より）

台国」の旅程の問題を解決する基本であり、1日千里ということを十分理解することなしに邪馬台国の問題の解決はなく、短里だ何だかんだと今でも学者から研究者まで言っているのは可笑しなものです。

今から何年前でしょうか、福岡県の前原市民会館で邪馬台国のセミナーがありました。奥野先生、柳田先生、西谷先生や山尾先生など錚々たるメンバーが並んでいました。一応全ての話が終わり質問の受付があった時に、他に質問者がいないので私が「中国の古代の航海者は、1日千里で距離を考えていて、この伝統は長く続きました。それなのに何故それを無視して、短里だ1里○○mというような訳の判らない話をされるのですか？」と質問しました。今でも覚えていますが、会場と壇上がシーンとなり誰一人答えをくれる人がいませんでした。それで司会者がこれで終わりますと一方的な宣言をし、セミナーが終了しました。私としては不満が溜まった状態になりましたが、まあこんなものだろうと笑っていました。

『魏志倭人伝』の解釈の基本となる水行千里については非常に大事なものですが、その意味について殆どの方がご存知でないのには驚きます。古代の船や船乗りの距離・速度の理解とは遠い感じがします。

これを解く鍵が、道教経典の叢書である『正統道蔵《しょうとうどうぞう》』の「太清金液神丹経《たいせいきんえきしんたんきょう》」と題する錬丹《れんたん》術の書の下巻に、西域の一部を含む海南諸国の地誌的叙述がなされ、その典遜国（＝頓遜国）の条にあります。同様のことを記した他の資料より非常に具体的ですし、この記述は卑弥呼の時代の3世紀頃のものと思われ、倭人伝を理解する最適の資料と考えています。以下は篠原俊次氏（「『魏志』倭人伝の海上里程と『道蔵』」『歴史読本』1998年9月号）より。

典遜国：（テナセリウム、ミャンマー）　日南：日南郡（中部ベトナム）
扶南：（バナン付近、カンボジア）　林邑：（チャキュウ、中部ベトナム）
寿霊浦口：（フエ付近、中部ベトナム）

「典遜は日南を去ること二［三］万里にあるが、扶南は林邑を去ること三千七、八百里に過ぎないようである。どうしてこれを知ることができるのか。（それは）船舶が寿霊浦《じゅれいほ》口を出帆し、季節風を受けて昼も夜も帆を解かないとする。（そうすると）十五日ですなわち典遜に到着する。（つまり）一昼夜の帆（船）行（程）が二千里（というわけである）。

（では）質問するが、いま揚子江の舟船が高い垣根のように帆を広げ、流れに因《よ》り、風にしたがって下がると、一日にわずか三百里しか行くことができない。（それなのに）あなたはいま、海上の行程は昼夜三［二］千里だと述べられた。それは嘘ではないのか。

お答えしましょう。私も昔、たびたびこの疑いを質問したことがあった。（それによれば）船舶が高く四帆を張れば（可能であり）そして出帆した日、試みに（浮遊）物を水（面）に投じると、それは一呼吸のわずかな時間に、百歩も過ぎてしまう（のである）。これから推論すると、（海上の航行は）鹿を追うように速く、馬の走るような（速い）ものである（ことがわかる）。馬に（昔から一日）千里（という成語）があることを知れば、（海上の航速が一日）千里前後となることがいえる（というものであった）。」

（※原文に誤字があり、［］で訂正したものを書いています）

つまり一日千里、一昼夜二千里となります。確かにこの速度は速いものですが、その後の例えば明の時代の鄭和の航海図なども含め中国の航海の資料も全てこれで貫かれています。３世紀頃の東南アジアを中心とした航海記録も、この通りになっています。このことが理解できて初めて対馬海峡の島間の距離の理由に気づきますし、邪馬台国までの水行10日が１万里を指すということがはっきり分かります。

ただし、島間での一日千里とは、朝出て夕方に着くことを想定していて夜は休むため、島間の距離に関係なく、目的地に着けばそれでその一日が終了となります。

紀元前２１０年頃の徐福の航海では、まだ帆が1本でしたが、その後卑弥呼の時代には２本を上手に使うようになります。古代中国人は、風に（東西南北、東北、東南、西南、北西）の8風があるということ、あるいは12風（1年12カ月の風とそれぞれの特徴、季節風）などを理

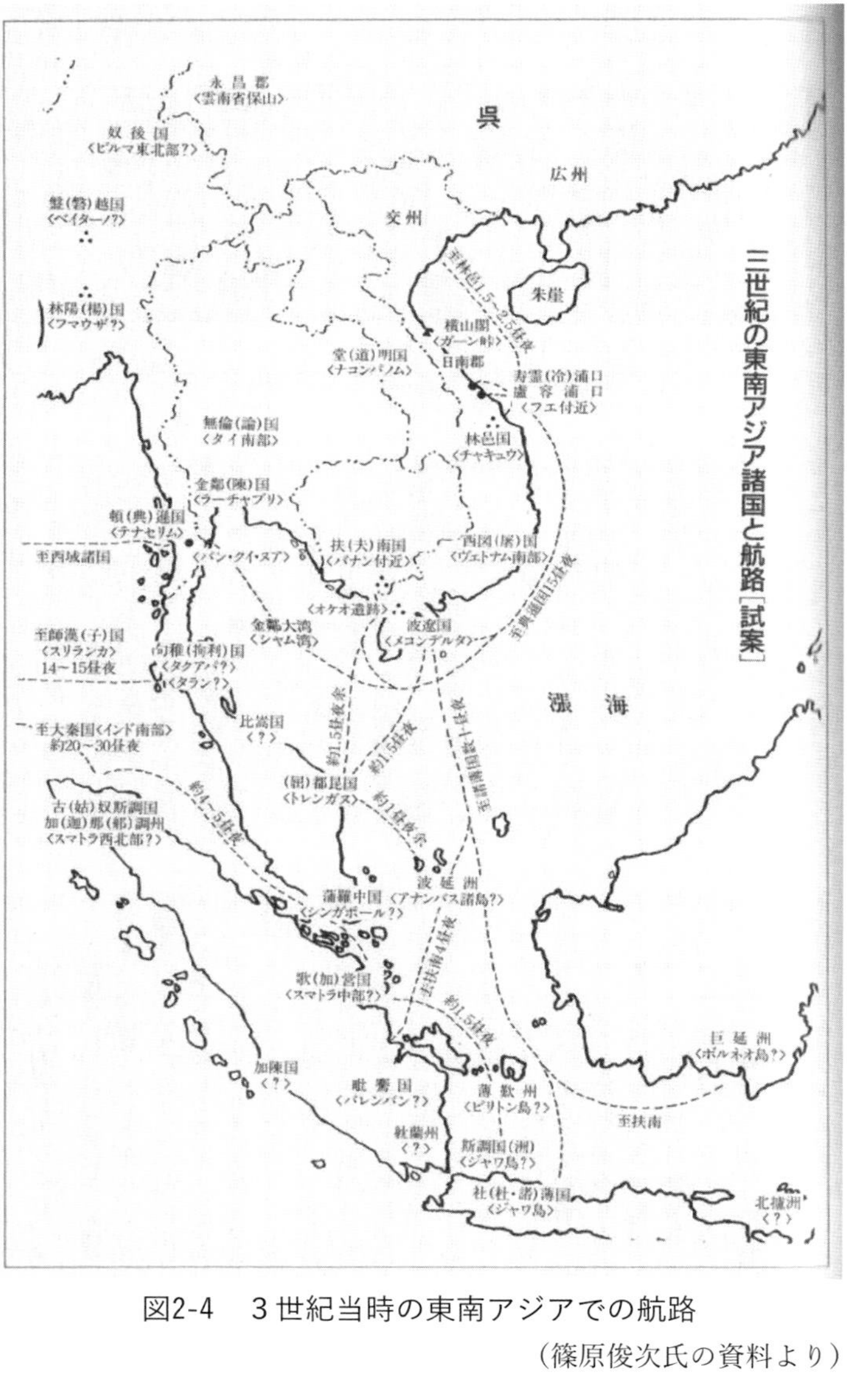

図2-4　3世紀当時の東南アジアでの航路

（篠原俊次氏の資料より）

解するとともに、漢朝の甘徳の著書『天文の星占い』では８００１個の恒星の名前や惑星の運行などが測定結果として『甘石の恒星表』の名前で発表され、航海者の指標となりました。

後漢丹陽の太守の万震は『南州異物志』を書いて、２枚の帆を使い８風をうまく制御しスピードを上げる方法を航海者に知らせました。今のヨットの要領です。風を測るために１本の竿の先に絹織物のひも（あるいは羽根）を縛り、風がある時は風向き通りに揺れ動いて、それの揺れ動

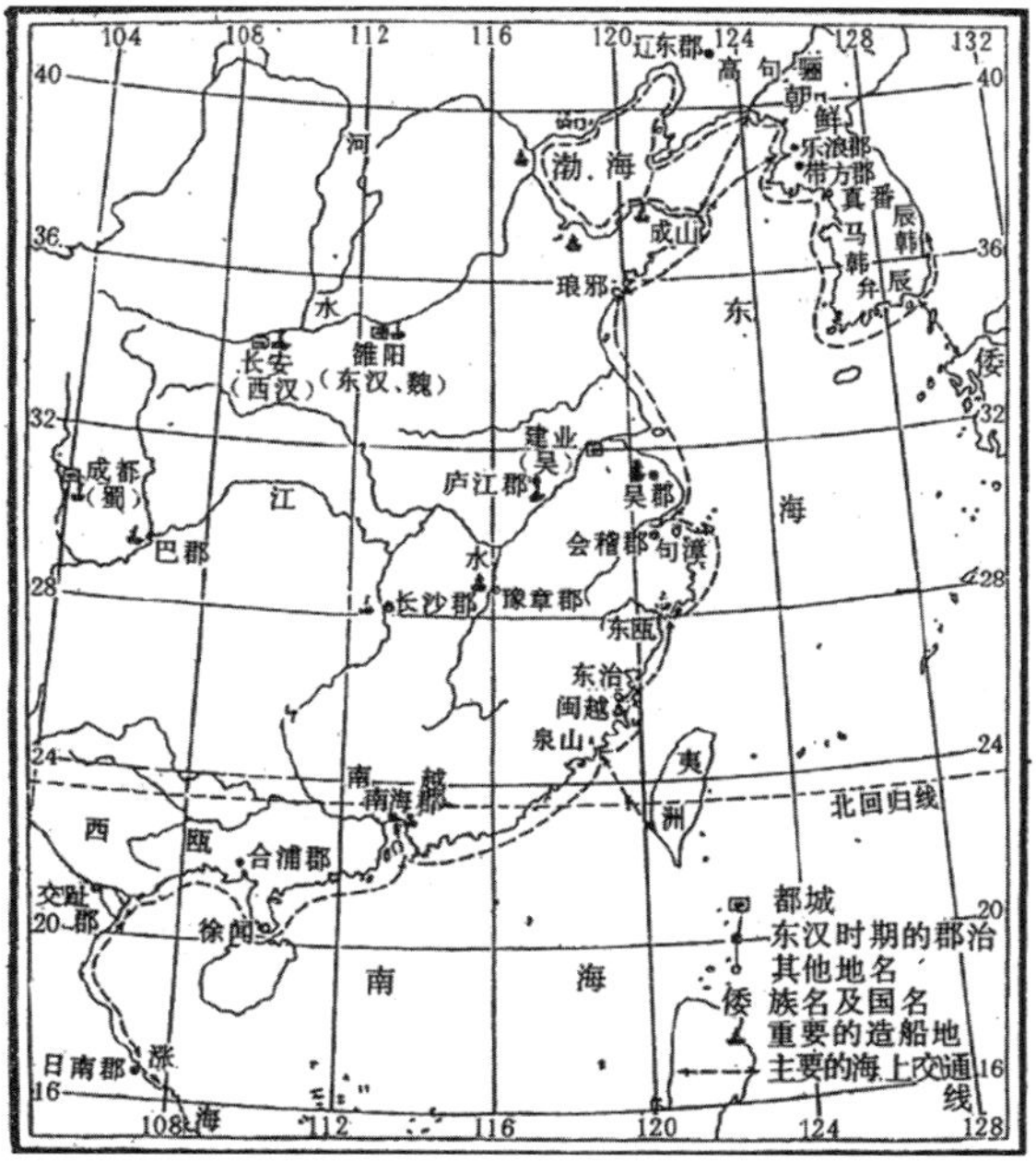

図2-5　漢代の中国沿岸の航路

（今村遼平「中国の海洋地図発達の歴史《４》」『水路』2013年より）

いた方向によって風向きを測りました。

しかし中国人も古代から本当に1日に正確な距離としての千里も行くものとは考えていませんでした。そこで航行のスピードを高めるためもあり、南斉の著名な科学者の祖沖之（429－500）は著書に次のような試みを記しています。「自ら1日千里を行けるという船をつくって、新亭江に浮かべ実験をしました。その結果は1日百数里進めただけでした。」（『南斉書』巻52）。やはり無理だったようです。しかし何回も言いますが、1日千里で表現する航海記録は、当時の中国の航海者には当たり前の話です。わけの分からない我流を通すより、当時の中国人の記録を信じるべきものと思います。これが分かれば、本当に『魏志倭人伝』が目の前にその姿を現します。

5 船の目玉

漢代に入ると船には面白い特徴がみられるようになります。船を魚になぞらえ、必ず「目玉」を船の先に描いていることです。2000年前頃かからそうなっています。そこで中国の漢代以降の船の復元模型には白丸の中に黒い「目玉」が描かれ

図2-6　船の前部の目玉
（『中国古船図鑑』宇波出版社：中国宇波市より）

ています。かなり大きなものです。

邪馬台国の時代、朝鮮を経由して中国と行き来する船であれば、殆どそれが見られたでしょう。倭国の北部九州の人は、入港した船の「目玉」をみて、最初はぎょっと驚いたでしょう。そのうち倭国の船も同じように付けたでしょう。倭国の船を「～丸」と呼ぶのは、そこに原因があるかもしれません。

6 古代の航海技術

(1) 天文航行と測量

春秋戦国時代、海上の航海技術は、すでに天文学を取り入れていました。戦国時期の人は、二十八星宿と一部の恒星を定量観測していて、その成果を使い北極星を利用して方向を定め、秦漢時代からは北斗星（北極星）と地平線のなす角度により、方角と凡その緯度を知るという方法で航海をしていました。

天文航行以外では、地文航行と陸地定位は重要な行為でした。魏の時代に生きた劉徽の『海島算経』をみるとすでに「重差法」を使用して、海上の地形を正確に測量していました。

この人物は『九章算術』の注釈を書いている人物でもあります。出身の山東省は、中国から朝鮮に渡海する時に通る場所で、この考えが日本への航海者にも伝わっていたと思われます。

「凡そきわめて高く望む所や絶えて深い所を測って、そこまでの遠さを知るには、必ず重差が用いられる。勾股の方法に、重差を使って率にするので重差という」。つまり重差法とは三角形の比例計算で、高さや距離を出そうとするものです。

(2) 船の速度の測り方と指南

呉の万震撰の『南州異物志』という書物によると、三国時代の呉の国では、船の速度は以下の二つの方法で測っていたようです。一つは船の先端で木片を落とし、それが船の最後尾まで至る時間を船側で人が一緒に走って測ってだすもの、それと長い糸に簡単なものをつけ、それを泳がし（流し）、その長さと時間から速度を割り出すものです。この方法は明代まで行われたようです。

また戦国時代の『韓非子』は磁石の使用に言及していて、漢代には磁石の極を示す性質を利用し、方角を示す道具、「司南」あるいは「指南」ができ航海が容易になりました。魏の倭への使節船にはこの簡易な羅針盤があったものと思われます。

(3) 気象、海象

春秋戦国時代、人々は潮汐をある程度理解していたようです。『尚書』「禹貢」に「朝夕これを迎え、即上に向かい遂行した（たどり着く）」とあり、満潮出海を知っていました。

秦漢の時代は、遠洋航海する際、すでに季節風の利用を始めていました。前漢の『風俗通義』には「五月には落梅風（すなわち梅雨の季節以後に現れる東南季節風）が有り」と書かれ、これを信じて航海することを提案しています。また後漢時『海中星占験』12巻や『海中五星経雑』など多数の航海関係の書が出されましたが、これは航海過程で生まれた天文の経験と規律でした。これを使い航海中に星座、行星等を記録し、位置を決め航路を確定していました。

⑷ 水深測量と潮汐

これも『魏志倭人伝』の話では話題になることがない事項ですが、水深測量と潮汐の知識というのがあります。秦や漢の時代は河川での船の通行が頻繁に行われるようになります。とりわけ楼船という大型船での航行が出てくるのですが、この時問題となるのが河の水深でした。安全に航行できなければ、どうしようもないわけです。

そこで船では、測深錘や水鉈という重い金具とひもを結び水面下に下ろして水深を測ります。測量の単位は、人が両手を広げた托《たく》で１・５ｍの長さです。単位長さのタ

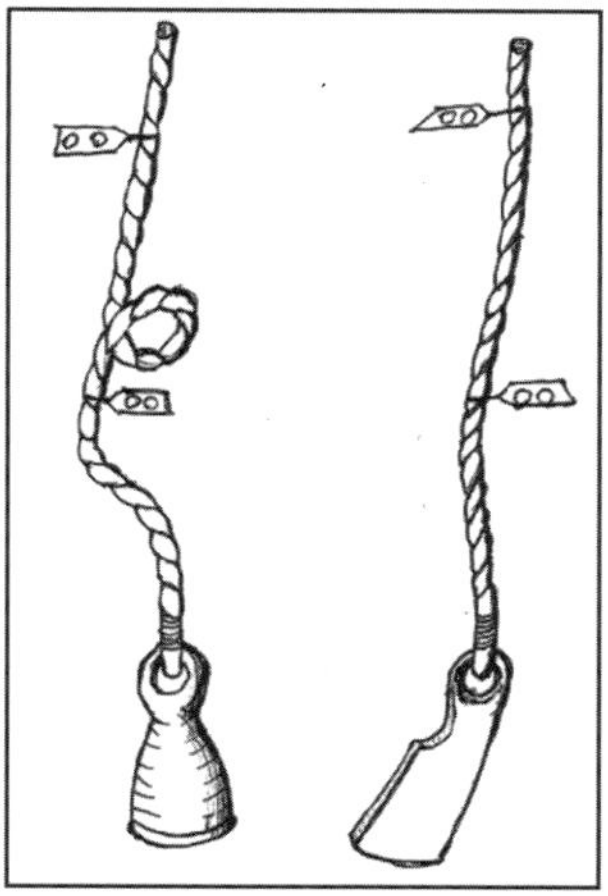

図2-7　測深錘
（今村遼平「中国の海洋地図発達の歴史《３》」『水路』2013年より）

グをこの紐につけ、水深を測ります。測量の左辺に水を示すサンズイがあるのは、そこから測量が始まったことを示しています。

そして航海の発展と水深測量の結果で、潮の潮汐活動がだんだんと分かるようになってきました。河川からインド洋までという活動範囲の広がりが、逆にそれを要求するようになったのでしょう。

海が浅い場所では浅瀬・暗礁での座礁の危険性が大きく、また港への出入りには海の高さが関係しています。必然的に潮汐の知識が要求されてきます。前漢時代、枚乗《ばいじょう》（－前140）は著書『七発』で、潮汐と月齢の関係を説明するような「8月の望」の大潮のことを述べています。

後漢になると、王充《おうじゅう》（27－97）は潮汐の成因理論を作っています。著書の『論衡』の書虚篇に、「涛之起也、随月盛哀」（潮の満ち退きは、月の満ち欠けによって大きかったり小さかったりするのであって、潮の満ち退きはいつも同じではない）という考えに至り、月と潮汐の関係を科学的に示しています。紀元1世紀には潮汐表も作られていました。これを使い船は潮をうまく利用して航海をしていたようです。潮の流れに乗れれば、船を進めるのが容易ですし、港に入ることも容易になります。やはり後漢の光武帝の時代に、馬援将軍は航海の安全を期するため「潮信碑」を作り、渡海する人に潮の満ち引きが分かるようにしたと言われています。

『魏志倭人伝』の時代に、中国あるいは帯方郡から来た船は水深を測量し、帰路の安全を図り、潮の流れの変化をみて、航海の安全を図っていたと思われます。

⑸ 桐油

古代中国では、舟の塗装には桐油を使っていたようです。桐油はトウダイグサ科の支那油桐の種子から取れるもので、植物のなかでも比較的乾燥しやすい乾性油です。亜麻仁油より耐水性に優れていて、造船でも使われるようになったようです。古代中国の舟が船体も帆も褐色を呈するのは、この桐油が染みこんだためです。ただ褐色の色合いが深いのは、製造が稚拙で不純物が多く混じっていたためと考えられています。

7 海人族

『魏志倭人伝』で航海を記載される前に、『後漢書』には西暦57年に委奴国が朝貢して金印を授けられ、また西暦１０７年に面土国王の師升の使者が洛陽に行き、生口１６０人を献じた記録があります。これは対馬海峡を行き来することが出来る航海技術を持つ海人族がいたことを窺わせます。

勿論帯方郡からの使者は、中国人の船で航海していることは確かでしょうが、それを助ける役割をした日本人の海人族がいたことも確かでしょう。それについて述べさせて頂きます。特に九州を船で周回（周旋）する時や、投馬国までの航海では、日本人の海人が案内したことは確かです。

日本人自身の船には、「持衰《じさい》」が乗っていたのでしょう。『魏志倭人伝』では、「倭の者が中國に詣るのに海を渡る時は、いつも一人が選ばれ、頭（髪）をとかず、虱を取らず、服は汚れ放題、肉は食べず、婦人を近づけず、喪人のごとく。名づけて持衰《じさい》という。もし行く者が善ければ生口や財物が得られる。もし病気があったり暴害にあえば、その持衰が謹まなかったからだとして殺される。」（Wikipediaより）

先史時代から縄文時代そして弥生時代にかけて、沖縄本島から奄美大島を経由し、九州の西海岸を中継基地にし、福岡を経由して日本各地に南方産の貝がもたらされました。これを貝交易と呼びます。

南島人は浜辺や海の底で貝を採取し、本土の弥生人がある一定の時期に沖縄諸島にやって来て買い付けの取引を行いました。これを行ったのが西北九州人と呼ばれる鹿児島～熊本あるいは長崎からの人々でした。北部九州人がそれを買い付け、加工して日本各地にもたらされるという仕組みが出来ていました。貝交易の対象はゴボウラやイモガイ、ヤコウガイそれにサンゴの海の大型巻貝でした。

この運搬を担当し海上を往来したのが西北九州人ですが、これらの人の墓が沖縄や奄美大島に残されています。いわゆる箱式石棺墓です。この交易は弥生時代後期に一旦衰退しますが、古墳時代に大和政権に、そして5〜6世紀には朝鮮にまでもたらされます。中国にもヤコウガイを伴う遺跡が残されています。沖縄の人々は何故か本土に向かおうとしませんでしたので、この交易は当然本土の海人が担当しました。中国側との交易を除いて、本土側の交易は、主に隼人と呼ばれる薩摩を中心とする海人で、この頃までが華でした。

海人族にはいくつもの種族がいたようです。まず薩摩を中心とする阿多隼人、宗像を中心とする宗像族、志賀神社を中心とする安曇族、住吉系あるいはアメノヒボコ系もありました。海に潜り刺青をしたのが、江南からの出自と言われる隼人系で、潜水漁労民でした。安曇系は漂海民的、航海民的色彩が強くインドシナ系苗族からの出自と言われており、舟をこぐことが得意で、家船をこしらえ北部九州から瀬戸内海を通り、日本の各地に移動してゆきます。福岡県にはその他に、宗像族、住吉族がいて筑紫三海人族と呼ばれる海人がいました。どうも福岡県は、海人族のメッカですね。

安曇族は対馬海峡を中心として活躍した海人でしたが、日本各地に進出していったのは、主に宗像族や住吉族でした。今日海人としての地名が残っているのは、この両者の進出が大きかったと思われる場所です。勿論安曇族も各地に進出し、その名を遺しています。長野県の安曇野は有名です。

南島には『記紀』に載せられているサルダヒコに関連したものがあります。伊波普猷氏が指摘したように、「サルダの隣音転換であるサダルという言葉は、今も琉球の島々では使用されていて、それは先行する、案内するの意である」可能性があり、天孫降臨で案内役を務めたサルタヒコは薩摩あたりで生まれた隼人であった可能性もありそうです。彫りが深い、赤ら顔などの風貌はまさに、薩摩半島の縄文人としてのものです。これらの人々が案内人となり各地に赴いたのでしょう。目印や、岬、海峡、島、潮の流れなどの情報を伝える役目を果たしていたと思われます。『記紀』の塩土老翁《しおつつのおじ》もその一人だったのでしょう。

この薩摩を中心とし、熊本を加えた海人族を東鯷人と呼べると思います。これらの基地は、薩摩半島西岸部であり、『魏志倭人伝』での「投馬国」です。彼らは西岸部を航海する時、寄港地に入る目印としての岬に「長崎鼻」と名付けました。長崎鼻は、海に突き出た半島状のもので航海の目印になります。これが、指宿、(坊津)、串木野、長島、天草、脇(長崎半島)、黒島、的山大島、馬渡島、呼子、壱岐原の辻、対馬豊玉と連続します。港への宿泊を止め船上で生活をした形での航海であれば、呼子から指宿までであれば、6~7日程度で航海したと思われます。そのペースで、1泊どこかで宿泊するとして、九州を1周するとしたら、20日程度で可能と思われます。五島列島の値嘉島の白水郎(あま)の容貌が隼人に似ているとされていますが、ここには隼人の進出があったのでしょう。

しかしこの海人族は南方への航海はしますが、その舟は丸木舟程度あっても簡単な帆がある、あるいは雨除けの覆いがある程度の半構造船的なもので、手漕ぎであり大量のものを運ぶのに適しておらず、安曇族の構造船とは大きさや機能に違いがあったようです。海人族は基本的には潜水漁労民で、文化的な孤立もあり、漁労民としての貧しさもあり「夷人雑類」とみなされていました。大和朝廷はこの民を征服し、あるいは貝交易の中止を通して、朝廷の中に服従者としての隼人を組み込んでゆきます。隼人の祖火照命《ほでりのみこと》が海水に溺れる様を演じる俳優、吠える狗人、天皇の守護人として生きて行くことになります。随分抵抗したことが記録に残されていますが。

一方安曇族は、渡来人の中の一部族だったという説がありますが、まだよくは分かっていません。金印が出土したのは、この安曇族が本拠地とする博多湾に突き出た志賀島の志賀神社です。かなりの力があったことを窺わせます。安曇族は、水稲耕作の技術を持つ弥生人とともに列島の東の各地に進出し定着します。丸木舟しか知らない縄文人を船で圧倒し内陸部への進出を果たします。『日本書紀』の応神天皇紀（273年条）に阿曇連の祖大浜宿禰を海人あまの宰《みこともち》とする記事があり、海人族の代表となりますが、7世紀頃見込み違いでその地位を奪われます。

そうした中で、彼らは、インドネシアなどの南方系の船の技術を取得し、自分たちの船を構造船的なものに改造していったのでしょう。カンボジアでは多数の帆を持つ崑崙船がアジアを駆け巡っていましたが、安曇族はその技術の流れを受け継いだものでしょう。こう書くと東南アジアは進んでいなかったのではないかと言われる方もおられますが、40年程前インドネシアの灌漑用水路を調査した時に、あまりの素晴らしさに驚いたことがあります。戦前は、灌漑の分野では、日本よりインドネシアの方が進んでいて、日本はその技術を学んでいたと聞いて、なるほどと納得したことがあります。

海人族では違いがあります。東鯷人がいた西九州は、舟が劣っていたために十分な日本各地への進出を果たせず、投馬国あるいは狗奴国として沿岸で潜水漁業をしながら陸で穀物を生産する、あるいは狩猟をするという内陸型の暮らしに入っていったと思われます。

8 陸路の速度

末盧国から奴国へは、陸行したと記載されています。それでは、その歩く速度は、どのようなものだったのでしょう。

(1) 軍旅の場合

軍隊が移動する場合の旅程の基準については、『後漢書』(巻86、南蛮伝) に、「軍行三十里をもて程となす。而して日南を去る九千余里なれば、三百日にして乃に到る」とあり、約24㎞程度が基準だったようです。

⑵ 旅行での距離

官吏が旅行した記録としては、張家山漢簡『奏讞書』始皇帝27〜28年の記事があります。「行道六十日、恒馬に乗り及び船行すること五千百四十六里。これを察するに、日に八十五里を行き、あまり四十六里」という記事があります。恒馬の陸路と船で、平均すると八十五里（約36㎞）となるということです。

漢代の里程では、１日の旅行距離がこの八十五里（36㎞）を超えないように工夫されているはずですが、正規の宿泊亭で宿泊を重ねて１日50㎞を超える距離が記録されています。しかし『居延新簡』では、百里を超えないよう、旅程がなされているようです。

『元延二年日記』では、１日の行程が速いもので60〜70㎞、遅いもので25㎞の記録があります。総合すると、歩いては１日30㎞、車馬では40〜50㎞というのが一般的だったようです。

唐の『唐六典』では、「諸《おおよそ》行程は、馬は日に七十里、歩及び驢は五十里、車は三十里」とあります。このように歩を一日五十里とすると、１日22㎞の距離になります。弥生時代の山河や道の状態を考慮すると、中国のやや平たい土地の状況とは違い、１日15㎞程度が進める距離でしょう。

末盧国の上陸地呼子から、奴国の中心地までの延長距離を測ると、約90㎞です。その間が１日１００里行くとすれば６日＝６００里ですので、１日15㎞となり妥当な数値と思われます。従って結論としては、左記のような簡単な表現で表されます。

水行は、1日千里
陸行は、1日百里（15㎞程度）

9 陸での運搬手段

日本では古代から陸での運搬手段には背負子《しょいこ》が使われていました。以前福岡県の伊都国歴史博物館で展示されていたことがあり、その時に拝見した記憶があります。各地でこの背負子で使われた木材が出土しています。

当時の道路は、対馬国の「道路は禽鹿《きんろく》の径《こみち》の如し」であり、末盧国の「草木茂盛《もせい》し行くに前人《ぜんじん》を見ず。」という状態でしたので、長い棒に二人で荷物を吊るして運ぶ方法は無理であり、やはり背負子を使ったものと思います。

日向地方では、背負子を「カルイ」と呼びました。また運搬具に網を編んで袋としたもの（カガリ）や、背負子に袋を付けたもの（カレコ）などもありました。背負子で銅鏡を運ぶとすると、20㎝径くらいのものが重ねやすく、運びやすかったでしょう。

佐賀県鏡山南麓の佐賀中原遺跡Ⅷから出土した報告書の図の木材を示します。この遺跡は、唐津市の南側にあり、魏使が末盧国から伊都国に向かう途中に通ったと思われる場所に位置しています。ここで1泊したのかもしれません。

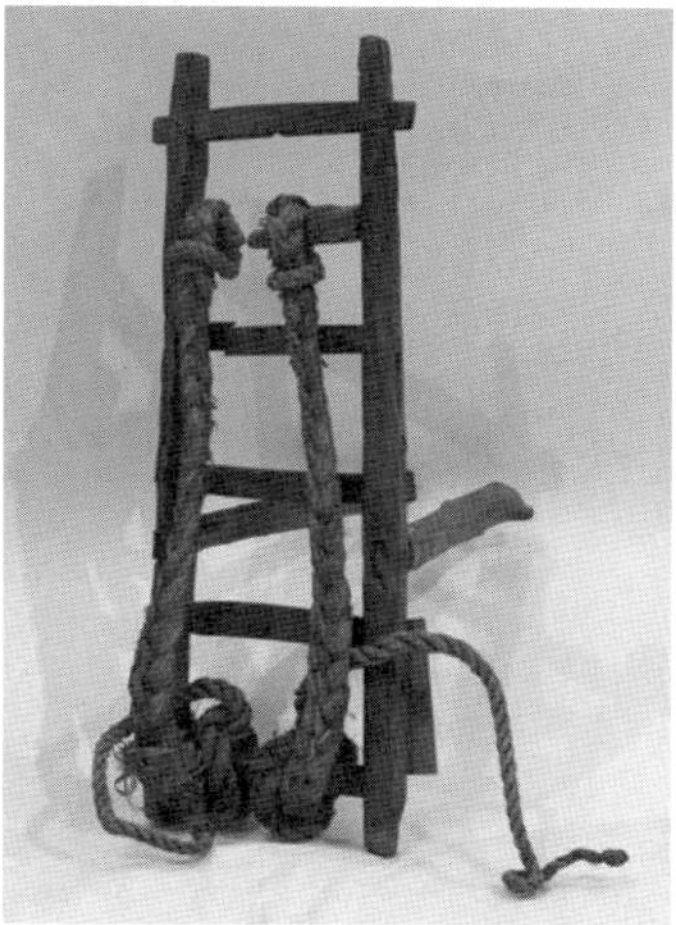

図2-8　背負子
（水巻市歴史資料館所蔵）

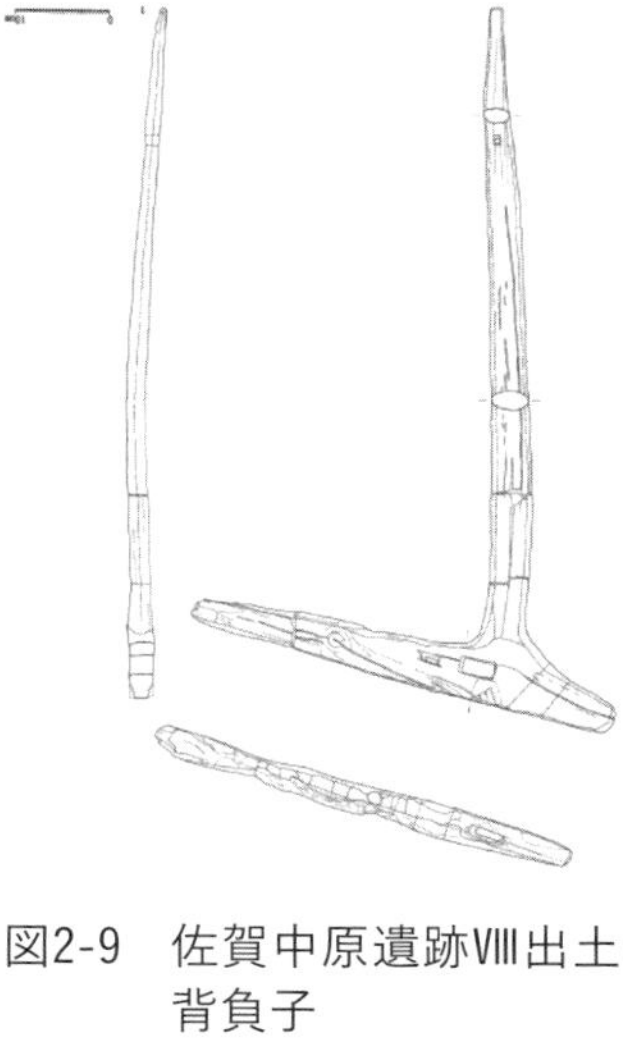

図2-9　佐賀中原遺跡Ⅷ出土の
背負子

第3章 帯方郡から奴国への道

ここでは、『魏志倭人伝』において、その位置や大きさなどが記載されている女王国から北側の国々について述べたいと思います。その際、北側の国から順に南下して行きますが、より理解を深めて頂きたいために、それに必要な前提の話をさせて頂きます。

1 可について

まず『魏志倭人伝』での「可」（「方」、「周旋」）に関する私の考えを示したいと思います。この「可」という文字は今までまったく注目されてきませんでした。「ばかり」すなわちアバウトという意味での捉え方が殆どでしたが、実はこれが邪馬台国の問題を解く際の非常に重要な鍵になります。

「方」の表現が最初にまとまって出てくるのは、張家山漢簡『算数書』からです。この『算数書』は１９８３年に湖北省江陵県で見つかったもので、竹簡の形式で作成されたものです。最古の数学書と呼ばれていた紀元前後の漢代の『九章算術』より２００年も古いもので、その原型と呼ばれるものです。同じ設問が多数見られます。

この張家山漢簡『算数書』に「方丈」、「方七寸五分寸三」という表現が見られます。これは正方形の一辺が1丈の長さ、あるいは7＋3／5寸ということ、つまり面積を表しているということです。後者の変な数字は円から正方形を作り出す過程での数値で、特に問題ではありません。『九章算術』方田章1に「方田術曰、広従歩数相乗得積歩」という表現が見られ、「広」と「従」を掛け合わせて方を求めるというもので、方が面積であることを示しています。

面積では、他に「廣袤《こうぼう》三百里」（『漢書』）、「廣袤六里」（『史記』）、「廣袤可千里」（『漢書』）という表現がみられます。また『魏志倭人伝』での表現「方可四百余里」あるいは、『魏志』東夷伝の「夫余：方可二千里」、韓の地の面積が「倭接方可四千里」という表現も見られます。「袤《ぼう》」は古い表現で、奥方向への長さを意味します。後に「従」あるいは「長」で表すようになります。また「廣」とは横方向の長さととらえて良いと思います。『説文』では「南北曰袤、東西曰廣」という表現も見られます。

これらの漢書での面積の表し方を整理すると、次の2つの表現になります（方は廣袤の表現も兼ねています）。

①方　四百（余）里

②方可四百（余）里

ここで不思議なのは、倭人伝では「余」と「可」が同居していることです。今の学者は①の表現については、「いびつな形の土地の面積は、換算すると四百（余）里四方である」ということでほぼ一致しています。では②の解釈がどうかというと、それに対する答えがありません。ただ「四百（余）里ばかり」という訳だけです。

私は、②は「正四角形の土地の一辺が四百余里である」と解釈できると考えています。「可」がアバウトという意味であれば、「余」と同居する必要はないわけです。また距離（直線及び曲線とも）ではこの「可」の文字が使われた例はありません。これは「可」がアバウトという意味でないことを意味しています。

「可」という字を大修館書店発行の漢和辞典『新版　漢語林』で調べると、次のような文句が載っています。「会意。口＋丁。（中略）可を音符に含む形声文字に、何・河・呵《か》・柯《か》・歌・珂・苛・軻《か》などがあり、これらの漢字には、基本字・基本義が表すある種の擬声語、呵・歌や河・柯・軻などのような、『かぎがたに曲がる』の意味を共有するものが多い」

また学研発行の漢和辞典『漢字源』では、追加として「河（┐型に曲がる黄河）・荷（┐型に物をになう）」という説明もあります。

これから類推し、この文字は「四角い地形の角をかぎがたに曲がるような状態になる」ことを意味しており、この問題の解決に最もふさわしい漢字であろうと思います。『魏志倭人伝』で、この「可」が載っているのは、対馬国の「方可四百余里」、一大国の「方可三百里」、それに倭の地の「周旋可五千余里」の三つです。対馬が四百余里四方、一大国が三百里四方ですので、面積では約2倍近くの差があったのでしょう。「可」を加え方形の意味を明確にすることにより意味の迷いがなくなる工夫が漢代に行われたと思われます。

つまり、一大国の大きさが、「方可三百余里」と書かれ、これは面積が一辺300余里四方を表しています。ここでは、うっかり見落とす「可」という漢字が重要な役割を果たしています。つまり成り立ちが「かぎがたに曲がる」（漢語林）であり、一辺の長さで面積が表現されるということを強調しているように思えます。『漢書』には、「広袤可千里」という表現があり、「広袤」は面積を表し、この場合も「可」が同様の働きをしています。

この「可」は、応用としてそれまでの数値を括るという意味も表しており、後述する人口統計でそれが生かされています。

2 周旋可五千余里

では「周旋可五千余里」はどのように解釈するのが良いでしょうか。『漢書』に「周袤数百里」という表現が見られます。この場合の「周袤」は、「可」がないですから、ぐるっと1周して回ってきた表現となります。あるいは、張家山漢簡『算数書』あるいは『九章算術』の

「下周三丈」のように、「周」だけで円周の長さを表現する場合もあります。では「可」が加わるとどうなるでしょう。

私は、「倭の地は一辺が五千里の正方形である」と解釈すべきと考えます。これに当てはまるものが九州です。地図に張り付けると九州は丁度五千余里四方です。古代中国では、面積を「積む」という言葉を使わない限り、一辺の長さで表現するのが一般的だったようです。そのため、当てにしていた割り当てられた土地の面積が違っていたために、トラブルが発生した例も見られます。そして、これで近畿説など成り立たないことが明白となります。周旋するような土地がないためです。

『魏志倭人伝』に「倭の地を参問するに、海中洲島の上に絶在し、あるいは絶えあるいは連なり、周施五千余里ばかりなり。」という表現があります。素晴らしい名文です。九州の地を短い言葉の中に的確に表現しています。海から見た視線で描かれていて、九州が独立した島であること、周りを航行している時に半島や島が現れそれが消えまた繋がって行く様、まさに西海岸での景色です。それを大きなスケールで描いています。私はこの文章を見た時に感動を覚えたのを覚えています。「参問」と書いてありますが、実は報告者自身の体験である可能性があります。

３ 北側の国々

ここでは女王国に到る奴国までの諸国について述べ、その旅程問題を解決したいと考えています。

(1) 狗邪韓国《くやかん》

帯方郡の位置については、いろいろな学説がありハッキリとは決まっていませんが、漢江の河口ということで考えたいと思います。

『魏志倭人伝』では、「郡より倭に至るには、海岸に循《したが》いて水行し、韓国を歴《え》て、乍《たちま》ち南し乍ち東す。その北岸の狗邪韓国《くやかんこく》に到るには七千余里なり」とあり、この狗邪韓国の位置が示されています。

この地は現在の釜山市の西側の金海《ギメ》市、後に伽耶と呼ばれる地域の端にあった国です。従って、倭人も多く住んでいたと思われます。『魏志韓伝』に、「韓は帯方郡の南にある。東西は海をもって限りとなし、南は倭と接す。およそ四千里四方。三種あり、一は馬韓と言い、二は辰韓と言い、三は弁韓と言う。辰韓はいにしえの辰国である。」とあり、韓は倭と南側で接していることが述べられています。

この狗邪韓国は、これら倭人の国の一つだったのでしょう。弥生式土器が多量に出土しています。良洞里《ヤンドンニ》遺跡や鳳凰台《ポンファンデ》遺跡などが知られていますが、当時は鉄をめぐる交易で栄えていたようです。

邪馬台国論争で、帯方郡からジグザグに韓半島を南下しこの狗邪韓国まで陸行した図を示す方がおられますが、私は韓国の南に3年半住んでいたことがあり、その経験からはそれは不可能と思います。中世の朝鮮では、商売をする人が他の地域に移動することがまま行われていました。その時山に入る際に持っていける食料はせいぜい5日分であったようです。それが無くなるとそこで野垂れ死ぬ人が多く、村では無縁仏として葬られたという記録を拝見したことがあります。

朝鮮半島の南部には小白山脈があり、高さが約1000m近くあり、その中を往来することは非常に困難です。朝鮮半島の山は、岩と松だけで、水や食料を提供できる村もありません。古代では海を利用し移動するのは、安全で短期間で目的地に到達できる便利な方法でした。伽耶は、釜山の西の洛東江《ナクトンガン》流域を中心として散在していた小国家群を指します。後に任那《みまな》という国名に変わります。その中心的な高霊《コリョン》の辺りをドライブすると、不思議と日本の村にいるような懐かしさを覚えていました。

韓国の南海岸では九州朝日放送(KBC)のラジオ放送が聞こえますが、ドライブする時はこのラジオの聞こえる範囲が、倭国が進出していた所だと勝手にうなずいていました。

航海は、帯方郡から南に4日(4千里)下り、そこから東に転じ3日(3千里)で狗邪韓国に着きますが、途中帯方郡から2日ほど下った所に竹幕洞《チュンマクトン》祭祀遺跡があります。ほぼ3世紀中頃の卑弥呼の時代から航海の安全を祈って祭祀が行われた所ですので、魏の使者もここで一旦船を降りて、航海の安全を祈願したと思われます。

⑵ 対馬《つ(し)ま》(海)国

「対馬国」は、狗邪韓国から南に船で1日（1千里）行った場所にあります。『魏志倭人伝』では「始めて一海を渡ること千余里、対海国に至る。其の大官を卑狗《ひく》と曰《い》い、副を卑奴母離《ひなもり》と曰う。居《お》る所絶島にして、方四百余里可り。土地は山険《さんけん》にして深林多く、道路は禽鹿《きんろく》の径《こみち》の如し。良田なく、海物を食《くら》いて自活し、船に乗りて南北に市糴《してき》す。」と書かれています。この「対海国」は明らかに「対馬国」のことで、狗邪韓国から南に船で1日（1千里）行った場所にあります。

昭和46年まだ学生の頃に、対馬を空港建設のための地質調査のアルバイトで訪れ、浅茅《あそう》湾の南側の山にボーリング機械を据え付ける作業をしたことがあります。その時に少し山歩きをしましたが非常に険しく、まさにこの表現の通りであることに、今改めて驚いています。なお「対」の読み方については、「対蘇国」のところで述べましたので、ここでは省略します。長崎県発行の『日本遺産、国境の島』では、「対馬の語源は『津島』、つまり多くの『津』（港）がある島です。これに『魏志倭人伝』が『対馬』の漢字を当てたことから、対馬の表記が一般化しました。」となっており、これも一つの案です。現在万関瀬戸より北部を上島《かみじま》、南部を下島《しもじま》と呼びますが、この二つの島のことを「対」としたと考えた方が古代人としての理解が得やすいように思えます。

海に面した丘陵や岬には、箱式石棺の弥生式墳墓が多く、130本を超える銅矛が出土し、出雲で大量の銅剣が発見される前は、全国でも有数の出土地と言われていました。

対馬をみると、南北に長い島で、真ん中の浅茅湾で狭くなっていて、くびれがみられます。北の島状のものは上県《かみあがた》郡、南の島状のものは下県《しもあがた》郡で、これが何故「方四百余里ばかり（可）」と四角い形で表現されているのでしょう。不思議です。これは一辺が400里の正方形という意味です。この謎を早稲田大学の黒田智氏が「絵画史料から中世日本の歴史を読み解く」の中で解かれていま

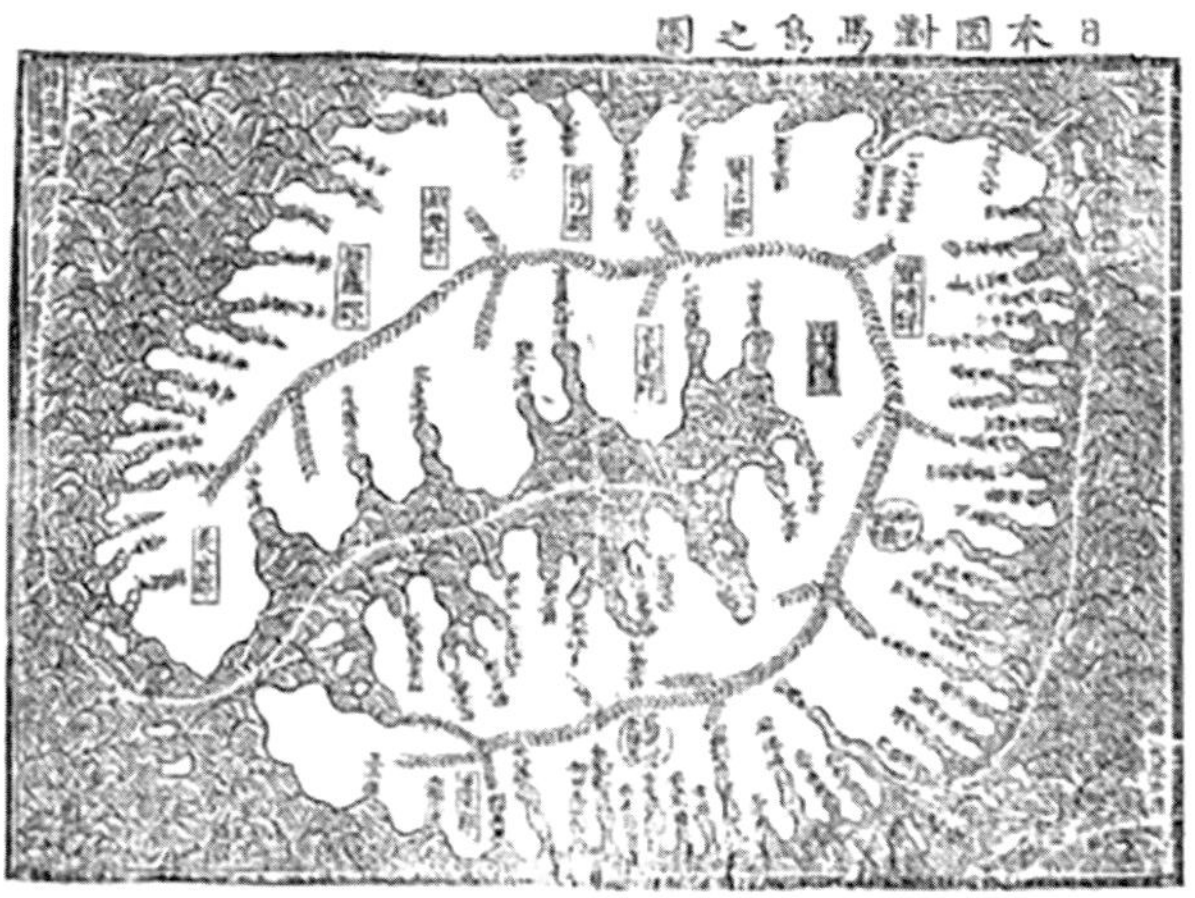

図3-1　『海東諸国紀』日本国対馬之図

す。

そこに載せられている対馬を描いた、１４７１年に朝鮮王朝政府領議政であった申叔舟《シンスクチュ》が王命で作成した歴史書『海東諸国紀』の古地図を紹介します。これは一例ですが、どの古地図をみても、対馬は地図では横長の浅茅湾を上と下の島が「コの字」の形をして挟むように描かれていて、西海岸の村は挟まれた浅茅湾の上下に描かれています。

黒田氏は、「地図上の浦と現在の地名を照らし合わせてみたところ、東海岸と浅茅湾にはたくさんの浦がきわめて正確に記載されている一方で、西南海岸の浦は順番も場所もいい加減に書かれていました。地図の製作者にとっては、東海岸と浅茅湾だけが重要だったらしいのです」と書かれています。

どうも古代の航海者は、東海岸を通って航海することを常としており、西側の情報がなく、対馬を「コの字」になった楕円形のように思っていたようです。

対馬には、和多都美《わたつみ》と称する神社が４座あり、この内３座が大社です。住吉神社も１座あり、これらを含め海神系の神社が多く、これはこの島では海で生きることが生活の中心であり、古くから食料などを求めて「南北に市糴《してき》」してきたのでしょう。

(3) 一大国

『魏志倭人伝』に「又《また》南に一海を渡ること千余里、名付けて瀚海《かんかい》と曰う。一大国に至る。官を亦《また》卑狗《ひく》と曰《い》い、副を卑奴母離《ひなもり》と曰う。方三百里可り。竹木・叢林《そうりん》多く、三千許《ばか》りの家有り。差《やや》田地有り、田を耕《たがや》すも猶《なお》食うに足らず。また南北に市糴《してき》す」とある国で、対馬より南に1日（1千里）下った所にあります。面積は、三百里四方で、それほど大きな島ではありません。

一大国の王都は、原の辻遺跡で、標高20mほどの丘陵一帯に営まれた集落遺跡です。周りを幅2・5mの環濠で囲まれた領域は24haですが、周辺に広がる墓群、水田遺跡などを含めると総面積は100haに及びます。『魏志倭人伝』の王都として、平成12（2000）年に国の特別史跡に指定されています。

この遺跡では、青銅器を始め、数十万点に及ぶ品々が出土しています。また敷粗朶《しきそだ》工法で地盤沈下を防止した、石組みの防波堤を備えた船着場の遺跡が発見されていて、この模型が原の辻遺跡展示館に見られます。

この壱岐からは、海人が活躍したことを示す色々な文物が出土

図3-2　壱岐の船着場

図3-3　原の辻遺跡

（『日本遺産、国境の島』長崎県文化観光国際部文化振興課より）

しています。骨角製漁労具、石錘、碇石、クジラを捕ったであろう骨角製離頭銛、骨鏃、ヤス、準構造船、刳り抜いた丸木舟、「長宜子孫」銘内行花文鏡、円圏文規四神鏡、車馬具、鋳造や板状の鉄斧、貨泉や大泉五十、楽浪系土器など多数にのぼります。この国の大きさ、交易の範囲の広さが窺えます。

『魏志倭人伝』では、壱岐の島を「一大国」と表していて、海北の島々には伊都国駐在の「一大率」が検察していたとされています。この「一大国」は「一支国《いき》」の間違いであろうと考えられる研究者が殆どですが、私は左記の大人国から来たものと考えます。陳寿は、『魏略』で「一支国」としてあったものを、『魏志倭人伝』では「一大国」に変えています。それなりの理由があったものと思います。

『淮南子』は、前漢の時代、淮南王の劉安（紀元前179－前122）が賓客と方術の士数千人を招致し編纂した思想書です。蘇飛、李尚、左呉、田由、雷被、毛被、伍被、晋昌等の８人が中心となり、道家・儒家・法家の思想を中心に21編（現存分）に森羅万象を説明したものです。この劉安は武帝に対する謀判の疑いで非業の死を遂げますが、実際は貶められたと言われています。この『淮南子』は徐福の東渡より約90年後の編纂ですので、徐福の時代の考え方を色濃く残していると思われます。

この巻五時則訓に、「五方位。東方の極は、喝石《けっせき》山より朝鮮を過ぎ、大人の国を通って（貫いて）、東方の日の出の場所、榑木《ふぼく》の地、青丘の樹木の野に至る。そこは大皞《たいかう》・句芒《こうぼう》の司る土地で、一万二千里ある。」（楠山春樹『新釈漢文大系』明治書院）とあります。

基本的に「五方位」の記事は、学者の間では架空・空想上の出来事と認識されています。しかし第8章で述べるように、私は倭国に対するかすかな言い伝えが反映したものと考え、これを生かしたいと考えています。

この喝石山は、前述したように現在の河北省昌黎縣付近にあり、『史記／夏本紀、太康地理志』によれば万里の長城の始まる地点と言われる場所です。同『史記／秦始皇本紀32年條』に始皇帝がこの喝石山に行き、石の門に碑を刻ませたという記事もあり、魏の曹操も登ったと言われています。遼東と遼西を分ける地点でもあります。ここから朝鮮半島を経由して、大人国を通っていくと、日の出る場所である榑木の地に到るということです。

「朝鮮」は中国人が古くから半島を呼んでいた名称で、李氏朝鮮の官選地理書の『東国輿地勝覧』では「朝光鮮麗」の地と呼んだことによるとされ、『史記』では湿水、洌水、汕水が流れている国と書かれています。箕子朝鮮、衛氏朝鮮などの古朝鮮などの国名もあり、朝鮮半島であることは間違いないでしょう。

「大人国」は、「貫いて」という言葉が島々を差し抜いていく状態を示しているように、対馬や壱岐の島々のことを示しています。紀元前2世紀から後1世紀頃にかけて長崎県の西部、佐賀県北部、奴国（博多）、壱岐、対馬、韓国の南部に糸島式祭祀土器が分布しており、これらの地域が一つにまとまった国であったと思われます。これらの国を総称して「大人国」といい、壱岐の島は一大国だったと考えられます。『魏志倭人伝』の時代は、これより2世紀後になりますが、まだ「大人国」の時代の記憶が残っていて、「一大国」という表現になったと思われます。

同じ『淮南子』の、第四地形訓に「東南から東北へかけて、大人国・君子国・黒歯の民（以下省略）」という文章があり、大人国の次に日本の別称の君子国があります。このことからも壱岐の島を含む玄界灘一帯が「大人国」と呼ばれていたことが再確認できます。

出雲の国譲りで有名な大国主命《おおくにぬしのみこと》は亡くなられ出雲大社として祀られた時に、その御殿が西に向けて建てられています。土井ヶ浜遺跡の頭骨の向きが西北西であり、山東半島を故郷とする人々だったのではないかと考えられていますが、同様にこの方の本来の出身地が西側の「大人国」であったのではないかと思われます。大国主命の父親の名前は、『日本書紀』では「天《あめ》之冬衣神《のふゆきぬのかみ》」という意味が分からない不思議な名前になっていますが、言葉で伝わったものを漢字で表した際に、意味が違ってきたものと思われます。

『粟鹿大神元記』は、戦後に発見された古記録で、『記紀』より古い和銅元（７０８）年に但馬国朝来《あさご》郡の神部《みわべの》直《あたい》根《ね》閈《まろ》によって書かれた古書です。ここに書かれている神名は本来の形を表していると言われています。

ここに大国主命の父親の名前として、「天《あめの》布《ふ》由《ゆ》伎《き》奴《ぬ》」の名が出てきます。「ふ」と「ゆ」がはっきりと分かれています。つまり「天の府壱岐主神」が本来の名前であったものでしょう。

　ちなみに「ゆき」は『万葉集』にも「壱岐《ゆき》の海人《あま》」とあるように、昔の島の読み方です。つまりこの壱岐国のあるいは大人国の支配者であり、その子の名前に出身地の「大」が付けられているように考えられます。

(4) 末盧国《まつらこく》

『魏志倭人伝』では、「又一海を渡ること千余里にして末盧《まつら》国に至る。四千余戸有り、山海に浜《そ》いて居る。草木茂盛《もせい》し行くに前人《ぜんじん》を見ず。好《よ》く魚鰒《ぎょふく》を捕《と》え、水の深浅《しんせん》と無く皆沈没《ちんぼつ》してこれを取る」として末盧国の記事が出てきます。一大国より南に千里下った九州の北端に上陸した国がここでした。

　肥前国の「松浦《まつら》郡」の地名がこの一帯に古くからあり、この国の比定は問題がないと思います。壱岐

図3-4　現在の呼子（北側の加部島方向より）
（唐津観光協会）

から来た魏の使者が上陸した地点については、時々議論されることがありますが、壱岐から最も近く、船を止める入江として最高の場所である呼子《よぶこ》がふさわしいでしょう。ここは、入江の入り口に加部島があり、水を穏やかなものにしています。

平安時代初期の『延喜式』によれば、のちに壱岐への渡海駅として、通常の呼子の他に登望《とも》駅（現唐津市呼子町小友）と逢鹿《おおが》駅（現唐津市相賀）が設けられましたが、それぞれ風に対してやや弱い港であったようで、補助的な港の役割しか果たしていなかったと思われます。それより狛《こま》島と呼ばれる、神集《かしわ》島の亭《とまり》が使われていたようです。ここには、神功皇后が渡海する前に、神々を集められ「豊《とよ》の明《あかり》」という酒宴を開いたと伝えられています。これらは船の技術が発達した後代のことで、弥生時代は、壱岐に最も近い呼子から出入りしたものでしょう。自然条件の良い入江を利用するしか方法がなかったと思われます。

ただ、弥生時代では玄界灘から侵入する海賊がおり、発見した場合直接唐津方面に向かうこともあったと思われます。このための施設として、唐津市の北部湊《みなと》地区の唐津湾に向かった台地上に、狼煙をあげる見張り施設を持つ湊中野遺跡が見つかっています。ここでは、長辺2m、短辺1m、深さ0・5mの円形の火を燃やした跡がある土坑があります。

『魏志倭人伝』に「郡の倭国に使いするや、皆津に臨みて捜露《そうろ》し、文書・賜遺《しい》の物を伝送して女王に詣らしむに差錯《ささく》するを得ず」という文章があり、これが伊都国の港で行われていたと書かれている書籍が多いですが、私は、これは呼子でのことと考えます。末盧国は、当時伊都国の直接支配下に置かれており、国を代表する王がいない状態であり、その意味で津は伊都国そのものであったのでしょう。

以前糸島市周辺の漁港を調べたのですが、近代になり防波堤を海に突き出し、それで漁港としているものが殆どで、天然の状態では古代の大型船が着ける港と呼ばれるものはありませんでした。当時糸島半島の付け根に深く入り組んだ湾は、ラグーンで砂が堆積し、葦などの水生植物が多く茂る港で、小さな丸木舟程度の運航が可能という程度のものです。それに対して呼子は天然の良港です。

この港にはどんな人々が働いていたのでしょう。後の『養老職員令』には、対外的な津には主船司正一人、佑《すけ》一人、使部六人、直丁一人、船戸がいたことが示されています。この主船司の役割は、津や港にある公私にわたる船の数や積荷とその重さを検校（チェック）するとともに、他国より往来する船を臨時に検察することとされています。船戸は、分番看守する、つまり警備管理するという役割をする人ですが、総数１００人程度で毎回10人が上番していたようです。ここまでの規模の組織ではなかったでしょうが、少人数でも番人が呼子の港（津）にいて、それぞれの役割に従って働いていたのでしょう。卑弥呼の時代でも、「いにしえより以来、その使、中国に詣《いた》るや、皆、大夫を自称す。」と書かれるほど、ある程度の人の行き来があり、それに「皆、津に臨みて捜露す」とあり、最低限の番人はいたものと思われます。その点はある程度整備されていたのでしょう。

では、ここでの管理とはどんなものだったでしょう。『史記』巻１１３南越列伝に、漢皇帝の劉邦が南越と国交を結ぶために、まず功臣の陸賈を派遣し、南越王の地位を確立し、南越に符を与えて外交を始めます。この符は通行証ですが、重要な物品になります。符には「国名」＋「符」の形に記載されており、使者はこれを持ち他国に赴きます。帯方郡の張政も持っていて、港の役人がそれをチェックしたでしょう。

また簡牘《かんとく》というものがあります。これは役人が出張時に用いるもので、誰々が何日にこういう目的でその地に赴くので、何日間の食料を用意して欲しいということが書かれた書簡です。魏の使者の場合、帯方郡の長である太守が書いたと思います。当然どういう経路を通るので宿泊の施設も用意して欲しいと書かれています。この正式文書がなければ、古代はどの国も食料が不足していますので、役人といえども旅行することは不可能でした。これを港で確認し、役人はそれを必要な先々の村に通知したと思います。

しかし書体や字体が違うとか偽の署名がされているとかの問題もあったようです。人物さえ信頼されず、年齢やその人物の特徴まで記したものもあります。役人は、それまでの経験も踏まえて、厳重にチェックしていたでしょう。

役人が西の大月国のような砂漠の国々に旅行する時も同様のものがありました。２０００年代に敦煌市の東64㎞の「懸泉置」と呼ばれる駅伝施設で発見された前漢時代の木簡がそうです。

旅行者がこのいわゆる公用旅券を持っていれば、旅での馬車、宿舎や食事が無料で提供されるというものです。

木簡は上下2段に分かれ書かれており、上段に皇帝の制（命令）を授けた年月日と承制者（皇帝の認を得ずに制を与えられる人物）、これに基づき発給する担当の証明者、発行を受ける出張者とその身分と用件、下段に許与される便宜が書かれていました。役人は、ほぼ同じような制度の中で公用旅行をしていたようです。

唐津付近で、この呼子から伊都国に向かう道筋には、我が国における稲作の始源地として名高い縄文晩期後半の菜畑《なばたけ》遺跡があり、この横には桜馬場遺跡があります。ここでは後漢の流雲文縁方格規矩四神鏡と素縁方格規矩渦文鏡や広形銅矛などが出土しています。

弥生の王族の墳墓とみられるのが、宇木汲田《うきくんでん》遺跡です。宇木川の西の標高8～9mの斜面に位置し、甕棺墓129基、土壙墓3基が出土しています。この中に多数の勾玉・管玉・銅剣・銅矛・銅戈・銅釧などが発見されています。また以前背負子の出土品で紹介させて頂いた中原遺跡もこの近くにあります。中原遺跡は弥生～平安時代前期までの複合遺跡で、弥生・古墳時代では甕棺墓群、墳丘墓、古墳、竪穴住居跡、掘立柱建物跡などが検出され、青銅鏡をはじめ青銅製品や鉄製品、石製品、木製品などの多くの貴重な遺物が出土しています。

『魏志倭人伝』の記事にはあまり関係がないですが、少し脱線して、『万葉集』に私の好きな歌がありますので、紹介させて頂きます。

『万葉集』に出てくる松浦《まつら》川は、現在の松浦川と異なり唐津市の東部七山村から流れてくる玉島川のことです。この川の脇に、神功皇后を祀る玉島神社があり、この付近で神功皇后が釣り竿をさしたと伝えられている所です。ここから上流が、この歌の舞台です。作者は大宰帥大《だざいのそちおお》伴旅人《とものたびと》とも山上憶良《やまのうえのおくら》とも言われていますが不明です。

松浦《まつら》川に遊ぶ序

　余《やつかれ》暫《たまさか》松浦の県《あがた》に往きて逍遥《せうえう》し、聊《いささ》かに玉島《たましま》の潭《ふち》に臨《いど》みて遊覧するに、忽ちに魚を釣る女子《をとめ》らに値《あ》ひぬ。花の容双《かおならび》なく、光《て》れる儀匹《すがたたぐひ》なし。柳の葉を眉《まよ》の中に開き、桃の花を頬《つら》の上に発《ひら》く。意気《こころばへ》雲を凌《しの》ぎ、風流《みやび》世に絶《すぐ》れたり。

僕《われ》問ひて曰く「誰《た》が郷《さと》誰《た》が家の児らそ、若疑《けだし》神仙ならむか」といふ。娘《をとめ》ら皆咲（ゑ）みて答へて曰く、「児《こ》らは漁夫《あま》の舎《いへ》の児、草庵《いほ》の微者《いやしきひと》なり。郷《さと》も無く家も無し。何《なに》そ称《あ》げ云ふに足らむ。ただ性《ひととなり》水を便《なら》ひ、復《また》、心に山を楽しぶ。

（中略）

時に日山の西に落ち、驪馬《りばい》去なむとす。遂に懐抱《かいはう》を申《の》べ、因《よ》りて詠歌《えいか》を贈りて曰はく

（中略、ここで数種の歌のやりとりがあります）

——篷客の更に送る歌——

松浦川　川の瀬光　鮎《あゆ》釣ると
　立たせる妹《いも》が　裳《も》の裾《すそ》濡れぬ
―娘等が更に報ふる歌―
松浦川　七瀬の淀《よど》は　淀むとも
　吾は淀まず　君をし待たむ

歌は11首にも及び、一つ一つが秀歌ですので、全て紹介できないのが残念ですが、すぐ後の時代の雰囲気が読み取れるので、ここに紹介させて頂きました。

この松浦川は、伊都国のところで紹介しますが、魏の使者が伊都国に行く際通った道沿いにあると思います。

⑸ 伊都国《いと》

『魏志倭人伝』に「東南に陸行すること吾百里にして伊都国に到る。官を爾支《にき》と曰い、副を泄謨觚《せもこ》・柄渠觚《へごこ》と曰う。千余戸有り。世王《よよ》有るも皆女王国に総属《とうぞく》す。郡使の往来常に駐《とど》まる所なり」とあります。

この国は、鏡を中心とする驚くほどの大量の副葬品が発見されている三雲・井原遺跡、平原遺跡や、志登支石墓、曲り田遺跡の甕棺墓などがある、現在の糸島市に比定出来ます。この三雲・井原遺跡は60 haもの大型の環濠集落を形成していることが分かり、この範囲がどこまで広がるか、現在関心を持たれています。この王は強力な力を有していましたが、恐らく何らかのきっかけで弥生後期頃から、歴年女王国に総属されるような状態だったようです。

「女王国より以北は、特に一大率《いちだいすい》を置き検察し、諸国はこれを畏憚《いたん》す。常に伊都国に治す。国中に於ける刺史《しし》の如く有り。王が使を遣わし、京都、帯方郡、諸韓国に詣らす。」とあり、伊都国は諸国間の交流において非常に重要な役割をする一大率を置いた所でもあります。

この時代の遺跡としては、平原《ひらばる》遺跡が有名です。中国鏡35面を含む39面の鏡が副葬されており、特に内行花文鏡４面は直径46・５㎝もあり、世界最大のものです。この鏡は三種の神器の一つ八咫鏡《やたかがみ》とも言われています。同じ遺跡で、中国の女性が用いる「耳とう」が見つかっており、伊都国を代々女王が統治していたことが窺えます。このことから原田大六氏は、卑弥呼は伊都国にいたのではないかという説を出しています。

ここで問題とされるのが、末盧国から伊都国へは東南陸行となっていることです。地図上は東南ではなくむしろ東北東方向であるため、『魏志倭人伝』の方向が45度から90度程度ずれているのではということを、声高に唱える学者がいます。

この答えは航海にあると思います。壱岐の島から呼子に入る加部《かべ》島を視野にいれた際に、船上から伊都国の辺りを覗き東南東であることから東南と判断したと思います。アバウトな時代です。当時の方位で東南東は、東南という表現を使いました。

人口については1万戸という説がありますが、「北部九州弥生時代前半期における集落分布・立地の変化」（宇佐美智之）の研究報告からみれば、弥生時代を通して奴国や早良国に比べて糸島地域は顕著に集落の規模が小さく、千余戸とするのが妥当だと思えます。

末盧国の呼子から伊都国までの魏使が通ったであろうルートを検討してみました。呼子から東南方向に下り、中原地区の近くの松浦川の渡河が可能な地点で渡河をし、そこから現在の玉島川を遡り、七山村平野から縄文人が峠を通る際、土器を割り峠の神様に捧げた荒川峠を北側に向け越え、二丈深江の辺りで東方向に道をとり、伊都国に入るルートが最適ルートと考えています。

唐津から海岸線を通る案や『延喜式』の道路を取る案もありますが、当時には存在しない後

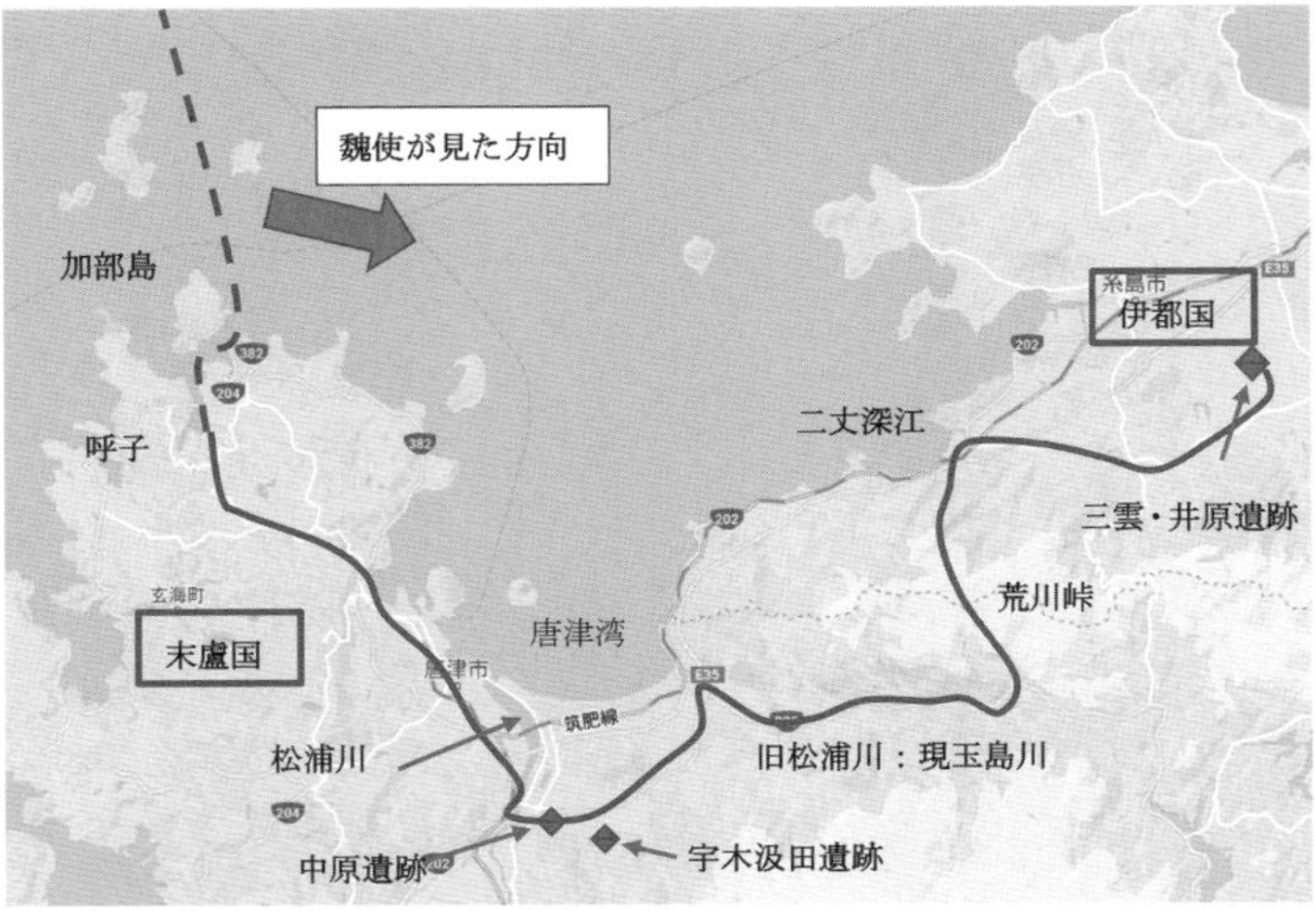

図3-5　末盧国の呼子から伊都国までのルート

に切り開かれたルートで、『魏志倭人伝』の時代のルートとしては、この案は採用出来ません。それにしても、陳寿は『魏略』にはなかった陸行をわざわざ加えているのが、興味深いところです。

荒川峠付近から二丈町を望む景色は、海と山のアンサンブルが素晴らしく、この景色を紹介するため、わざわざ末盧国から陸路を取ったのではないかと疑われるほどです。

古代の人は、荒ぶる峠の神を畏敬し、峠を越える際何らかのものを手向けていました。この風習は江戸時代まで続いていたようです。荒川峠には県の報告では縄文人の土器散布地があり、人びとは土器を捧げたと思われます。しかしこの風習は、私は縄文人だけでなく弥生時代まで続いていたのではないかと想定しています。

⑹ 奴《な》国

この国は、以前の21ヶ国にある奴国と同じ国です。問題となっているのは、「東南して奴国に至るには百里」とある方向のことです。これも三雲遺跡のある伊都国から見れば、奴国は真東ではないか。やはり使節の方向感覚がおかしい、というものです。確かに国の中心から見ればそうでしょう。しかし、井原から高祖山の南の日向《ひなた》峠を越えることから、この地点が伊都国の出発点という意識が出てくると思います。

そこから吉武を抜け、福岡市の野芥《のけ》や屋形原《やかたばる》を通り、老司《ろうじ》に出る道が古くから開けており、魏使はこの道を通ったと思われます。この道は、須玖岡本遺跡の横を通り不弥国に比定される宇美町に通じる東南東方向での一本道で、現在も福岡市南部の主要道です（主要地方道49号：大野城二丈線）。福岡外環状道路はこの上を通っています。このルートを通ると今でも東南東に向かう印象が強く、魏使もそう感じたと思います。

そしてこの奴国が、女王国との境界をなしている重要な国です。

(7) 不弥国《うみ》

奴国より東に１００里行った所に、不弥国があります。前述しましたように、１００里は約15㎞で1日の行程です。これで位置を比定すると、宇美町が浮かんできます。飯塚市の立岩遺跡という意見もありますが、途中のショウケ越《ごえ》を通る道の起伏が厳しく、行程的には1日行程では到達が難しいと思われます。この峠の名前は、神功皇后が応神天皇を産んだ後、翌年還御の際応神天皇をショウケ（竹籠）に入れて越えられたことから付けられた名前と伝わっています。

宇美町の北西に志免町があり、ここに直径20ｍはあったのではないかと言われる、円形の墳丘亀山石棺墓があります。宇美町・志免町・粕屋町一帯の地域を支配した不弥国の首長の墓と言われています。

「官を多模《たま》、副を卑奴母離」とありますが、この多模の意味は分かっていません。魂のたまではないかという意見があります。

奴国から宇美町へは、井尻から東に向かい、雑餉隈《ざっしょのくま》を通り、乙金《おとがな》付近で山越えをする前述の道を利用したものと思われます。この道は、現在でも便利で、交通量も多く、宇美町の新興住宅が多い障子岳《しょうじだけ》付近からは、能古島や海の中道にかけての博多湾一帯が一望できます。

４　一大国（壱岐）の統治範囲

『淮南子』に示された大人国は、壱岐を拠点として弥生時代中期頃、朝鮮半島南部、対馬、壱岐そして九州北部の国々を支配していたと思われます。それを示すものが糸島型祭祀用土器の分布で分かります。

糸島型祭祀用土器は、鋤先口縁の広口壺や、袋状口縁壺などの土器で、赤い色合いをしています。一般に伊都国産で、伊都国が他の諸国に政治交渉あるいは交易品としてもたらしたものとされていましたが、伊都国歴史博物館の「倭人の海道」という特別展覧会用の資料では、「鐘ヶ江賢二氏は、土器の胎土の分析を通して、その生産地を特定する取り組みを進め、原の辻遺跡（壱岐）から出土した伊都国産とされる土器の胎土が、一支国のものである可能性が高いとの測定結果を報告している」とあり、また「形態が類似することは確認できたが、細部の特徴には相違点もみられ、伊都国産であるか否か結論づけるには、さらなる資料の比較検討が必要である」となっています。

これはこの地域の支配関係の変化が原因ではないでしょうか。

『魏略』で「一支国」と書かれたものを、『魏志倭人伝』で陳寿はそれをわざわざ「一大国」と変更しました。そして女王国以北の国々を、女王国の国々と別建てにして、詳しい記述を行いました。このように大人国を一大国に変更したのは、この地域の支配は弥生時代中期まではこの壱岐の大人国が握っていたが、中期から後期には伊都国と中国の漢王朝とのつながりが強くなり、海の交易や祭祀を支配するのが大人国であり、伊都国は陸を支配するとともに、大人国の上位に立ち諸国全体の支配もするようになった表れと思われます。

壱岐の人々は、遣隋使や遣唐使の時代になっても、

図3-6　壱岐の原の辻遺跡出土の祭祀土器

（『毎日新聞』記事より）

各国との交渉役兼通訳となりますが、それは弥生時代の諸外国とのつながりが依然として続いていたものでしょう。

この糸島型祭祀土器は、有明文化を考える会編の『北部九州の古代史』によれば、全部で21遺跡から出土しており、朝鮮半島南部、対馬、壱岐、そして九州北部の範囲からとなります。またこの土器は、内陸部では見つかっていないことを考えれば、海の民がその祭祀に用いたものと考えられます。

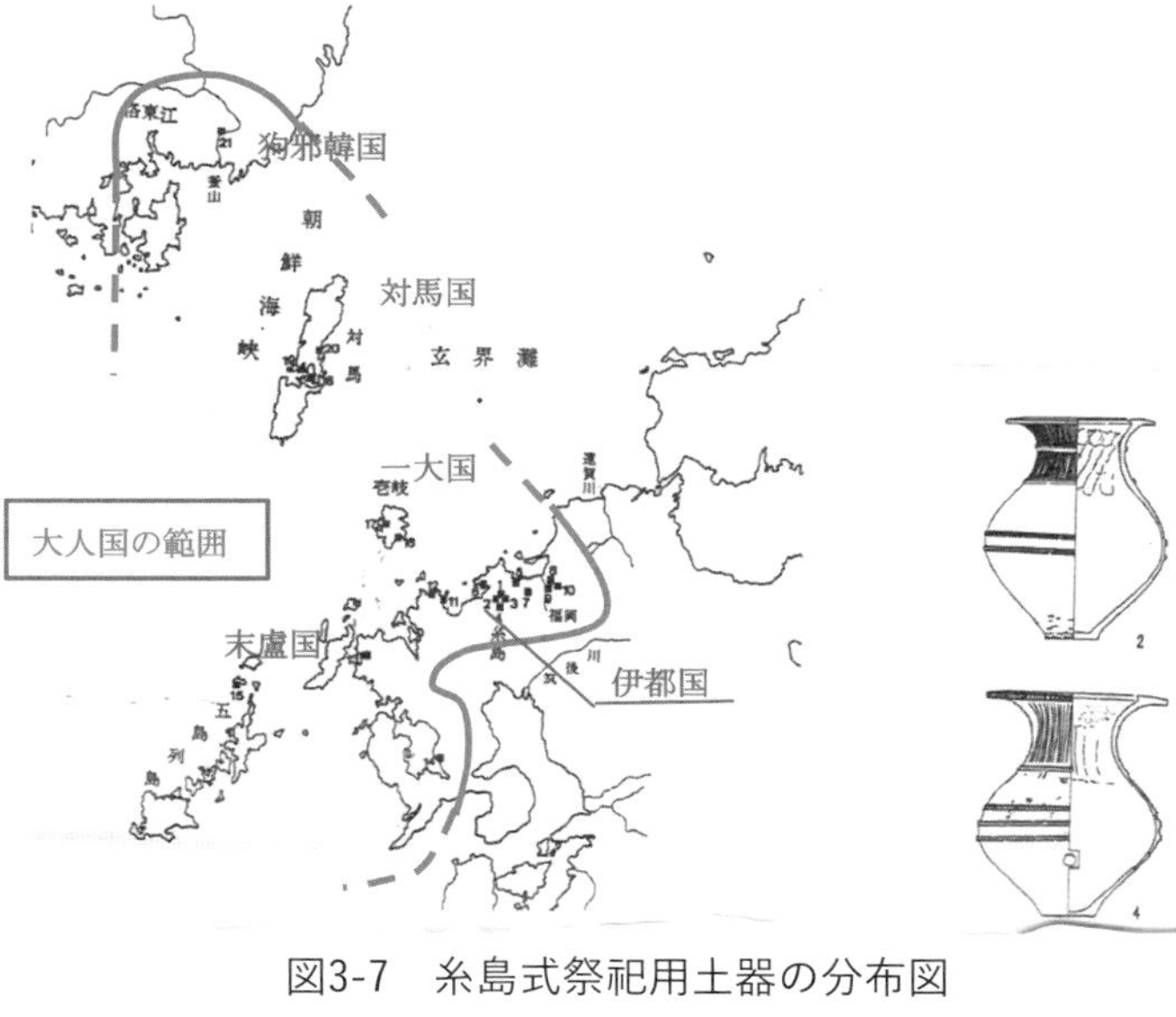

図3-7　糸島式祭祀用土器の分布図
（有明文化を考える会編『北部九州の古代史』より）

表3-1　糸島型祭祀用土器出土地地名表

番号	遺跡名	所在地	遺構	共伴資料
1	三雲南小路	福岡県糸島郡前原町大字三雲	甕棺墓に伴う溝	弥生中期～後期の土器
2	三雲八反田	〃　　　　〃	住居跡	弥生中期～後期の土器、石器
3	三雲番上	〃　　　　〃	土器溜	弥生前期～後期の土器、漢式土器、石器、鉄器
4	三雲深町	〃　糸島郡前原町大字三雲	包含層	弥生中期～後期の土器
5	今宿五郎江	〃　西区今宿字五郎江	溝	弥生中期～後期の土器、木器
6	御床松原	〃　糸島郡志摩町大字御床字松原	包含層	弥生中期～後期の土器、漢式土器
7	吉武	〃　福岡市西区大字吉武	甕棺墓に伴う祭司遺構	壺・甕等の祭祀用遺物
8	比恵	〃　福岡市博多区博多駅南	井戸跡	弥生中期末の壺類、木器
9	那珂	〃　福岡市博多区那珂１丁目	住居跡	弥生中期末の甕、器台
10	板付	〃　福岡市博多区板付２丁目	包含層	弥生前期～中期の土器、木器
11	湊中野	佐賀県唐津市湊町字中野	甕棺として使用	
12	大友	〃　東松浦郡呼子町字大友	墳墓遺跡内の包含層	弥生中期～後期の土器
13	御堂池	長崎県北松浦郡鹿町大野台	包含層	
14	富の原	〃　大村市富の原１・２丁目	甕棺墓に伴う祭祀遺構	弥生中期末の土器
15	神の崎	〃　北松浦郡小値賀町神の崎	箱式石棺	弥生中期後葉の甕
16	原の辻	〃　壱岐郡芦辺町、石辺町西触他	包含層	弥生中期～後期の土器
17	カラカミ	〃　壱岐郡勝本町立石東触字カラカミ他	包含層	弥生中期～後期の土器、石器
18	平野浦	〃　下県郡美津島町字平野	箱式石棺	
19	佐保浦赤崎	〃　下県郡豊玉町字アカサキ	箱式石棺	弥生後期初頭の壺
20	小姓島	〃　上県郡峰町佐賀字虫バイ	箱式石棺	弥生中期末～後期初頭の高杯、蓋等
21	池内洞	大韓民国金海市池内洞	無文土器の合口甕棺	

第４章　旅程の解決

1 旅程問題の解決

(1) 旅程の考え方

邪馬台国と投馬国の主要な二つの国の位置については、日本国中の学者・研究者がこれまで色々な説を唱えてきました。そのため特に邪馬台国については、日本国中のあらゆる地域がその候補地としてあげられ、挙句には海外の国も対象になるなど、百家争鳴の状態になりました。その混乱の原因となったのが、旅程の解釈が主に二つだけに絞られて議論されてきたためです。一つは「連続読み」と呼ばれるもので、もう一つが「放射式読み」というものです。これらの特徴と問題点を左記に示します。

●連続読み　：狗邪韓国から記載順に国を配置し、連続し旅程があったものとして各国の位置を探ろうとするもの。これだと邪馬台国の位置が、南洋の海の中になることになり、それを避けるために、南を東に変え、やっと近畿方面に向かわせることが出来るようになります。

●放射式読み：狗邪韓国から伊都国までは連続式と同じだが、「至」と「到」の漢字の違いに着目して、伊都国から放射状に各国が配置されているものとする説です。これを有名にしたのが、榎一雄氏です。解釈としては面白いですが、このため各国の位置が不明になりました。

結局のところ、これらの両説を色々に変化させても、旅程問題を解決することが難しいことは、邪馬台国の比定地が山ほど溢れていることに表れています。これを解決しようと、歴史の研究者は方向・日数や距離など不都合な部分を変更して、やっと自説を構築している状況です。『魏志倭人伝』の記述に忠実であるべきです。第1章の冒頭に述べましたが、これら両国は、邪馬台国は帯方郡より「南に水行10日、陸行1月」、投馬国は「南に水行20日」行った場所に求められるべきです。また邪馬台国と女王国は、原文で明確に分けてありますので、解釈時にもそれを考慮すべきです。

邪馬台国は女王卑弥呼が都を定めている所で、女王国は卑弥呼が支配している倭国内の国々で連合国のことです。おかしなことに、『魏志倭人伝』の原文では、邪馬台国が1カ所しか出てこず、女王国は何カ所も出てきます。作者の陳寿は女王国というのが、よほど珍しかったのでしょう。帯方郡から1万2千里の場所にあるのは、女王国までの、あるいはその境界の尽きる場所までの直線的な旅程距離と解釈するのが素直です。

⑵ 1万2千里について

『淮南子』巻五時則訓に描かれた、「碣石山《けっせきさん》より東方の極（倭国）まで一万二千里ある」という記述から、『魏志倭人伝』の万二千余里は、当時の官僚の倭国への距離感覚による概算的な距離より発生したものであると思われます。

碣石山は、第3章「帯方郡から奴国への道」に示したように始皇帝が登山していますし、２０７年に魏の曹操が登ったことで知られている河北省昌黎県にある山で、内モンゴルにあった烏桓の討伐を終えて戻る途中、この山に登り海を望み、渤海の壮麗な景色を眺めて「観滄海」の詩を書いたとされています。しかし景観以外は、特に宗教的な意義がある場所ではなさそうです。

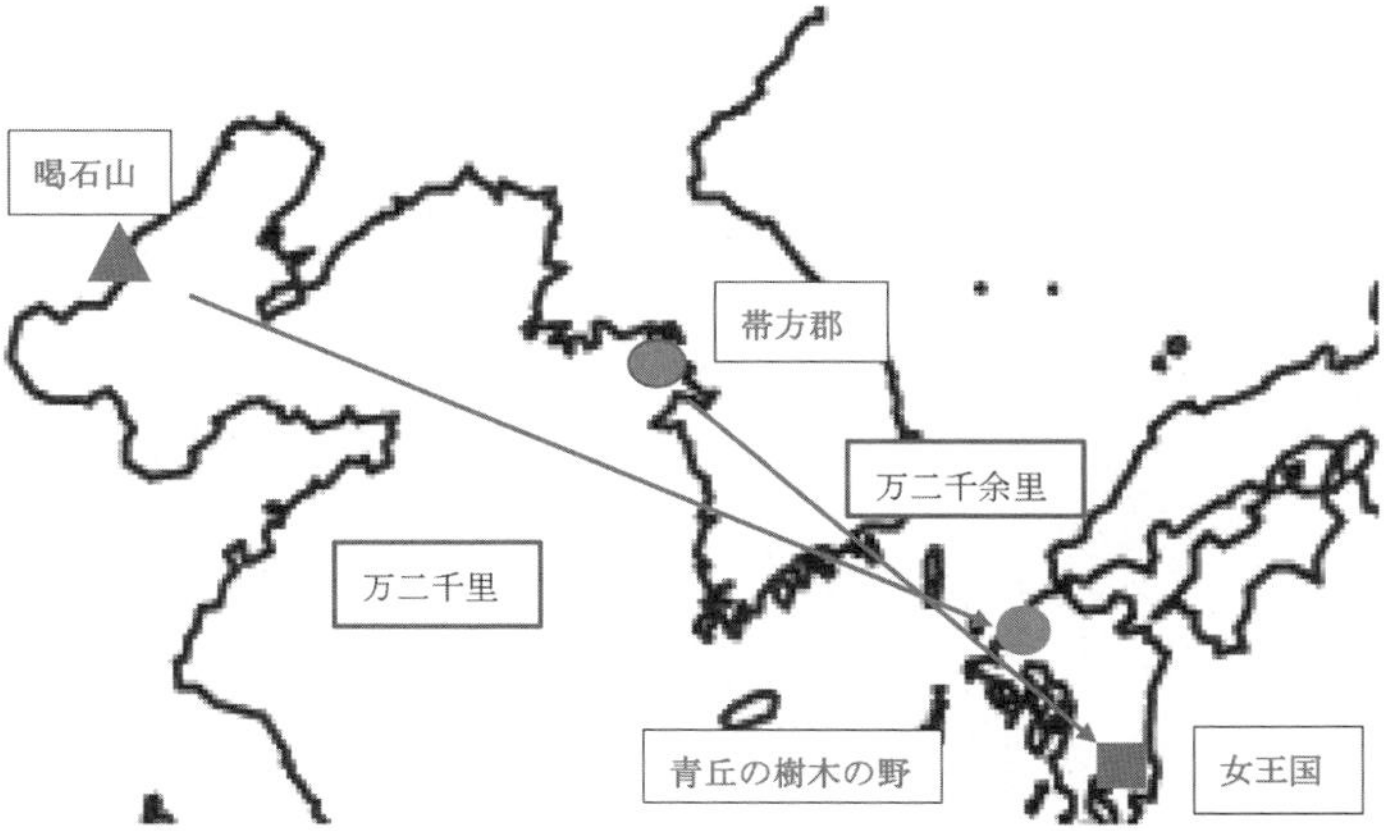

図4-1　万二千里関係の図

『漢書』の西域伝に載っている各国への距離が、漢の都護すなわち直接支配の及ばない遠い国については、端数処理すると「万二千余里」になるところから、松本清張をはじめ各学者においても観念的里数として無視する方々と、それを金科玉条に信じる傾向の方々と2派に分かれています。しかし「一万二千余里」については、正確な旅程の距離を積算するような距離ではなく、女王国を探る意味でややアバウトな位置決定の根拠になるように思えます。

前述したように、『淮南子』の東方極での「一万二千里ある」という記事については、喝石山から朝鮮半島を経由して、大人国を通っていくと、日の出る場所である榑木の地に到るということが重要です。

この『淮南子』巻五時則訓では、「五位とは東南中西北をいふのである」とあり、他の4方位極全て「一万二千里ある」となっており、飽くまでも観念的な数値と捉えるのが良いと思います。旅程の計算で「不弥国まで1万700里であるため、残り1300里の所に邪馬台国がある」のようなことを主張される方がいますが、あり得ない理解です。

この「一万二千里」が、日本までの距離という古代中国での決まり文句として、陳寿はそれを無意識に採用したように思えます。

この「万里」には、「はるかに遠いところ」という意味があり、使われている熟語等を集めると、「万里同風」、「波濤万里」、「雲泥万里」、「万里侯」、李白の「長江萬里情」などがあります。これらを見ると確かにはるかに遠いという意味がありますが、「万里」には自分たちの領域はそこまでだという意味が、深層心理的な形で内に込められているように感じます。「万里」が境目で、それから先は外国というようなものでしょう。

またこのことからして「万二千里」というのは、自分たちの領域、中華の領域を超えた化外の民のいる場所という意味が込められているような気がします。

⑶ 方向について

論争を聞いていると、方角について様々な意見が耳に入ってきます。「南は東の間違いだ」、「いや何度傾いている」、「夏に来たために正確な方角が分からなかった」等々です。しかし古代の中国人はかなり正確に方角を把握していました。

『淮南子』巻三天文訓には「冬至には日が東南の維から出て西南の維に入る。春分と秋分には日が東の中から出て西の中に入る。夏至には東北の維から出て西北の維に入る。至には正南に来たる」とあります。「維」とは、その片隅というような意味です（「国立国会図書館デジタルコレクション」より）。

明らかに太陽の位置が季節に応じて変化することを、理解していたようです。

2 私の解釈

そこで、下記の解釈を提案したいと思います。21ヶ国の中の奴国が、伊都国の横の奴国と同じであるとしたことが出発点です。またこれら21ヶ国の国々は、第1章に紹介させて頂きましたように、奴国より九州の南に一連の続きとなって存在しています。これを模式図にしたものが下記の図になります。『魏志倭人伝』をそのまま表現すると、こうなります。

こうして図示してみますと、

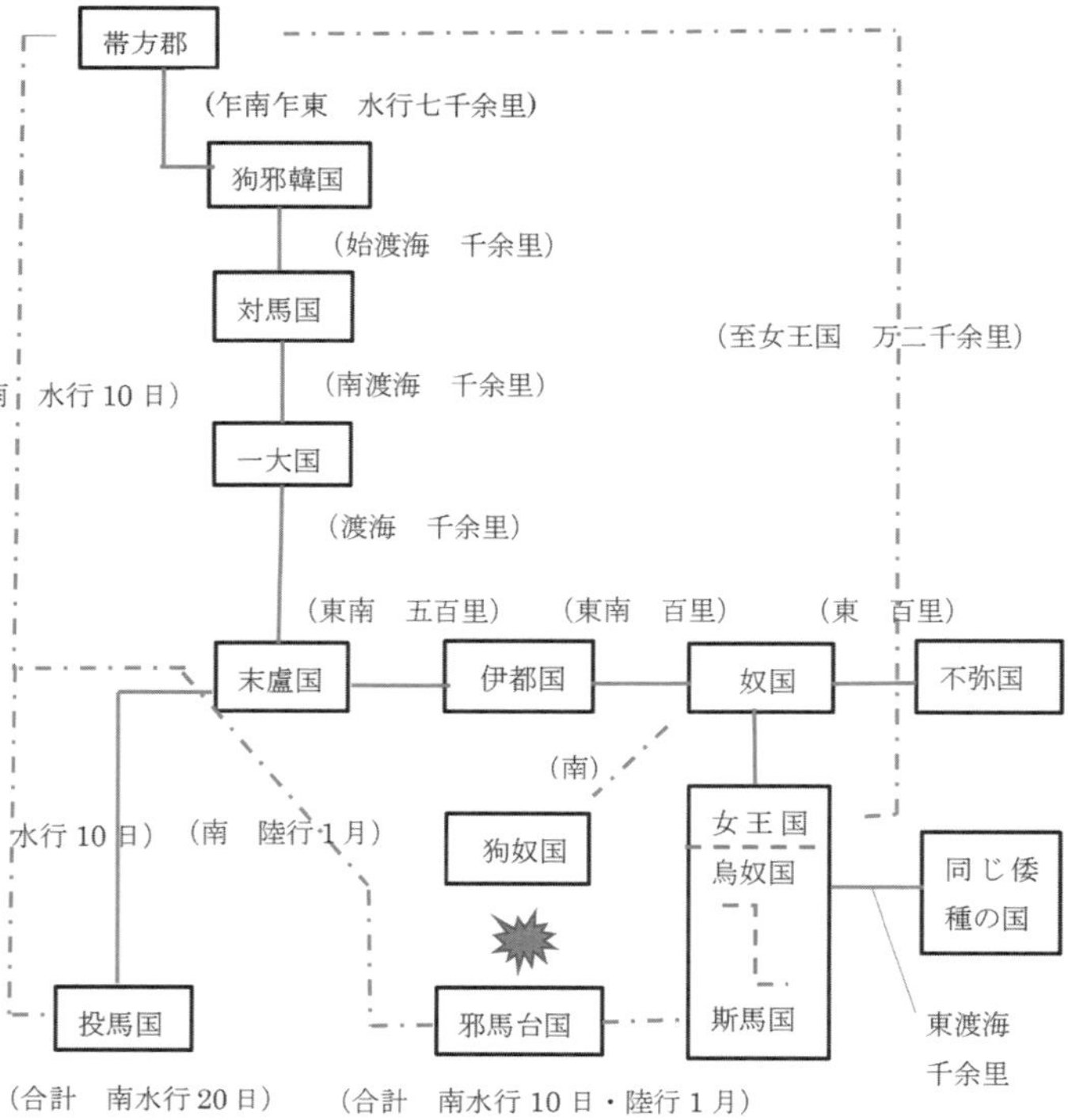

図4-2　諸国の位置関係

位置関係がすっきりしていることが分かります。陳寿の頭の中は、常に正確に描こうという意思があったのでしょう。

魏の使者が通ったルートは、対立していた狗奴国の範囲を避けていることが分かります。末盧国から南に10日下がると投馬国に着きますが、この時に使われた船は手漕ぎの倭の構造船ではなかったでしょうか。1日当たりの航行距離が短いようです。九州の周りを周旋した際の範囲は、一点鎖線で示した5千里四角の範囲に丁度入るようです。

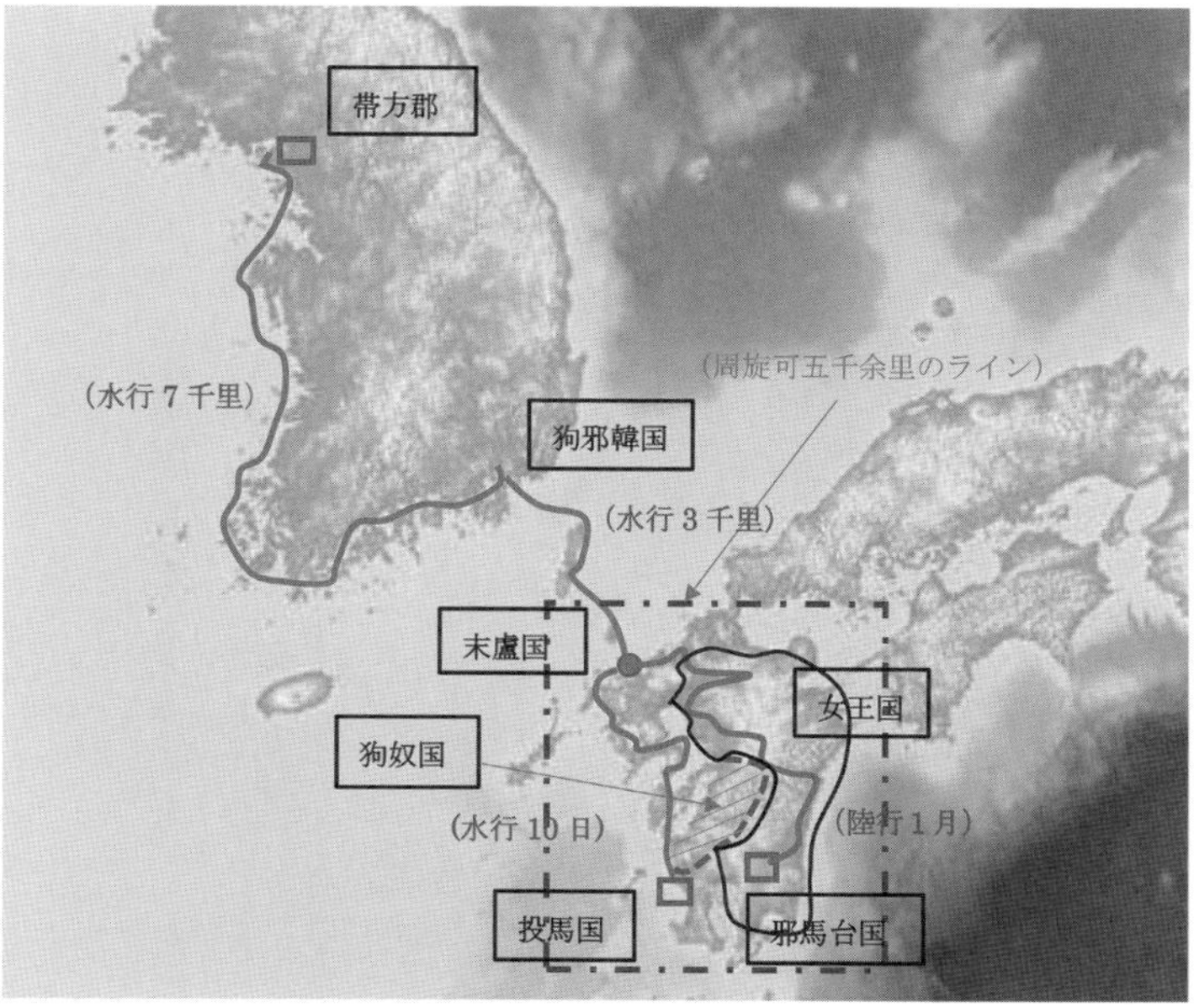

図4-3　魏使が通ったルート（灰色）

3 対馬海峡

狗邪韓国と対馬国、対馬国と一大国（壱岐）、一大国と末盧国（呼子）間は、全て「渡海千里」となっています。壱岐と呼子間は、特に他の2区間と比較して短いことが問題になることがありますが、当時の航海は、区間が短くてもとにかく1日の内にたどり着くことが求められていましたので、それで千里という表現になったのでしょう。島の大きさの「四百余里（対馬）」とか「三百余里（壱岐）」は、航海の中の1日のうちに、どれだけの時間横を通り過ぎたかにより求めたと思われます。

対馬海峡は、『日本書紀』では、「さひの海」あるいは、『宋書倭国伝』では「海の北道」と呼ばれ、古来から多くの人々が通過したことが記録に残っています。『魏志倭人伝』では、「瀚海《かんかい》」という言葉が、対馬国と一大国の間の海を表す言葉として使われています。これは海峡として対馬海峡をみると、潮流が速い割にその間が広いことから名付けられたと思われます。「瀚」とは、広いという意味です。通常砂漠に対して使われる言葉のようですが、海にも使われたのでしょう。またこの言葉は、二国間の海峡というよりも、対馬海峡全体を船乗りが昔からそう呼んでいたということでしょう。ただ「玄界《げんかい》（灘）」の名を聞いた魏使が「瀚海」と捉えたという意見もあります。

この海の北道を航行するには、潮流や風の知識が必要です。特に潮の流れについては、この対馬海峡においては重要です。

この海峡には、恒流（一定の方向に流れる対馬暖流の北流）と潮流（潮の干満による潮の流れ）の二つの流れがあり、これが航行の決定的要素になっています。対馬海流による恒流については、小学校の頃から西南から東北に流れる日本海流から分かれた暖流として教わっています。

対馬海峡・朝鮮海峡は、潮の干満により潮の流れが、１日に２回北流したり、南流したりしています。日本海の方に北流することを「下《さ》げ潮（干潮）」、東シナ海の方に南流することを「上《あ》げ潮（満潮）」といいます。このことを、ここを航海する者は十分に知らなくてはならず、このため水先案

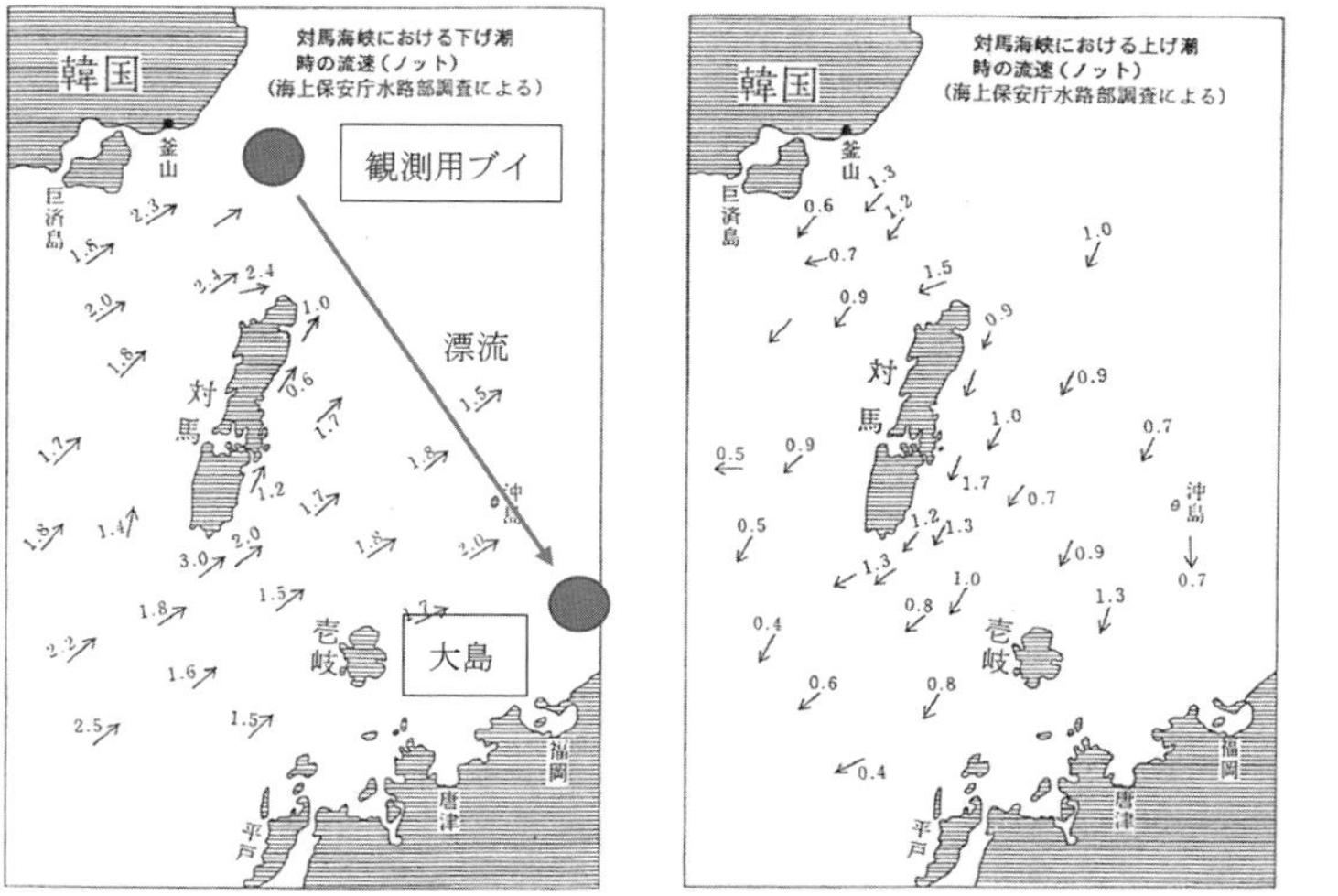

図4-4　対馬海峡の潮流

（城田吉六『赤米伝承』より）

内人が重要視されたのでしょう。この潮見が航海の安全につながっています。

２００４年頃でしたか、韓国の海洋研究院から連絡があり、釜山の潮流観測用のブイが流され、それが福岡県の神湊《こうのみなと》の沖の大島に着いて、それを大島の役場で保管しているので、回収の協力をして欲しいとの依頼がありました。そこで海洋研究院の担当者と一緒に大島に渡り、ブイを博多港に運び、無事にカメリアの定期船に載せて釜山に送り返すことが出来ました。

釜山と大島の位置関係をみると、ブイは対馬海峡を直角に横断したことになり、この下げ潮と上げ潮がまさにうまく作用し、一見不可能に思えることも実現したと考えています。

もし漕ぐだけでこの海峡を航海した場合、1日20～30㎞行くのが限界でしょうから、これだと島間を渡るには、2～3日は必要です。そこで潮流の動きを利用して、目標を定め、それにうまく乗り、スピードを速めたものと思われます。『古事記』の神武天皇の項に、「打ち羽挙《はふ》き来る人」という表現がありますが、これは簡単な帆を船に取り付けて航海している人を表していて、経験的に補助的に簡単な帆が使われ、船のスピードを増したのでしょう。

昔、叔父が海上保安庁の第七管区の巡視船の船長で、この対馬海峡の生き字引といわれていましたので、手漕ぎ程度の船でこの海峡を無事に渡るにはどうしたら良いか尋ねたことがあります。その答えは、「とにかく目標を目がけてそれに向かって漕いでゆくこと」ということでした。朝早く船出する前に目標を定めることが、何よりも無事に渡り切る秘訣でしょう。

この海峡で遭難することも多かったと思われます。『万葉集』には、筑前の国志賀《しか》の白水郎（あま）の荒雄《あらお》が遭難する話が載っています。友達より対馬に食料を送る船の柁師《かじとり》を頼まれ、断れず松浦県美禰良久《みねらく》より船を出したが、暴風雨に遭い、海中に沈んでしまった。妻子らは、待てど二度と顔を見ることがなかったといいます。

山上憶良《やまのうえのおくら》が、その遭難の悲劇を10首の歌に詠んでいますが、そのうちの1首を紹介します。

荒雄らを　来《こ》むか来《こ》じかと　飯《いひ》盛りて
　門《かど》に出で立ち　待てど来まさず

4 投馬国《つま》

(1) 投馬国への旅程

投馬国は、南にあり水行20日かかると『魏志倭人伝』にあります。この20日をどう考えるかが大きなポイントです。帯方郡から末盧国まで水行10日ですので、これを除くと後は「水行10日」が残ります。ここを探すと見つかりました。

この残りの水行10日分については、外洋船を使ったものではなく、帆の使用がまだ一般的でなかった時代ですから、櫓で漕ぐ航海を倭国の船乗りに聞き取りをした結果と思われます。漕ぐやり方で1日に行ける距離については、茂在寅男氏の『古代日本の航海術』で22㎞から25㎞であるとしていて、私も賛成です。このことから、末盧国（呼子）から10日南に下がると、どこに到るかを検討してみました。それが次の図です。ほぼ無理なく航行できるようです。

そうすると丁度10日目に薩摩川内市の「京泊《きょうどまり》」あるいは南さつま市の（仮称）吹上浦に到ります。京泊の地名は、室町時代からみえるもので、近くには地下式板石積石古墳で有名な船間島古墳があります。またこの地は可愛山稜《えのみささぎ》や薩摩国府があった場所です。川内は「せんで」ともいい、古くは「千台」とも書かれ、天津彦彦火瓊瓊杵尊《あまつひこひこほのににぎのみこと》が高城千台宮を築き、宮居した所と言われています。

万之瀬川河口の（仮）吹上浦は、金峰町の持躰松遺跡と呼ばれているもので、当時の竪穴住居跡、土坑・溝状遺構・ピットがあり、土器溜まりでは刻目突帯文土器・入来式土器・黒髪式土器・山ノ口式土器など多数が出土しています。京泊に次ぐ重要度の高い遺跡です。

検討に際して、諫早市の大村湾と有明海の分水界にあたる小船越のことも検討に入れました。諫早市の本明川と東大川の中間は1㎞ほどが陸地になっており、やや高度が高い所が小船越です。邪馬台国の時代は既に水道がなくなり、船を陸にあげそれを人が押して越えていたと思われます。外洋船でないためにそれが可能と判断しました。

4世紀後半から6世紀後半にかけて、菊池川や宇土半島などから阿蘇石（阿蘇溶結凝灰岩）

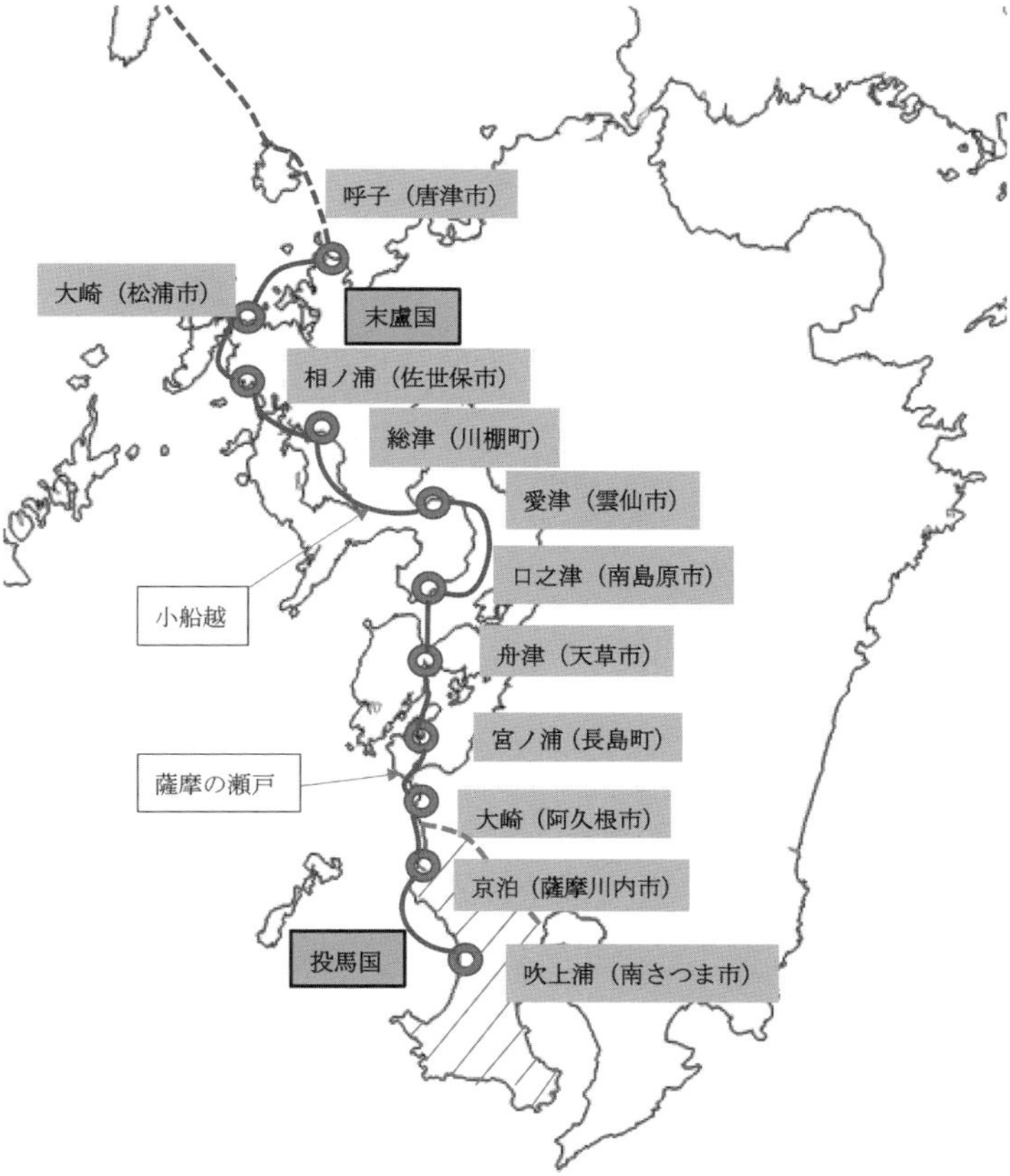

図4-5　投馬国までのルート

で出来た石棺が、瀬戸内海から近畿地方にかけて送り出されましたが、これはこの地峡を通っていたものと思われます。

この投馬国への海路は南下する途中で薩摩の瀬戸を通ります。この瀬戸は黒の瀬戸と呼ばれ、阿久根市と長島町（島）の間を流れる海峡です。両岸は、海より急斜面で上っており、絶壁をなしているところから、北から下がってきた船旅の主が、やっと薩摩に着いたとの印象を持ったところです。

『万葉集』に、長田王《ながたのおおきみ》の歌に、次のようなものがあります。

隼人《はやひと》の　薩摩の瀬戸を　雲居《くもゐ》なす
遠くも我は　今日《けふ》見つるかも

⑵ 投馬国

しかし何より重要なことは、この薩摩川内市のやや東南に『和名抄』における「鹿島郡都萬（万）郷」があったことです。この「都萬《つま》（あるいはとま）」は明らかに「投馬」のことを指しており、地名の上からもこの地が投馬であることが、はっきり分かります。この場所の地名は現在残っていないため、正確に比定することは出来ませんが、薩摩川内市から鹿児島市を結んだ甲突川線上の、鹿児島市寄りにあったと推定されています。

「と」と「つ」は通音であるため、「とま」が「つま」になり、これに接頭語「さ」が加わり「薩摩《さつま》」になったものでしょう。「さ」は、アイヌ語で山側に対する浜側を意味しており、現地の状況によく合っていると思います。ちなみに、アイヌ語で「投」の「と」は海を意味し、「馬」の「ま」は入江・泊を意味しています。九州や沖縄、壱岐、対馬では、海を「と」と言っていたようです。地名が薩摩に吸収されるに伴い、この「投馬」という国名は消えていったと考えられます。

『肥前国風土記』の五島列島の値嘉《ちか》の郷の紹介で、「大の島は小近《おぢか》といい、土蜘蛛の大耳が住み、第２の島の名は大近《おおちか》で土蜘蛛の垂耳《たりみみ》が住んでいる」、「またこの島の白水郎（あま）は容貌が隼人に似て、つねに騎に乗って弓をいることを好み、その言語は世人とは違っている」という記事があります。

これをみると、名前に「耳《みみ》」が付き、しかも隼人に似ているとすると、これは九州の西周りに薩摩の隼人が活躍していることを意味しています。投馬国の官に、「弥弥《みみ》」・「弥弥那利《みみたり》」がありますが、これも投馬が隼人の国であった証拠でしょう。

南九州では、「太郎《たろう》（あるいはだろ）」や「八重《ばえ》」という地名が散見されます。高所にある小平地が「太郎」、それより低地にある小平地が「八重」ですが、この地名は南九州と五島列島にのみ見られ、これらも薩摩と五島の結びつきを証明する一つでしょう。

投馬国を日向国の妻《つま》にあてる研究者が多いですが、これは半ば当たっており、半ば見当違いというところでしょうか。この妻は後の「吾妻《あずま》」が「東《あずま》」を指すように、東を指す日向方言から来ています。宮崎のとある神社名は、「東霧島《あずま》」ではなく、「東霧島《つま》」となります。

⑶ 日向の西都市の都萬《とま》（つま）との関係

次に都萬《とま》（つま）と阿多が、同じものであることについて述べたいと思います。高天原から天孫降臨で日向の高千穂の峰に降臨した瓊瓊杵尊《ににぎのみこと》が吾田の笠沙《かささ》の岬に着き長屋の竹嶋《たかしま》に登ります。その後その地を巡っていると、そこで事勝国勝長狭《ことかつくにかつながさ》に出会います。後にこの方の紹介で、阿多隼人の首長大山祇《おおやまつみ》の神の娘木花開耶姫命《このはなさくやひめ》と出会い求婚します。

この木花開耶姫命は、別名神吾田鹿葦津姫《かみあたかしつひめ》あるいは豊吾田津姫と言います。この名の通り吾田である阿多隼人の首長の娘です。阿多は薩摩の阿多郡阿多郷にあり現在の鹿児島県南さつま市金峰町のあたりが中心と言われていますが、名前の中に「鹿葦津《かしつ》」とあり、津と間《ま》（みなと）は同義語ですので交替がなされ、後の都萬郷のある鹿島郡と同じ場所で生まれたのかもしれません。

ここで3人の「火」という字を持つ皇子を産みます。そしてその夫である瓊瓊杵尊は、亡くなった時に「日向の可愛《えの》山稜」に埋葬されますが、その最も有力な地が、またしても都萬国がある鹿児島県薩摩川内市の新田神社と言われています。

宮崎の西都原《さいとばる》台地一帯は屯倉《みやけ》が設けられた所で、この南東側に三宅神社があります。この三宅神社は、天津彦彦火瓊瓊杵尊《あまつひこひこほのににぎのみこと》を祀っていて、この直ぐ横に木花開耶姫を祀る都萬《つま》神社があります。古くから三宅神社が上宮《うえのみや》、都萬神社が外宮《げぐう》とされており、相互の御幸が行われていました。しかしこの神社は、元々は『和名抄』における「鹿島郡都萬（万）郷」が発祥の地と考えて良いと思います。

　この都萬神社の創祀時期については不詳ですが、『続日本後紀』に承和４（８３７）年に官社に預かったとの記事があることから、少なくとも８世紀には創祀されていたものと思われます。

　この神社の由来については、神社のホームページに、「太古、妻満《つま》川のほとりに住む夫婦の二神（妻満神）が、宮を建て、住んでいた。宮の西方の清らかな流に、稲の種がひとりでに生じた。二神は、その種を植え、田を開き、管理した。これが『初農業従レ此始』だという」とあり、西から稲作を行う集団が移転してきたのでしょう。

　また神社の案内記には「木花開耶姫命をいたわり敬愛の情をお示しになっています。三皇子の御名は火の中でお生まれになったので火の字が附してあります。尚無戸室産殿でお生まれになった三皇子の産湯をお使いになった『児湯の池』が史跡として保存されています。さて無事に御生まれになった三皇子をお育てになるに母乳で足りない分を補うため一方ならぬ御苦心の程が伺われます。西都原よりわき出づる水を利用して狭名田と言う細長い田を作り、その田の稲（お米）で甘酒を造り、その甘酒を以て三人の皇子を御養育されたと伝えられています。

都萬神社では今尚秋の大祭には必ず甘酒を神前にお供えしてお祭りをすることになっています。又『日本書紀』に木花開耶姫命『卜田を以て狭名田と曰う、その田の稲を以て天の甜酒を醸みて新嘗《にいなめ》す、渟浪田の稲を用て飯に為しぎて新嘗す』とあります。是が地上における新嘗祭の起源ともなっています。甜酒美酒のことなりとあり、我国で始めてお米を以て造られたお酒の発祥地は西都市であり、木花開耶姫を祀る都萬神社であることが『日本書紀』により証明されています」とあります。

いずれにしても、木花開耶姫命は阿多隼人を代表するとともに、西都原の都萬神社は鹿児島の薩摩川内市にある都萬郷と深い関係があることが分かります。阿多の本拠が都萬郷（投馬国）だったのでしょう。どうも日向の都萬神社は、ここからの集団移転により運ばれたようです。

5 陸行一月と邪馬台国

いよいよ邪馬台国の位置に迫りたいと思います。

邪馬台国に到るための記事としては、「南して邪馬台国、女王の都する所に到るには、水行十日、陸行一月」という表現の他に、「郡より女王国に至るには万二千余里なり」というのがあります。

これで位置を探る必要がありますが、一見双方に矛盾しているように感じられ、これが混乱を起こす基本的な原因になっていますので、それを整理したいと思います。

「女王国」とは、卑弥呼が支配している国々の総称で、「邪馬台国」はその卑弥呼が都としている所です。

邪馬台国までの旅程における水行とは、帯方郡から末盧郡までの1万余里（10日）航海する距離です。また陸行一月とは、末盧国から奴国までが６００余里（６日）であり、この奴国から邪馬台国の横の斯馬国までの20日をその陸行に加えて26日として出したものです。

古代の中国では、往亡日《おうもうにち》というのがあり、１年間に12日、旅行や婚姻、建築などを忌み禁じています。出掛けるのに凶の日は、正月寅、二月巳、三月申、四月亥、五月卯、六月牛、七月酉、八月子、九月辰、十月未、十一月戌、十二月丑の日にあたります。日本では、正月７日目、二月14日目などという日を定めています。まあ現代の私達からみるとそこまでしなくてもと感じることがありますが、古代の人は真剣にそれを守ったようです。

古代中国には、その他方位や星の方角による吉凶等もあり、旅行するのは大変でした。このため恐らく一月に４日ほどは、移動できない日があったと思われます。そうすると、旅行日は26日＋４日で、30日となり丁度一月となります。

第1章で述べたように、『魏志倭人伝』では、邪馬台国の紹介記事の後に「次に斯馬《しま》国有り」となっています。この「斯馬国」は都城にあたることから、邪馬台国の位置は、必然的にこの近くとなります。地名を参考にすると、都城の北には山田町（現都城市）があり、都城という名前は、以前に都が置かれていたために付けられていた名前と思われ、この一帯がもっとも可能性の高い候補地となります。

第5章　狗奴国

1 狗奴国の範囲

『魏志倭人伝』に、「その南に狗奴國有り。男子を王となす。その官に狗古智卑狗有り。女王に属せず」とあります。その南というのは、奴国や烏奴国の辺りから南に狗奴国があるということですので、魏の使者が歩いたルートから外れた地域と考えられます。そうだとすると、緑川か白川の線が狗奴国の北側の勢力圏の範囲となります。

熊本県は、現代においても風習、祭り、建物などの文化的にあるいは言語的に、概ね緑川あるいは白川を境に南北で違いがあることが熊本県の文化関係の資料に載っていました。弥生時代を例に取れば、甕棺や石包丁の分布は緑川の線で止まり、概ねそれより南には下りてきていません。このことは卑弥呼の時代、この線を境に既に南北で国が違っていたのではないかと推定出来ます。

実は悠久の古代からの歴史を振り返ってみても、面白いことに九州は北部九州、中部九州、南部九州の3地域に分かれていたようです。

縄文後期は、土器が主に南北でタイプが分かれ始めるようです。北部が鐘崎式であれば南は市来式、北部が三万田式であれば南部は草野式という具合です。そのたびにその境界が熊本県の北部と南部で、交互に勢力圏争いをするような形になり、ここでは熊本県が双方の取り合いの場所として浮かんでいます。

それと似たような形で、弥生初期での石包丁を含む初期稲作遺跡も熊本県と大分県には存在しません。その流れに若干棹をさしたのが弥生時代を代表する熊本の免田式土器です。「邪馬台国」の時代を挟んだ弥生時代後期から古墳時代まで、九州各地で使われた土器です。

これは熊本県南部を中心に県北、阿蘇まで、あるいは宮崎や鹿児島に進出します。当時の狗奴国の勢力の強さが、この一つからも窺えます。しかし古墳時代になると大和政権の中に組込まれていく過程で勢力が衰えていったのでしょう、主な前方後円墳は白川より南には、ほんのわずかな例外を除き作られていません。

いろいろな点で、文化面の境界であるこの二つの川の南側に狗奴国が位置していたことは間違いないと思われます。そして時代の状況によりその位置が上下したようです。緑川のやや北側の九州自動車道と交差する御船町の台地に、高木、高野、高山、甘木という地名が残っていますが、この木は「城」という意味で、邪馬台国の国々の狗奴国に対する前線基地があった所ではないかと思われます。一時的に緑川を挟んで女王国と狗奴国が対立することがあったようです。

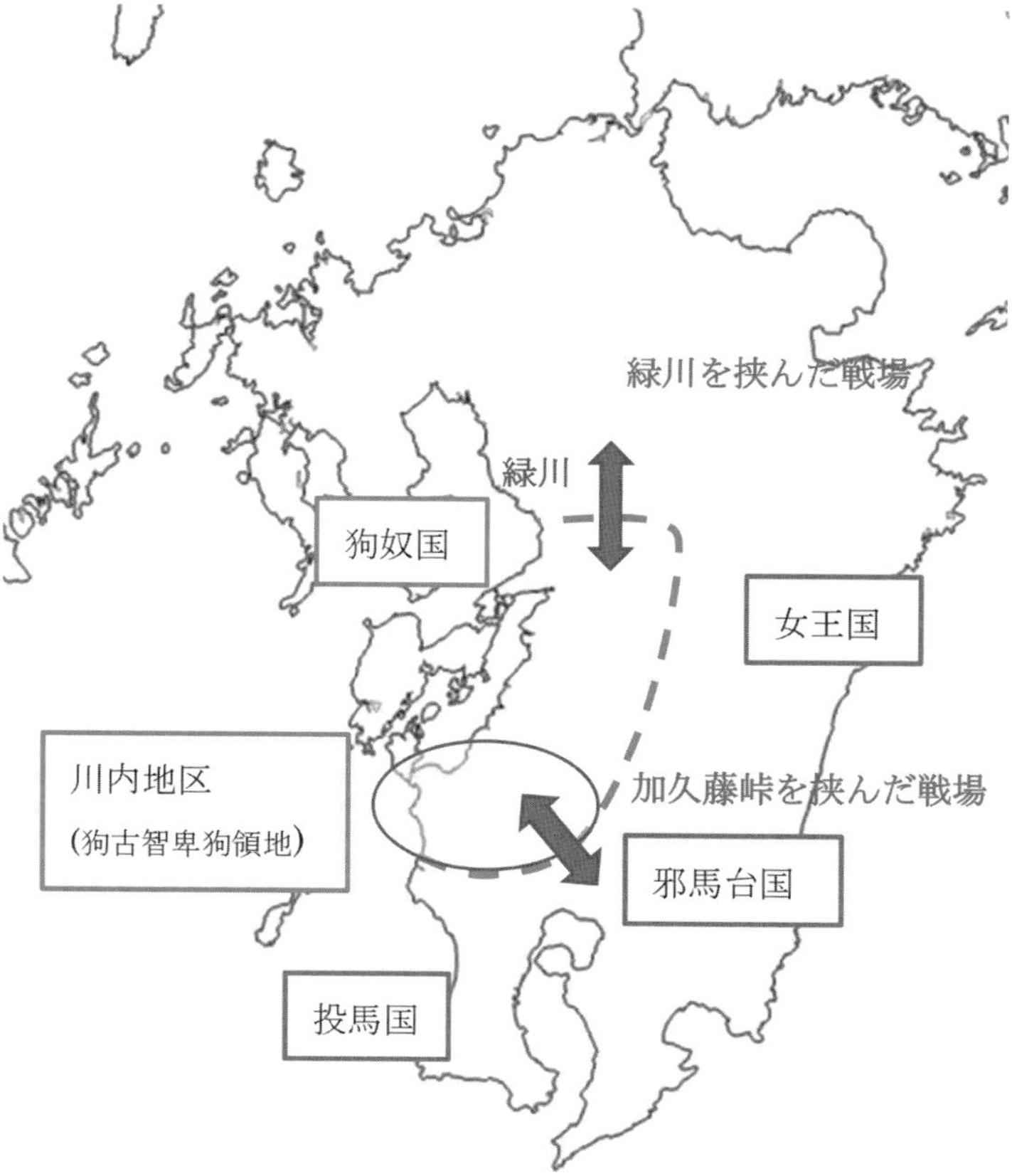

図5-1　狗奴国の範囲と戦場地

大津市の北側の旧七城町に「蘇崎」の地名が残っており、ここまでが狗奴国の阿蘇に向けた西側の最大の範囲だったのでしょう。九州中部の現在阿蘇と呼ばれている地域は、古くは「蘇《そ》」の国と呼ばれていたことが、蘇陽、阿蘇などの地名が残っていることから分かります。日高正晴氏は、「阿蘇から高千穂一帯にかけては古来『ソのクニ』が支配していた」と著書『古代日向の国』に書かれています。「蘇」の範囲については、『和名抄』にある後の日向の「智保郷」、肥後の「波良郷」・「阿曽郷」・「衣尻《きぬしり》郷」・「知保郷」などでしょう。魏使もほぼこの中心を通っています。

狗奴国の南の範囲は、鹿児島の薩摩川内《さつませんだい》市までには到らないやや北側の地域、西は人吉《ひとよし》市あるいはその奥の多良木《たらぎ》町くらいまでの範囲でしょう。球磨川の南側の山地にはかなりの数の「川内《かわち》（こうち）」の地名が見られます。後に述べますが、この地名が人名として『魏志倭人伝』に登場してきますので、ここまで狗奴国の範囲だったのでしょう。

2 卑弥弓呼

この名前については、名前の類似から「卑弥呼」との関連を考えてよいと思われます。それで何かヒントがないかと蚕に関する布目順郎氏『絹の東伝』を読ませて頂きました。するとそこに弓の弦を鳴らす躬桑礼《きゅうそうれい》の話が紹介されていました。

「弓は『別に矢を使わなくても、弦を弾くだけで神秘的で大きな音が出るところから、害獣や害鳥を追い払うのに呪《まじな》いにも使われるようになった。これが鳴弦《めいげん》といわれる作法である。わが国では、弦《つる》打ちといわれる』と書かれていた。この躬桑礼は、后妃が自ら桑を摘むもので、春《はる》蚕《こ》が始まる時に行われる儀式です。」布目氏は、これを描いたものとして、中国の戦国時代の四川省成都《せいと》百花潭《ひゃっかたん》中学10号墓出土の銅壺と魏晋《ぎしん》時代の甘粛省嘉峪関《かよくかん》の新城公社で発見された画《が》像塼《ぞうせん》を紹介されています。

四川省の銅壺には、高松塚古墳壁画に描かれたような衣装を身につけた人々が多く見られます。また甘粛省の画像塼には、鳴弦する子供や弓を持たないが鳴弦の恰好だけをしている子供が描かれています。鳴弦をするのは、男の子の

37　戦国時代の銅壺表面にみられる躬桑礼場面の中の人物の服装（四川省成都百花潭中学10号墓出土）

52　鳴弦の動作をする子供が描かれている採桑画像塼（甘粛省嘉峪関の魏晋墓より発見）　上…弓を手に鳴弦の構えをする　下…素手で鳴弦の構えをする

写真5-1　躬桑礼

（布目順郎『絹の東伝』より）

役割と思われます。現在の日本の宮中にもこの儀式が残っています。このことから「卑弥弓呼」の中の「弓」は、この鳴弦からきているのではないかと考えます。

この「卑弥弓呼」の名前は、卑弥呼が生まれた後、南九州で熊襲との融和を図っていた伊邪那岐が付けたと思われます。熊襲のネーミングの作法を知り、熊襲を継ぐ男子が生まれたとき将来の協力を願い、卑弥呼と対のような形で考えたものでしょう。しかしうまく行かなかったのが、後に分かります。

張政一行の一人が、卑弥呼の名前の由来を知り、「ぐ」という言葉に蚕（桑）での「弓《ぐ》」を当て、男性ではあるが、それだけではなく王の身分を得た人物であることを表したのではないかと思います。逆にこの字は、後述する卑弥呼自身の名前も蚕に関する名前であることを証明してもいます。

景行天皇の熊襲討伐の記事のなかで、襲《そ》の国に厚鹿文《あつかや》、迮鹿文《さがや》という者がいたとなっていますが、これは上の一字で兄弟の違いを表したものでしょう。同じ記事で、熊襲梟帥《くまそたける》の二人の娘が出てきます。その名前は、「市乾鹿文《いちふかや》」、妹が「市鹿文《いちかや》」になっていて、ここでは「乾《ふ》」で姉妹を表しています。「卑弥弓呼」の「弓《ぐ》」は、これと同じ使い方を意識したものでしょう。

3 狗古智卑狗

この「狗古智卑狗」については、『倭名類聚抄（和名抄）』に「くくち（久々知）」が「菊池」に注釈されることから、「菊池彦」のことで熊本県北部の菊池地方を支配していた豪族のことだとされる方が多いようです。

しかし「狗」と「古」では音が違い、「くくち」と綴ることは不可能です。これは「狗奴国の古智《こち》彦」とするのが素直な解釈でしょう。「卑狗」は「彦」です。

狗奴国が九州の西側の熊本県中部・南部〜鹿児島県北部に位置していたと考えると、「古智《こち》」はこの南側の地域に多い「川内」地名との関連が考えられます。

《八代市》敷川内《しきがわち》、《芦北町》大川内、道川内、川内、添川内、榎川内、鷹川内《たかごうち》、桑川内、榎木川内、《球磨村》（内）河内谷、大川内、添川内、《水俣市》宝川内、小野川内、招《まん》川内《ば》、《伊佐市》小川内、大口小川内、石井川内、《山江村》内河内谷、内川内谷、《出水市》下大川内、上大川内、白木川内、《いちき串木野市》河内《かわち》、《阿久根市》鶴川内、上川内、《薩摩川内市》戸川内、上川内、川内《せんだい》川《日置市》観音河内《かわち》、《南さつま市》観音河内《こち》、《姶良市》西川内、松川内、浦川内

呼び方の「かわうち／かわち／こち」は、状況に応じて簡単に変化があるものであり、この川内地名のある範囲が「狗古智卑狗」＝「狗河内彦」が支配していた地域であり、この人物が狗奴国を代表する官となったのではないでしょうか。

司馬遼太郎の『翔ぶが如く』に次のような文章が載っていました。

「『肥後人の理屈好き』。この性癖は天下に知られた通癖で、肥後人が十人集まれば十人とも意見が違うといわれ、それぞれが他人の意見との小さな差を重大なものとし、その小差に固執する。また『肥後は、難国とされた。』。一人一党の気分がつよく、他との妥協を好まず、日本ではめずらしいといえるほどに我を徹すことをむしろ美とする風がありつづけている。」

良いのか悪いのか分かりませんが、狗古智卑狗もそのような性質を持っていたのでしょう。あまり得《とく》がないような中で、狗奴国の一翼を担っていたところにそれが表れています。

4 狗奴国と邪馬台国の戦い

『魏志倭人伝』によると、狗奴国は「女王の境界の尽きる」奴国の南、正確には女王国の南にあることになっています。女王国とは、卑弥呼を盟主に仰ぐ九州の諸国連合のことです。この南の緑川から、さらに南にあるのが、狗奴国です。この一帯は、方言が他の九州各地とは違っていることから分かるように、独自の文化を以て他との接触を好まなかった国です。文化の切れ目もそこにあります。

後のことになりますが、火葦北国造阿利斯登《ありしと》のように、国造として大和朝廷に仕える反面、その子の日羅《にちら》は百済の官位を得るような、独立の気概を持つ首長のいる地域でした。筑後の磐井《いわい》と、その点はよく似ています。

『魏志倭人伝』では、この狗奴国は「女王には属さず」、「倭の女王卑弥呼《ひみこ》、狗奴国の男王卑弥弓呼（ひみこか）と素《もと》より和せず」、はては「相攻撃《あいこうげき》する」有り様であったと記述されています。

戦いの場は、主に２方向であったと思われます。一つ目は熊本市の北、二つ目は南の加久藤峠付近のえびの・小林方面です。

熊本県の嘉島町と御船町の境に、甘木と高木という地名が並んでいる台地があります。緑川の北岸です。甘木を甘城、高木を高城とすると、この南が女王国に対する狗奴国の前線基地だったのではないでしょうか。緑川を挟んで、文化圏に変化があるのは、この時代の反映でしょう。

南には、宮崎県の小林市に「夷守《ひなもり》」という地名が残されていますし、西南の山が「夷守岳」といいます。ここが狗奴国からの侵入を防ぐための砦があった所ではないでしょうか。後の『延喜式』の日向国内の駅馬の一つにも登場します。

この２方面の戦いに共通するものは、鉄の普及です。

鉄は畑の開墾に素晴らしい威力を発揮します。食料が乏しい時代では、食料を確保するための生産が最優先でした。そこで、狗奴国としては鉄器が欲しくなります。しかし、朝鮮南部で鉄の需要が高まったことから、それを当てにしていた倭国は、鉄不足になります。幸い、菊池川は砂鉄が採れ、阿蘇山では褐鉄鉱が採れるため、その当時でも有数の鍛冶作業が行われる地域になります。山鹿などでは、青銅の精錬も興きます。但し、これは狗奴国の範囲の外でのことです。

こうなると、何としても手にいれたいと思うようになります。このため起きた鍛冶を司る渡来人の奪い合いの騒動が、「相攻撃する」状態にまで至ったと思われます。

緑川の北の嘉島町に二子塚《ふたごつか》遺跡があります。土器、青銅器、鍛冶具や鏃などの各種鉄器が出土したことで有名なところです。ここはほぼ一つの環濠集落が完掘され、多数の竪穴住居が検出されています。環濠がないと、集落を防御出来ない状況であったのでしょう。弥生文化の中心地であった山鹿なども、環濠で守られています。

また、高千穂の峰の高千穂河原の鏡鉄鉱（赤鉄鉱）、あるいは宮崎市の褐鉄鉱を死守するために、南のえびの平野へ加久藤峠を越えて進出することもあったと思われます。後に述べますが、宮崎市瓜生野の地は、葦の中に含まれた鉄鉱石が非常に豊富な土地で、邪馬台国はこの鉄素材をたたら炉で製鉄していて、鉄の武器そのものも豊富でした。これも欲しがった一つと思われます。

この名残が、小林市にある夷守《ひなもり》と思われ、高天原（やまたいこく）へ狗奴国の兵が侵入してくるのを防ぐ砦があったのではないでしょうか。

戦いの反面、面白い現象もあります。土器としては、弥生後半当初には、瀬戸内海式土器の影響を受けたツボにヘラでツバメなどの動物を描いた絵画式土器が、宮崎海岸を中心に一部都城盆地にも見られます。しかし、内陸部は重弧文《じゅうこもん》のある長頸式免田式土器が、宮崎海岸から鹿児島県西部、熊本県中部などに見られ、都城でも出土します。免田式土器は、熊本県の球磨郡の辺りが発祥地と言われています。あさぎり町出身の故乙益重隆氏（元國學院大學文学部名誉教授・考古学）が名付け親ですが、ついでに町名も免田町（現あさぎり町）に変えるという副産物もありました。狗奴国と邪馬台国は、対立があるものの、意外に交流があったことも確かです。

5 火の国のもう一つのいわれ

『矢部風土記』という書物があります。江戸時代後期に熊本県矢部地方の伝説・伝承を集めたものです。現在では、大正時代に新聞紙の上に写し取られたものが山都町の図書館に保管されています。その中に面白い挿話があります。「景行天皇が九州に巡幸した際に、椎葉村と矢部（山都町）の境の国見岳（１７３９ｍ）に登り国見をした際に、遠くの方に山（多分阿蘇山）

から火が出ているのを見て、その国を火の国と名付けた」というものです。これが、本当の熊本の「火」の国の由来を表したものと思います。この場合、景行天皇が九州全体を見て国見をするという話が『記紀』にはありませんので、実際は何らかの事情で抜けている可能性があります。

また『日本書紀』には、景行天皇が有明海を航行していて、夜が暗く着岸が困難であった時に、はるかな先に火の光を見て無事に着岸できたという話があり、その地の八代《やしろ》県豊村を火の国と名付けたという話があります。その他『肥前国風土記』では、「肥君《ひのきみ》らの祖健緒組《たけおくみ》が土蜘《つちぐ》蛛《も》を討伐した時、八代《やしろ》郡の白髪山で宿泊した時に、大空に火があり、ひとりでに燃え、しだいに降下しこの山に燃えついた。このことを崇神天皇に報告すると、『天から火が下ったのだから、火の国とよぼう』」との話があります。これらの話に、『矢部風土記』の伝承も加えると、より熊本が「火の国」としての印象が強くなるでしょう。

この『矢部風土記』には、「神武天皇が可愛がっていた鳥を、孫の建磐龍命《たけいわたつのみこと》が熊本に入る際に持っていき、これを放った。放った場所を、この鳥の名前が緑丸だったということから、緑川と名付けた」というものもあります。

第6章 邪馬台国と卑弥呼

1 邪馬台国の範囲

(1) 高天原（邪馬台国）は都城盆地

安本美典氏は、『邪馬台国は、その後どうなったか』という著書で、天照大御神《あまてらすおおみかみ》がいた高天原《たかまのはら》の条件として、以下の項目を満足する所でなければならないとしています。私は卑弥呼が天照大神であると信じていますので、卑弥呼がいた場所は、必然的に『記紀』での高天原になると考えています。

①高天の原には、「天《あま》の安《やす》の河」が流れている。その河原に、多くの神々が集まって、会議を開くことが出来た。すなわち「天の安の河」はそれほど小さな河ではない。

②田があり、田には畦があり、溝がひかれていた。天照大御神が、その田の新穂を召し上げる祭殿（大嘗《おおにへ》を聞こしめす殿《との》）もあった。また、天の斑馬《ふちこま》や鶏もいた。すなわち、ある程度の平地がひらけていた。

③高天の原には、天の安の河上に、「天の岩屋」があった。また天の安の河上から、堅い石（堅石《かたいし》）や、鉄（天の金山の鉄《まがね》）をとってくることができた。さらに「天の岩位《いわくら》」（高天の原なる岩石の御座）ということばもあらわれる。すなわち、天の安の河上には、岩石のある山があった。また高天の原には、堅い地面（堅庭《かたにわ》）があった。

私は、これに『日本書紀』の神代編における、初めて「邑君《むらきみ》（村長）を定めた」ことと、稲種を植えたのが「天の狭田《さなど》と長田《ながた》」であり、「はじめて養蚕が出来るようになった」場所でなければならないことを加えたいと思います。

ここが、高天原であり邪馬台国です。

これだけの条件で、高天原（邪馬台国）を探すのは難しそうですが、既に邪馬台国の横にある斯馬《しま》国が、島津の名前のもとである都城であることが分かっていますので、都城盆地一帯がこれに相応しいか検証してみたいと思います。

⑵ 天《あま》の安《やす》の河

都城には、鹿児島県財部《たからべ》町、末吉《すえよし》町や三股町などから小河川が流れ込み、都城の中でそれらが合流し、北へほぼ南北方向に向け流れている1級河川の大淀川があります。都城に住む人々は、今も昔もこの悠々と流れる大淀川とともに育ったといっても言い過ぎではないと思います。

大淀川は、都城では「竹之下川」と呼ばれ、宮崎の跡江辺りでは「大川」と呼び、その下流部では「赤江川」と呼んだり、「赤井川」と呼んだりしていて、地域の事情により名前が変化していっているようです。

この大淀川に流れ込む河川をよくみると、まず市南部の金御岳の東側を通り北に流れている安久《やすひさ》川があります。この川の市街地に入ったところには、安久《やすひさ》や安留《やすとめ》という地名があります。

この安久は、南北朝に名田名として出てきます。

また西からは世界一の甌穴《おうけつ》群として有名な関之尾《せきのお》がある庄内川が入り込んできますが、この関ノ尾の下流に川名の庄内町があり、安永城跡があります。

この庄内川は、厚く白い火山灰であるシラス層と、その下の入戸《いと》火砕流の灰石層を侵食し、深くえぐられたいろいろな形の甌穴《おうけつ》群（関之尾）を形づくっています。全体が平たく、これは③の堅庭といってもいいかもしれません。

この庄内は、明治以前は安永《やすなが》と呼ばれていたものが改名して出来たようです。この安永は戦国期にみえる地名で、日向国諸県郡に属し文明６（１４７４）年の『行脚僧雑録』に「安永仁北郷義久」とあるように、北郷家の領地であったようです。この城の南側を流れる庄内川は、明治以前は安永川と呼ばれていたようですし、この川が大淀川と合流する地点の山田町には、安原神社があります。

この神社は、正平７（１３５２）年北郷資忠が領内鎮護のために霧島権現を勧請したもので、この一帯が安原と呼ばれていたことを意味しています。『日本書紀』に天照大神の御田の一つに、「安田」がありますが、これはこの付近を指していたのかもしれません。近くに高木という地名が残っているのも、意味深です。

また高原町には、安丸《やすまる》という地名と大淀川に流れ込む安丸川があります。これらを鑑みると、これだけ「安」の地名を持つ大淀川は、昔は「安川」と呼ばれていたと考えて間違いないでしょう。神様が集まり会議する場に、最も相応しい堂々とした川です。

(3) 天の真名井《まない》

都城盆地は、年間降水量が２５００㎜で、全国平均より約９００㎜多い水が豊かな土地です。この盆地の周囲の山々に降った雨が集まり大淀川の流れになっています。「平成28年度、地下水の見える化手法に関する検討業務」（平成29年３月、国土交通省国土政策局）の報告書では、都城盆地の特徴として、「①大淀川中流域の内陸盆地に位置し、シラス地域の地下水盆として典型的な地区である。

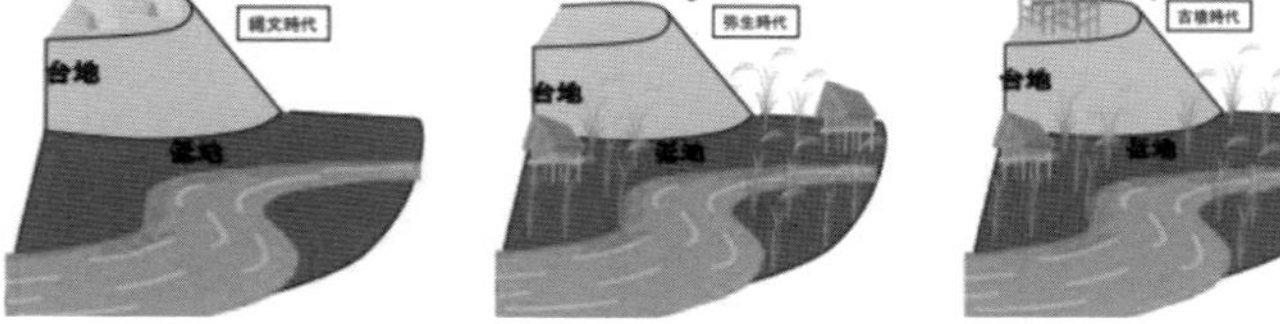

図6-1　都城地区の試作図

（上記国交省の報告書より）

②水道水源の約94％が地下水・湧水であり、地下水が重要な資源として位置づけられている」となっています。

盆地の人々は、稲作のためにより水が求められる大淀川の低湿地に近い場所で生活をするようになるのでしょうが、豪雨による洪水の危険から、あるいは畑作への対応のため住居は丘状の所に設けられたものでしょう。

『風土記』には、地域を開発する場合には必ず「井を治る」記事が載っています。この井には、掘り抜きによる深井戸や、川や湧水・泉を止めて作るものがあります。井からの水は、飲料のみではなく、田畑のかんがい用水としても使われており、この周辺には村が発達してきます。井は神聖なもので、すぐ近くではものを作ってはいけないなどの決まりを持つ所があります。

都城の西側に広がる台地は、平均海抜１６０ｍの高さにあり、都原、簑島など「原」がついた地名がみられます。この台地は扇状地として砂礫が堆積したもので、そこから湧き出す湧水をたよりに村落が発達してきます。これらの湧水井の一つが、真名井と呼ばれたものでしょう。

また前記報告書では、「水を祭っている神社や寺は低地の際（台地の縁）に湧き出た水を敷地内に貯め、祭神としていたと考えられます。」となっています。仁徳天皇の妃となった髪長姫が使ったという湧水が「髪長姫池」の横の「早水《はやみず》神社」にあります。この辺りは斯馬《しま》国の範囲ですが、これから西側に続く台地も同じような状況だったでしょう。

この真名井のある台地に、卑弥呼の宮殿があったのでしょう。

(4) 高天原《たかまがはら》

高天原は、「高」が高所にあること、「天」が海人族の入植したこと、「原」が新開地を意味していると考えられます。「原」は九州では「ばる」と発音します。朝鮮語で「パリ（開墾）」、日本の地名の「治《はり》」にあたり、海岸より高所にある、海からの天孫族が入植した新開拓地という意味でしょう。

伊邪那岐・伊邪那美の二神のいた宮崎市から、天照大神が統治を命じられた都城盆地一帯をみると、まさに高い場所という印象です。

この都城盆地には、高原《たかはる》、高崎、高木、高城、少し離れて高岡と、「高」の付く町名が並んでいますが、これは高天原と関係がありそうです。江戸時代の『三国名勝図会』に「土俗伝え云、当邑を高原と号するは、高天原《たかまがはら》の略称なり」とあり、以前からこの地を高天原と伝えてきていたようです。

高原町は、神武天皇＝狭野尊《さののみこと》が生まれた場所として祀られている狭野神社があります。この神社の創建は、第5代考昭天皇の時代で、皇室の尊崇が厚く、大正天皇や昭和天皇を始め皇族方がこの地に寄られた時の記念植樹が数多くあります。南九州では、平坦な高台を「原《はる》」といいますが、本来霧島山麓に広がる小高く広い平地を、高原と呼んだことから来たかもしれません。高原は、高天原に一番近い名前です。高原麓《たかはらふもと》という地名が、町の中央にあります。麓は文字通り「山のすそ」と解釈するのが一般的ですが、「府本《ふもと》」として高天原の政治の中心地であった可能性もあります。

高崎町《たかさき》（都城市）は、高天原の祭事《まつりごと》や居住される皇居《こうきょ》の地を崎と呼ぶことから高崎になったと伝えられています。

高城町《たかじょう》（都城市）は、『三国名勝図会』には「高城の名は皇都《こうと》の遺稿《いこう》なり」とあり、高城《たき》と呼ぶ地名もあります。

高千穂峰《たかちほのみね》（高原町）は、瓊瓊杵尊《ににぎのみこと》が、『日本書紀』では「筑紫の日向の襲《そ》の高千穂の峰」に降臨《こうりん》したとされており、その峰と伝えられています。瓊瓊杵尊は、天照大神の孫にあたります。

この「高」は、天照大神の相談役であり高天原の舵取り・主のような高皇産霊尊《たかみむすひのみこと》にも関係しており、「高」という字が天孫族のシンボルだったと思われます。

この地域は遺跡が多い地域で、邪馬台国の為政者がいた所であったと思います。そして邪馬台国は、間違いなく都城盆地全体を指していたと思います。

⑸　山田《やまだ》の地名

現在、邪馬台国が地名の中に残っているとしたら、どんな地名でしょうか。私は「邪馬台国」の読み方としては、通常「甲類のトを含むヤマト」あるいは「ヤマダ」ではないかと考え

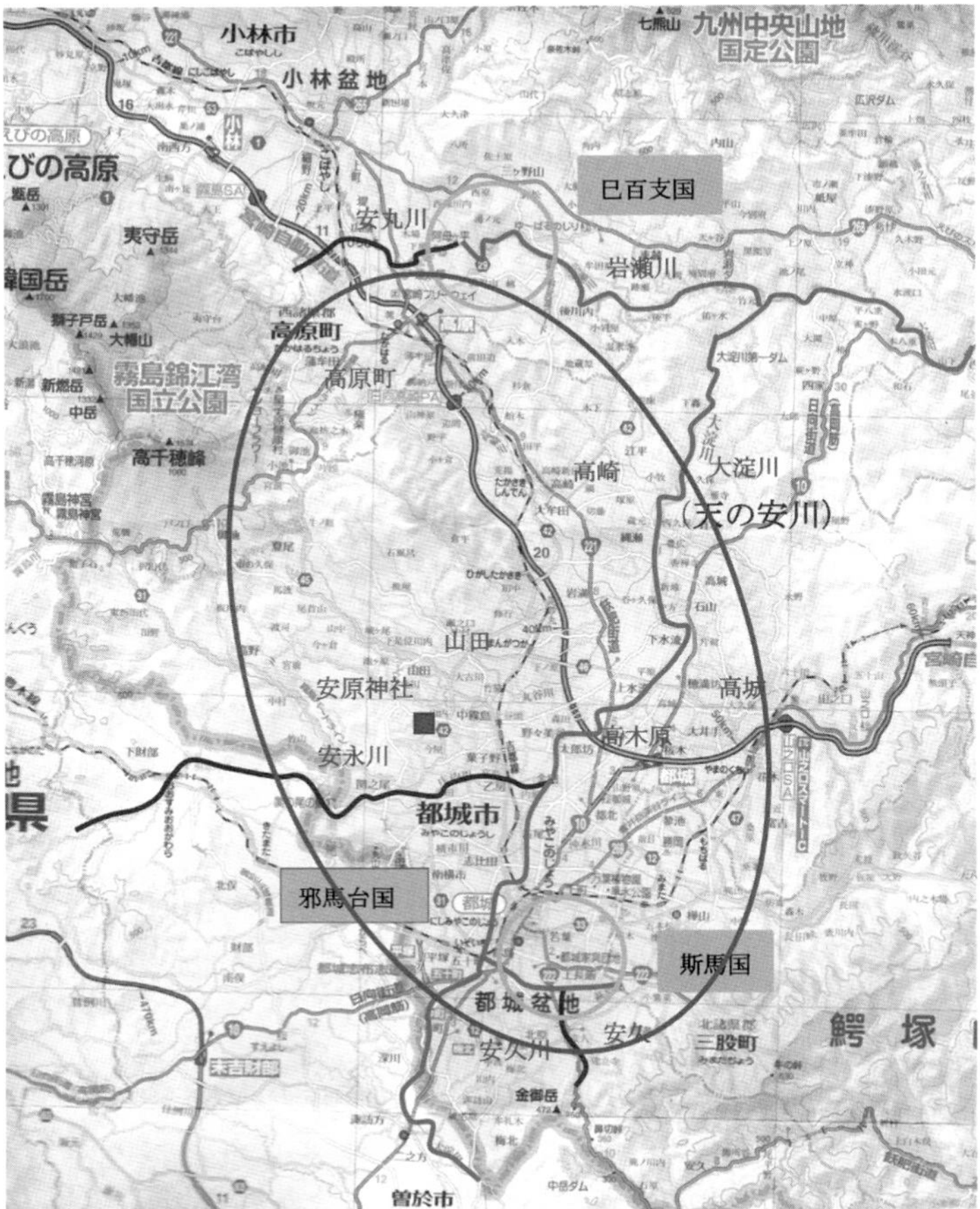

図6-2　大淀川の周辺の高天原関連の地名

ています。

この最も近い地名としては、当然「大和」ですが、残念ながら九州には見当たりません。次点としては「山田」です。山田は非常にポピュラーな地名であるため、各地で見られます。『播磨国風土記』に、「右、山田とよぶのは、人びとが山ぎわに住んでいる。ついにそれによって里の名とした」といういわれが載っています。また『常陸国風土記』には、久慈《くじ》の郡の説明として、「郡役所の〔北二〕里のところに山田の里がある。たくさん開墾して田としている。それによって名としている」の記事があります。

角川書店の『角川地名大辞典　宮崎県』の説明では、「山と山の間にある狭い田（迫田《さこた》）という地名から山田と呼ばれた」とあり、いずれにしても今でいう中山間地域ということです。

都城の北には、山田町という名前があります。現在は合併して都城市の一部になっています。この地名は、室町期に名田名として初めて出てきます。応永33（１４２６）年5月16日の伊東祐立安堵状に、垂水社に宛てられた「日向国都於郡山田名之内市田寺務職之事、水田壱町」という手紙が残っています。この山田という地名が、邪馬台国の名残でしょうが、むしろこの都城盆地とその周辺一帯を開発した時に、山田と付けられた名前が国の名前に変わったものと考えてはどうでしょうか。邪馬台国はまさにここにあったのでしょう。この痕跡が地名としての「山田《やまだ》」に残ったということです。安本美典氏の著書では、邪馬台国という名前が地名として残っているとしたら、「山田」の可能性が高いと述べられています。まさにその通りです。

延暦23（８０４）年に成立した『止由気宮儀式帳《とゆけのみやぎしきちょう》』には、伊勢神宮の外宮《げぐう》の鎮座伝承として、天照皇太神が大長谷《おおはせ》天皇《すめらみこと》（雄略天皇）の夢に出てきて、「吾、高天原に坐《ま》して、見し覓《ま》ぎたまひし処に鎮《しずま》り坐しぬ。然れども吾一所にのみ坐せば、甚だ苦し、加え以て大御饌《おおみけ》も安く聞こし食さず坐す故に、丹波国の比沼《ひぬま》の真名井《まない》にます我が御饌都神《みけつかみ》・等由気《とゆけ》大神を我が許に欲しと誨《おし》へ覚し奉りき、その時天皇驚悟き賜ひて、即《すなわ》ち丹波国より行幸さしめて、度会《わたらい》の山田の原の下《しも》つ石根《いわね》に宮柱太知り立て、高天原に比木高知りて、宮定め斎《いつ》き仕え奉り始めき」という記事があります。

伊勢神宮の外宮での話ではありますが、度会の宮とは、豊受大神宮《とようけだいじんぐう》のことで、卑弥呼の宗族を受け継いだと思われる台与のことであろうと思われ、山田、高天原（高原）とここでも関係がある名前が出てきたことは興味深いものがあります。

中臣氏の「祝詞《のりと》」の「豊受の宮」の寿詞の中に「度会《わたらひ》の山田の原の下つ石《いは》ねにたたえごとおへまつる」とあり、外宮のある山田の地名は、日向国にあった時の地名が伝播したものと考えるのが素直でしょう。

また天照大神を祭る伊勢神宮は、伊勢の山田の原に鎮座の豊受大神宮《とようけだいじんぐう》をまつる外宮《げくう》を含めた125神社の総称であるように、天照大神、（伊勢神宮）、豊受大神、山田の原、高天原が一帯のものと古代の人々は認識していたようです。高天原が邪馬台国とすれば、山田の位置は邪馬台国の場所を探る上で非常に重要な位置になるでしょう。山田の地名のない場所に邪馬台国を求めることはできないと思います。その意味で都城盆地のほぼ中央に山田があるのは、非常に大きな意味があると考えます。

⑹ 天の金山

『古事記』の天の石屋戸の段で、「天の金山《かなやま》の鐵《まがね》を取りて、鐵人天津麻羅《かぬちあまつまら》を求《ま》きて」鏡を造ったという記事があります。この鏡は鉄鏡でしょうが、この金山は残念ながら都城付近ではなく、高千穂峰の高千穂河原で採れる鏡鉄鉱（赤鉄鉱）のことを指すことから、高千穂峰のことと思われます。

⑺ 天の邑君《むらきみ》と狭田《さなだ》・長田《おさだ》

高天原である都城盆地一帯は、天照大神が治めることを命じられた開拓地です。従って、土地の配分などの決め事が多く、邑君（村長）を決めるところから開拓を始めなければならなかったと思われます。縄文時代に人が少し台地の上に住み付き、弥生時代から徐々に人が各地に住むことになったようですが、まだあまり開けた土地ではなかったようです。

また狭田は、山田の地名にもなった迫田のことです。長田は、広い区画を取れる田畑のことですが、都城市の東側の三股町に地名として今も残っています。

ここから北に５㎞ほど行った山之口町（都城市）には、保食《ほじき》神社が残っています。開拓の始めに、稲をはじめ各種の作物の種を提供してくれたことを感謝し、為政者が建てたものでしょう。あるいは鎮魂のためでしょうか。

卑弥呼は、北九州から開拓民を招聘し、都城盆地や宮崎平野の開拓を行います。火山の噴火や、シラス・黒ボク土などの障害がありましたが、それを乗り越え都城盆地をはじめ、日向の発展を図った、実務肌の為政者のように思えます。

2 邪馬台国の場所

(1) 邪馬台国の場所

では、邪馬台国は都城盆地のどこにあったのでしょう。

都城は、南九州においては弥生遺跡が多い地域です。まず祝吉《いわよし》遺跡の間仕切り住居跡があげられますが、これは弥生中期後半から後期終末にかけての長方形をした竪穴式住居跡で、20棟ほどが見つかっています。この住居跡は、花弁式住居跡の変形したもので、ベッド状の遺構や間仕切りの突出部があります。これと同形式の住居跡は、都城丸谷《まるたに》でも見つかっています。また市街地の南には、高田遺跡があり、ここでも多くの竪穴住居が発掘されています。

この地域は、順路からして斯馬《しま》国と考えられます。邪馬台国は、この横にあるはずです。

江戸時代の『三国名勝図絵』には、「(霧島山の) 南のふもとに、都島、宮丸という地名がある。（中略）都島は、都城邑主《むらぬし》、第二代北郷讃岐の守義久が、永和元年（１３７５年）、都島に城を築き、あらためて、都城という。宮丸は、村名で、都城邑に属する。都島は、皇都の遺称であり、宮丸は遺名である。宮丸村および高原も、神代の諸尊の皇居の跡であって、都島は、その総称の残ったものであろう。これは『古事記』などに見える上古の高千穂の宮の遺跡である。」とあります。

また、「檍原《あわぎはら》より以東（西の間違い）の邑を都城という。神代の旧都であって、高千穂の宮を建てた霊域である。高千穂の峰は、檍原の上方に秀でて天半にそびえている。」ともあります（この訳は、全て安本美典氏の『邪馬台国は、その後どうなったか』から使わせて頂きました）。安本氏自身の文章として、「都城は、神代の旧都の伝承地であった」とありますが、その通りだと思います。

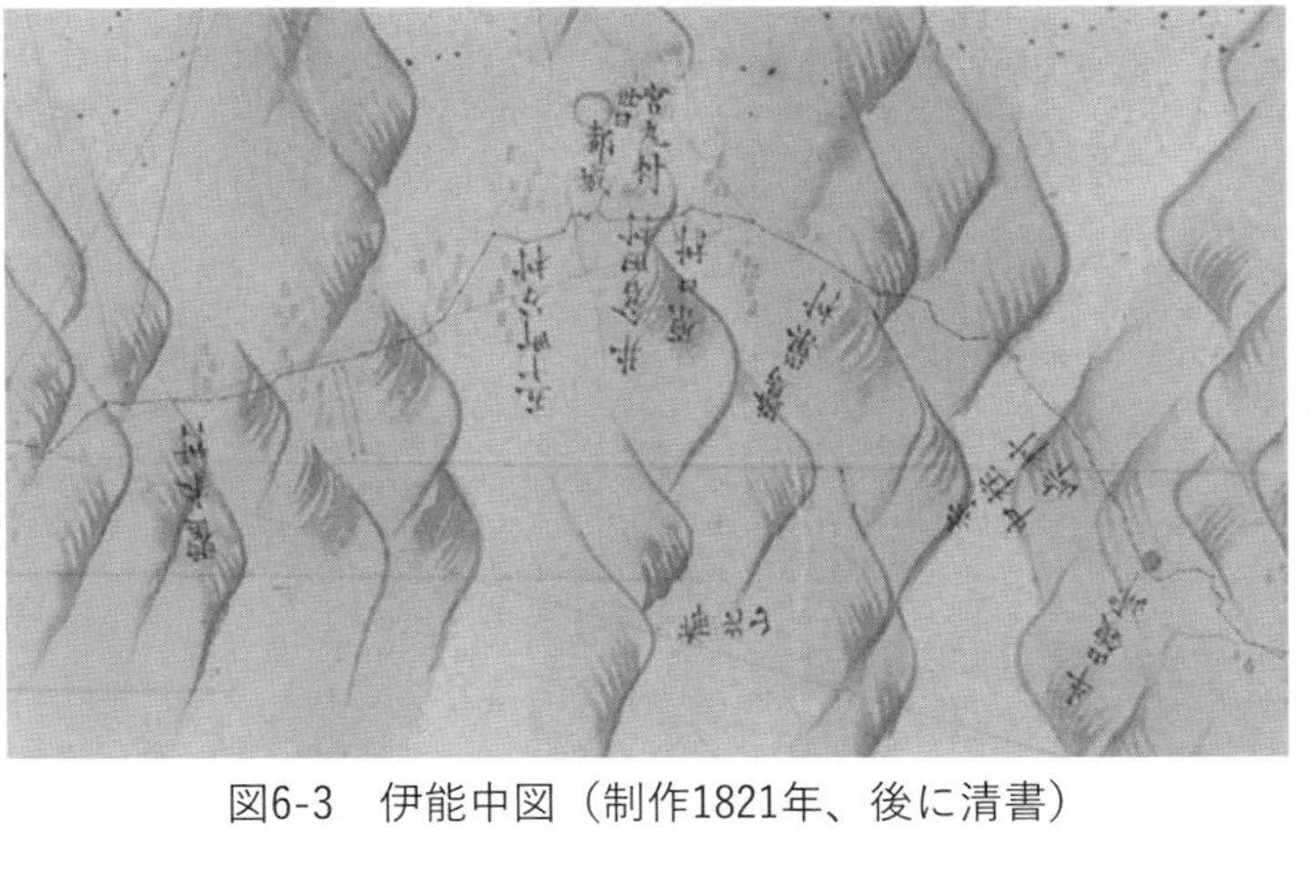

図6-3　伊能中図（制作1821年、後に清書）

この高天原（＝邪馬台国）の中心はどこでしょうか。条件は、『魏志倭人伝』の「南、邪馬台国に至る。女王の都とする所なり。水行十日、陸行一月なり。」として、大まかには帯方郡より南にあることが示されていて、これは明らかに南九州の地を指しています。

次にその地の状況として、「王となりてより以来、見《けん》有る者少し。婢千人を以《もち》ひ、自ずから侍る。ただ、男子一人有りて、飲食を給し、辞を伝へ、居所に出入りす。宮室、楼観の城柵は厳く設け、常に人有りて、兵を持ち守衛す。」とあります。

色々調べました。ここで面白いのは、邪馬台国は吉野ヶ里遺跡のような内堀、外堀を示す大きな溝というものがなく、おそらく台地状の平地での表現であるということです。

都城盆地の中で、そして斯馬国の横で探すと、見つかりました。都城市の西から東に流れる横市川を挟んだ、南の横市町と北の横市町の段丘状の台地です。

(2) 横市川両岸の邪馬台国

この地域は、「5坂元A遺跡」の、国内でも最古級と呼ばれる縄文晩期後半の水田跡が発見されています。整然と区画されたものではなく、水利施設も原始的なものでした。しかし水田が出来たことにより、最初この南側の丘陵地帯で竪穴住居が構築され人が住み着くとともに、北側の丘陵地帯にも発展していきました。

弥生時代になると、この両岸でより一層の住居の数が増え、掘立柱建物が構築されるように

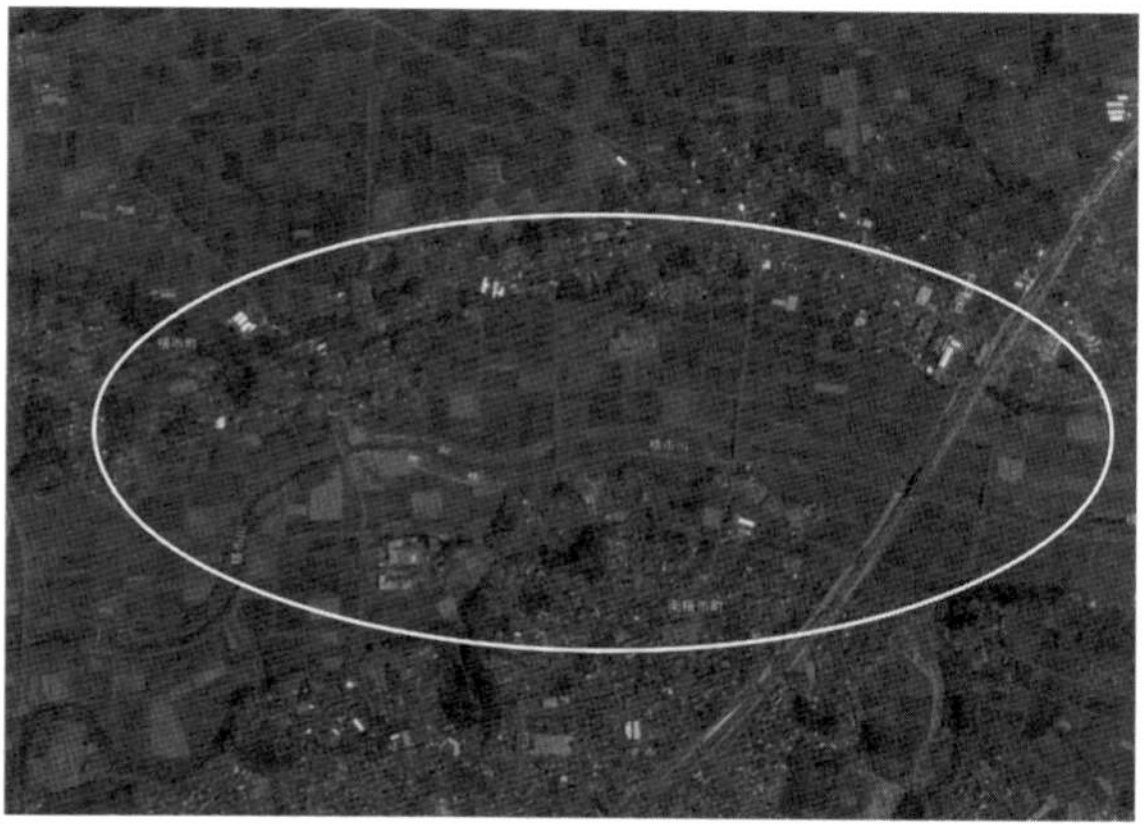

図6-4　邪馬台国の位置

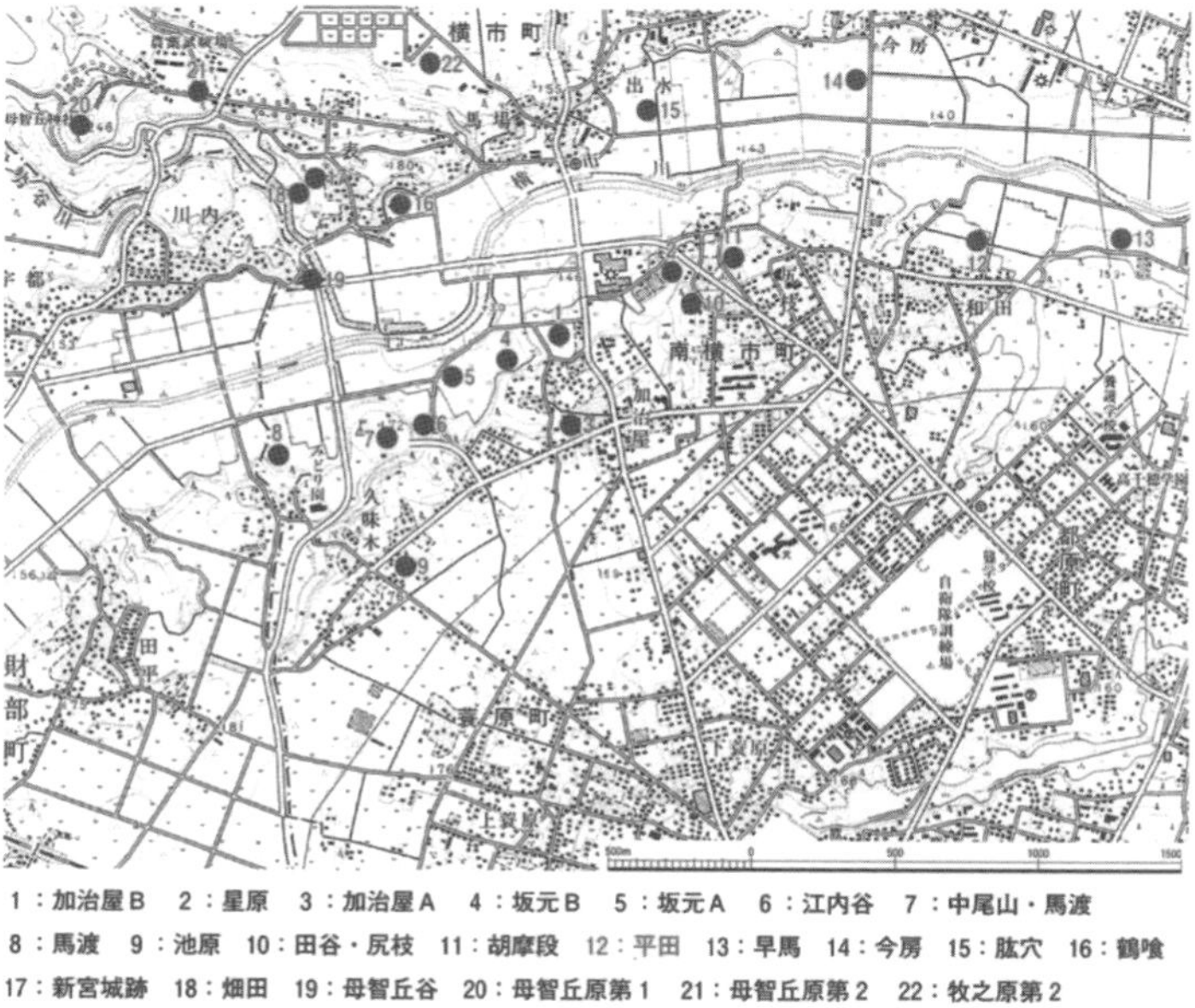

1：加治屋Ｂ　2：星原　3：加治屋Ａ　4：坂元Ｂ　5：坂元Ａ　6：江内谷　7：中尾山・馬渡
8：馬渡　9：池原　10：田谷・尻枝　11：胡摩段　12：平田　13：早馬　14：今房　15：肱穴　16：鶴喰
17：新宮城跡　18：畑田　19：母智丘谷　20：母智丘原第１　21：母智丘原第２　22：牧之原第２

図6-5　横市地区の遺跡分布図

なり、かなり人口が多い、大型の村が誕生します。そして弥生時代後期になり、卑弥呼が君臨するころになると、より一層の発展がなされます。当時の集落状況は、加治屋B遺跡、坂元B遺跡、馬渡遺跡、平田遺跡、今房遺跡、肱穴遺跡等で見られます。

一例として、平田遺跡のB地点遺構と今房遺跡のA区遺構を示しますが、竪穴住居が多数あり、小さな掘立柱建物がわずかですが、見られます。両丘陵地帯には、このような遺跡が散らばっており、この地域が国として、かなりの人口を有する都市的な地帯であったと考えられます。赤褐食の土器も多数出土しています。住居は、小規模な円形あるいは方形のものがありますが、規模が大きい「花弁式間仕切り住居」が多数みられ、裕福な家族が多くいたことが分

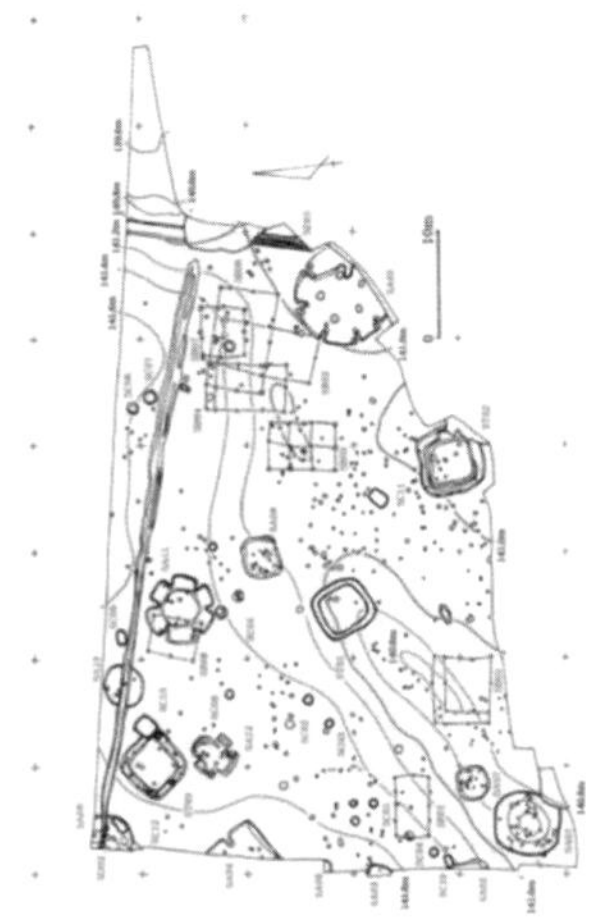

図6-6　平田遺跡Ｂ地点遺構

(2005、宮崎県都城市教育委員会報告書)

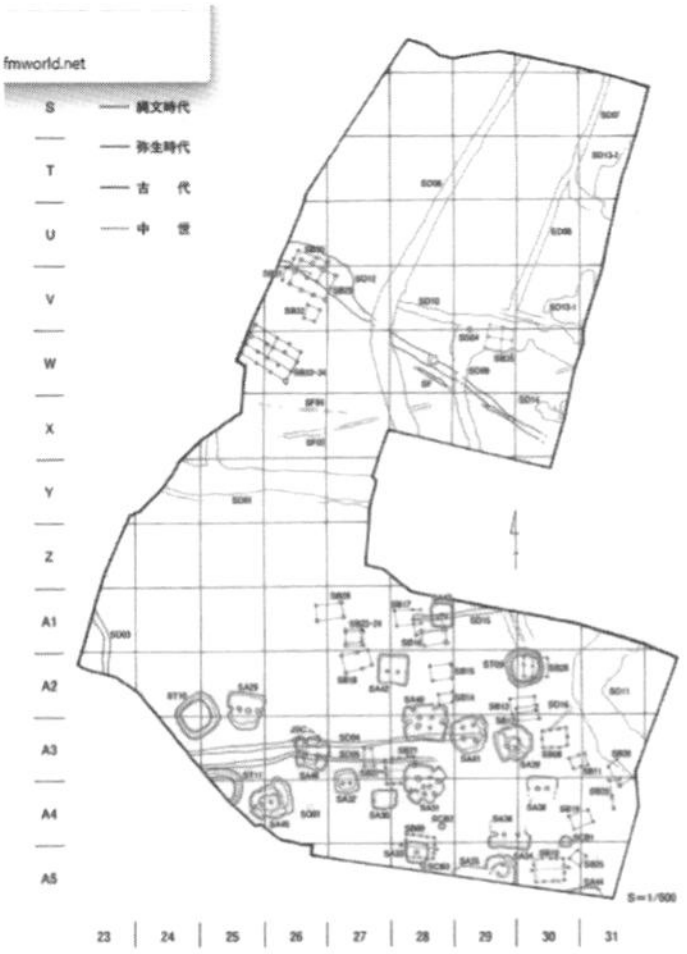

図6-7　今房遺跡Ａ区遺構

(2007、宮崎県都城市教育委員会報告書)

かります。肱穴遺跡では、木組状遺構も見られます。

残念ながら、現在宮殿と思われる大型の掘立柱建物は見つかっていませんが、現在の町の住居の下に埋もれている可能性があります。古代（古墳時代以降）の掘立柱建物は多数あり、この中に実は卑弥呼の時代の倉庫であったものも含まれているかもしれませんが、大規模なものではありません。まだ調査がされていない箇所も広く残っており、今後の発掘に期待したいと思います。

邪馬台国は、南は都城、北は高原町までの広範囲にあり、その中心は、当初この横市地区にあったものと思われます。恐らく、伊邪那岐《いざなぎ》と伊邪那美《いざなみ》の神が日向を開拓する際に、都城盆地のこの辺りから始め、現在の都城市街地付近、そして都城盆地全体、その後九州の中心部から北部へその版図を広げていったのではないでしょうか。

図6-8　南側丘陵（西側）

最初のステージで、都城市の中心へと拡大し斯馬国を飲み込み、その両地域が中心・核になり、都城盆地全体を邪馬台国とする一つの地域になったものと考えます。

宮崎の海岸線に生まれた卑弥呼が、この伊邪那岐《いざなぎ》と伊邪那美《いざなみ》の神に命じられて都城盆地を高天原として西暦180年頃に支配するようになります。しかし当時は、国としての形はあったものの、「邑君《むらきみ》（村長）を定めた」ようなレベルであったため、それを苦心して整備していき、九州を女王国と呼ばれる程の国として成長させた手腕には、素晴らしいものがあります。

3 卑弥呼

『魏志倭人伝』の中に描かれている卑弥呼像から出来る限りその実像に迫りたいと思います。

(1) 卑弥呼の意味

この時代の卑弥呼の呼び方としては、「ぴみか、ぴめか」というのが近いでしょうが、時の変化で「ぴ」が「ひ」、「か」が「こ」に変化し、私達の理解しやすい言葉「ひみこ、ひめこ」になっていったものでしょう。

新井白石は、『古史通或問《こしつうわくもん》』の中で、卑弥呼を「日《ひ》の御子《みこ》」であるとして「日御子」ではないかとしています。また『肥前国風土記』には、「弟日姫子《おとひひめこ》」あるいは「弟日女子《おとひひめこ》」の名前が見られます。『旧事本紀』の「天孫本紀」には「比め古《ひこ》」と呼ぶ例もあります。「日の巫女」という呼び名もよく耳にしますが、卑弥呼を巫女にまで貶めるもので賛成できません。原田常治氏は、その著『古代日本正史』の中で、卑弥呼は伊勢神宮に「大日霊女貴尊《おおひるめむちのみこと》」として祀られている「天照大神《あまてらすおおかみ》」ではないかとしておられます。

「邪馬台国の会」第340回での安本美典氏の記述に左記のようなものがあります。

◇『播磨国風土記』では、「蚕《かいこ》」のことを、「蚕子《ひみこ》」といっている。「蚕《かいこ》」のことを古語で、たんに「蚕《こ》」ともいうが、養蚕や機織《はたおり》には、女性がたずさわることが多いので、「蚕子(姫子)」といったのであろう。

◇「姫子」「比咩古」の音は、いずれも、「ひ(甲)め(甲)こ(甲)」であって、「卑弥呼」の音に一致する。「姫子」は、古典にあらわれるひとつの熟語として、「卑弥呼」と完全に一致する。「卑弥呼」が、「姫子」であるとすれば、「姫」という語に、愛称または尊敬の「子」がついたものであろう。

これは私が25年前より述べていたものと同様の内容です。しかし、この名前には深い意味が含まれています。

⑵ 卑弥呼は天照大神

安本美典氏は、その著『邪馬台国は、その後どうなったか』で卑弥呼と天照大神が一致するとして、その理由をいくつか挙げています。

①ともに女性である。
②ともに宗教的権威をそなえている。
③ともに夫をもたなかったようである。
④ともに弟がいた。
⑤ともに宮殿には、男性一人が出入りしていた。
⑥卑弥呼が戴いた「親魏倭王」の「倭」は、大和王朝は人物が用いていて、それを代表するものである。

その他にも理由があるようですが、卑弥呼と天照大神は同一人物として良いでしょう。

卑弥呼は天照大神のことであると同じ安本美典氏が述べておられますがその通りでしょう。「卑弥呼」は職業的な名前ではなく、本名ではなかったかと思います。蚕の呼名を「蚕子」あるいは「姫蚕」と書いて「ひめこ」といいますが、この言葉が本名ではないでしょうか。この言葉は近年まで地方には残っていたと言われています。蚕の背面にはX形や∧形の斑紋があり、狭い意味ではこの斑紋がない種類を「姫蚕」と呼びますが、一般的には「蚕」で十分でしょう。『日本書紀』には、高天原の話として「また大神（天照大神）は口の中に、蚕の繭をふくんで糸を抽くことが出来た。これからはじめて養蚕が出来るようになった」とあります。

口から糸を出して見せ驚かせている、悪戯っぽい乙女の顔が浮かんできますが、書紀の作者は時の権力者からの真相を隠すように改ざんを指示される中で、卑弥呼が天照大神である重要な真相を伝えようとして暗示している可能性が高いと思います。

狗奴国の王「卑弥弓呼」は、前述したように蚕（桑）に関する「弓《ぐ》」の字を加えて、男性の王の身分を得た人物であることを表していますが、逆にこの字は、卑弥呼自身も蚕に関する名前であることを証明してもいます。

神に捧げる衣服を「神御衣《かんみそ》（おんぞ）」と呼びますが、これは特別な巫女のみが織ることが出来るものです。これは天照大神が自分の衣服を作っていたことに由来しており、その頃は庶民と似て自給自足の生活をしていたことを表しています。現在の伊勢神宮も、この自給自足の考えを引き継いでおり、儀式の意味を知るキーワードでしょう。

⑶ 先蚕儀礼

古代の中国の王朝が重視した儀礼に、「先蚕儀礼」というのがあります。これは、一連の国家儀礼の一つで、民に養蚕を教えた人物（先蚕氏）を祭る儀礼です。この儀礼の大きな特徴は、ほぼ全ての祭祀を皇帝が行うのに対して、唯一の皇后主宰を原則とする祭祀であるという点です。左記の文章は、新城理恵氏の「先蚕儀礼と中国の蚕神信仰」を参考にしています。卑弥呼が名前を「姫蚕」と名付けられた理由となるでしょう。

先蚕儀礼は「蚕」と「桑」と「祀先蚕」の三つの要素で構成されています。

『周礼』巻2「天官」内宰条：二月，詔して，后は女官と諸侯の夫人を率いて北郊で養蚕を始め，祭服を作る。

『礼記』巻5「月令」：三月，后妃は斎戒して東に向かい，自ら桑を摘む。（養蚕に従事する）婦女の身を飾ることを禁じ，他の仕事を省いて蚕事に専念させる。蚕事が成ると，繭を繰り，出来高を調べ，郊祀，宗廟の祭服に提供し，みだりに怠ったりしないようにする。

『礼記』巻14「祭統」：王后は北郊で養蚕し，祭服を提供する。夫人は北郊で養蚕をし，祭服を提供する。

これらは、「農は天下の元」という考えにおいて、皇帝の親耕と皇后の親桑とは、歴代王朝で推進された勧農政策の一環として始められたもので、皇后の被服管理は王朝行事の重要な要素であったと考えられます。

『礼記』巻14「祭統」：夫人は北郊で養蚕をし，祭服を提供する。三宮の夫人，女官を占って，吉となった者を蚕室で養蚕に入らせる。蚕の種を奉って，川で沐浴し，公桑で桑を摘み，風で乾かして，これを蚕に与える。

卑弥呼は、将来重要な国の皇后としての役割を担うことを期待されており、そのため姫蚕《ひめこ》という名前を付けられたものと考えられます。日本においても、現在の皇室でも御養蚕が行われており、当時皇后であった美智子さまが紅葉山御養蚕所で春から夏にかけてたずさわっておいでででした。

庶民の服装は貧しかったですが、その中で禾稲《かとう》（＝稲）、紵麻《ちょま》（＝麻）を種《う》え、蚕桑《さんそう》（＝蚕を飼う）緝績《しゅうせき》（＝絹を

図6-10　曾参の母の織機図

図6-9　漢代織機復元図

（橋本敬造「漢代の機械」『東方学報』1974年より）

織る）し、細紵緜縣《さいちょけんめん》（麻布と絹布）を作ることをしていました。そしてそれらが「班布二匹二丈」として貢物になったのでしょう。前頁に漢代の織機の復元図を示しますが、当時の邪馬台国にも既に入っていたと思います。

この邪馬台国で織られた絹布は、北九州に送られ族長間の融和、そして宮崎に人々を移住させることに使われたと思います。

『日本書記』に「『稚日女《わかひるめ》』が機殿で、神衣を織っておいでになった。須佐之男尊は、それをみられて、まだら駒の皮を剥いで、部屋の中に投げ入れた。稚日女尊は驚かれて機から落ちて、持っていた梭（ひ）で身体を傷つけられて死なれた」という記事があります。

この稚日女は、天照大神の妹といわれ「大日女《おおひるめ》」という天照大神の別称と同じ名であることから、次の女王として期待されていた女性であり、亡くなられたため卑弥呼は長大といわれるまで長生きしなければならなかったと思われます。

また卑弥呼がいることにより、人々が宮崎を「ひめか」の国と呼ぶ習慣となり、これが通音の「ひむか」に変化した時点で、国名の「日向」になったものと思われます。

⑷ 鬼道とは

『魏志倭人伝』では、卑弥呼が「鬼道を事とし能《よ》く衆を惑わす」とあります。これはなんでしょう。『日本民族文化資料集成6「巫女の世界」』の中で、下野敏見氏は「南九州のシャーマニズム」と題して「巫女」について、「南九州ではシャーマンのことを、トイダシドンとかカンサア、ミコサンなどという。トイダシドンはクライアント（Client）に憑いた悪霊を取り出す呪術師の意味で、おもに薩摩半島でいい、カンサア、ミコサンは大隅半島でよく用いる」とし、「召命型が多く、世襲型は少ない」としている。つまり、皆から望まれて巫を行うというものです。

　私はこれだけではなく、種子島の民間に残る「物知り婆《ばあ》」や「巫女婆」と呼ばれる「物知り」の要素があるのではないかと考えています。これは自分自身が神を感じ、その地域の人々の相談役を果たす巫女のことです。この人々との相談に的確に応える能力に加えて、北九州からの人々の移住や噴火後の復興、紛争解決、海外との交渉などを企画しまとめる力を持ちえたために、卑弥呼は国の頂点に立つことが出来たのでしょう。

　古代の九州では、景行天皇が岩瀬川のほとりで会った諸県君泉《もろがたのきみいずみ》媛や、『続日本紀』での薩摩の南島に出向いた時に会った、女性のまじない師の、薩摩の比売《ひめ》、久売《くめ》や波豆《はず》などが、そのような女性であったでしょう。

　沖縄には、聞得《きこえ》大君《おおきみ》という最高の巫女がおり、戦闘に参加することもあったと伝えられています。『日本書紀』には、須佐之男尊《すさのうのみこと》が高天原に昇ってくる時に、国を奪いにくるのでは、ということで、天照大神が「髪を結いあげ巻きつけ、背には矢入れ、腕には、立派な高鞆《たかとも》をつけ、弓弭《ゆはず》を振り立て、剣の柄を握りしめ、地面を踏み抜いて、土を雪のように踏み散らして、勇敢な振る舞いときびしい言葉で素戔嗚尊を激しく詰問された」という記事があります。聞得大君とよく似ているようです。

これは後で述べますが、南九州の女性の武へのたしなみ・鍛錬が日常的であったことを示しています。

⑸ 卑弥呼の生誕

卑弥呼は、伊邪那岐尊と伊邪那美尊が共に議《はか》りて、「吾已《われすで》に大八洲《やしま》国及び山川草木を生めり。何《いかん》ぞ天下《あめ》の主者《きみたるもの》を生まざらむ」として、「日の神を生みまつります。大日孁貴《おおひるめむち》と号す」とあるように、この両親から生まれます。

しかし一書では、伊邪那美尊が亡くなり、伊邪那岐尊がその亡くなった体を見たことに伊邪那美が怒り、泉津比良坂《よもつひらさか》での逃亡劇の後、阿波岐原で禊をし、そこで生まれたことにもなっています。この記事に「左の眼を洗った時に天照大御神が生まれ、右眼を洗った時に月読命《つくよみのみこと》が生まれ、次に鼻を洗った時に素戔嗚尊が生まれた」とあります。これは、中国の『五運歴年記』に類似の話として、「左眼為日（左目は日となり）、右眼為月（右岸は月となる）」が載っており、そこから来たものでしょうが、その時は母が不明となります。これは困ったものですが、いずれにしても父親は伊邪那岐尊でしょう。

谷川健一氏の『古代海人の世界』に、沖縄などの「南島では、旧三月三日をサニツと呼び常世の国から押し寄せる波をかぶって身を洗い、魂の若返りを願う行事が今も続いている。『垂仁紀』二十五年には、天照大神が倭姫に誨《おし》えて、『是の神風の伊勢国は、常世《とこよ》の浪の重浪《しきなみ》帰《よ》する国なり』と告げたとある」ことが述べられています。海の横で育ったので、海のことをよく知っていたのでしょう。

卑弥呼の顔は、どのようだったのでしょうか。高原町の旭台から出土した人骨を長崎大学で肉付けし復元した、古代日向人の１４００年前（西暦６００年頃）の素顔を紹介します。非常に素朴な感じがしますが、実際は映画で見るような岩下志麻さんや吉永小百合さんのような美人ではなく、このような純朴な少女だったでしょう。

持統女帝は巫女的性格が強く、自分の姿を天照大神になぞらえていたのではないかと言われています。この女

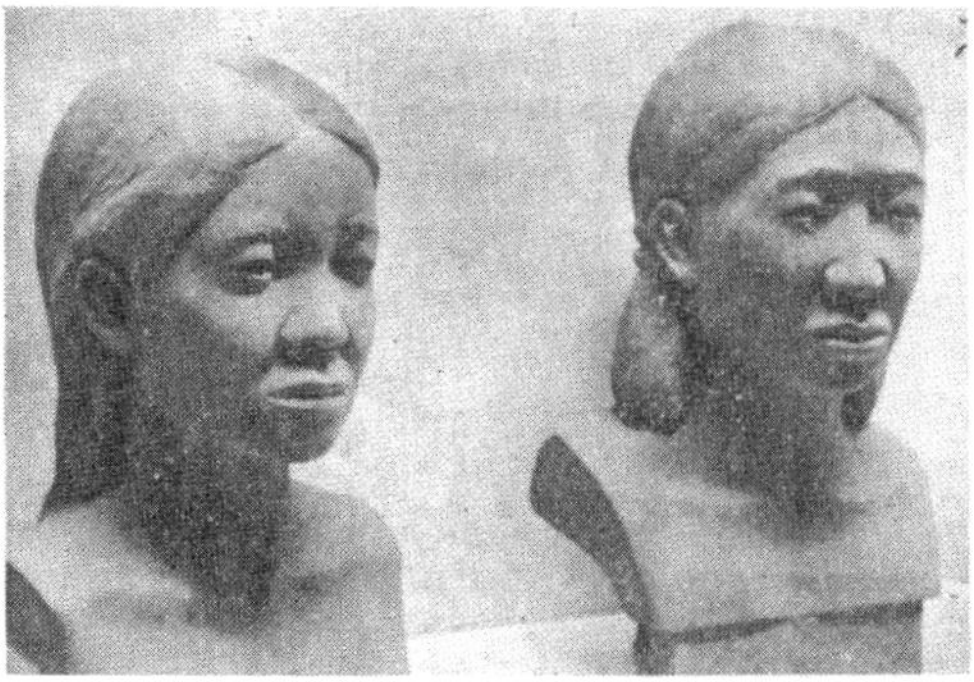
復元された古代日向人の素顔（右が男、左が女）

図6-11　古代日向人の復元図

（『高原町文化財』昭和57年３月発行より）

帝が即位6年目に、このことを知っていて三月三日にぜひ伊勢行幸をしたいと望み、高市麻呂《たけちまろ》の反対を押し切って強行したことがあります。

このことから、間接的にではありますが、天照大神が宮崎の海で育ったということを思い浮かべることは可能でしょう。

宮崎の海辺、阿波岐原《あわぎはら》で育った後、伊邪那岐の尊から高天原を治めよ、つまり開拓せよと命じられて、高天原に向かいます。この時の話がそれ以上ないということは、高天原が阿波岐原に近い位置にあることを表していて、その場所が都城盆地でした。

この都城付近は、現在の桜島や高千穂の峰などからの火山噴出物が堆積したシラス台地であるため、保水力や肥料の保存力が弱く、雨による崩壊が激しいところです。切土面は、安定上、垂直に近い方が良いとされています。そのため現在も都城盆地は、水田より畑が多く、サツマイモやお茶、野菜などが栽培されています。黒色をしたボラ土が多く、開拓するには根気が必要だったと思われます。メリットは、地下水が豊富にあったことでしょう。

この開拓のことが、『日本書紀』の月夜見尊《つくよみのみこと》と保食神《うけもちのかみ》の話に出てきます。

「葦原中国《あしはらのなかつくに》に保食神《うけもちのかみ》がいるということで、月夜見尊が天照大神に命じられて様子を見に行った。保食神とは穀物やその農業を掌る神で、開拓地ではぜひ必要な神だったのでしょう。

そこで保食神が接待をしたのであるが、口から様々な食物を出すのを見、月夜見尊が『口から吐き出したものを、わざわざ食べさせようとするのか』と怒り、その保食神を撃ち殺してしまった。天照大神は、それを聞き非常に怒り、世界を昼と夜に分け居所を別々にしてしまわれた」

都城付近は、基本的には熊襲の地域でした。最初伊邪那岐が融和を図り、そのため乗り込んだ卑弥呼もそれ以上に努力したと思われます。特に、その後、須佐之男尊の乱暴に対して怒り、天の岩戸の出来事が起こりますが、偶然的に発生した火山灰の堆積の影響で、不作が続いたと思われます。

卑弥呼が邪馬台国連合と呼ばれる九州の地域に君臨できたのは、火山灰からの都城盆地の復興は勿論ですが、争いの続いた北九州から広い土地を与えて人々を南九州に移住させ、貧困から発生した大乱を止め、同時に南九州を発展させることに成功したためと考えられます。

４ 邪馬台国の登場人物

『魏志倭人伝』の中には、いろいろな方々の名前が挙がっていますが、それらの人物の特定には難しいものがあります。しかし出来る限りそれに迫りたいと思います。その中には、官職名として捉える向きもありますが、大半は人名と考えています。

⑴ 伊支馬《いきま》

「伊支馬」については、「活目《いくめ》」と呼び、『日本書紀』の神代上の巻の一書《あるふみ》の第三に、天照大神と素戔鳴尊《すさのおのみこと》が誓約《うけひ》を行い出来た7番目の子供に「活目津彦根の命《いくめつひこねみこと》」の名があり、この人物に該当します。

谷川健一氏は、たたらの神に「天目一箇神《あめのまひとつのかみ》」がいますが、これは山鹿の説明でも述べましたが、鍛冶をする際に片目を痛めたり、あるいは作業時に片目を閉じることから来ているとされています。この「目」が鍛冶を象徴するというものです。

そのことから、「活目津彦根の命」の諡名《おくりな》が「天津日高日子火々出見尊《あまつひだかひこほほでみのみこと》」であることは、「火々出見」が鍛冶を意味していることと関係が深いと思われます。

宮崎市の中央を流れる大淀川が大きく蛇行した西側に生目台団地があり、そこに生目《いくめ》の地名があります。ここには宮崎市でも大きな部類に入る生目神社があり、近くには大塚古墳群や生目古墳群があります。特に跡江の丘陵にある生目古墳群には、宮崎市で最大規模の前方後円墳である全長136mの生目1号墳から始まり、全長143mの生目3号墳など、現在判明しているだけで八つの前方後円墳があります。

このうち生目1号墳は、西暦280年ごろの構築と推定されています。そうすると、前述の天照大神の子供の「活目津彦根の命」とすれば、年代的に合致しますので、「伊支馬」である可能性が高いと思われます。後に述べますが、近くの瓜生野では、褐鉄鉱が採取されますので、この製鉄に携わっていたのでしょう。

　この伊支馬《いきま》という名前は、一支《いき》国の名前に通じることから、一大率として一支（壱岐）の一大国の範囲を統率していた人物かもしれません。その場合、少し後に述べるように、邪馬台国は弥馬升《みなつ》としての高皇産霊尊《たかみむすびのみこと》が指揮を執っていたものと思われます。

⑵ 伊声耆《いせき》

伊邪那岐の尊が檍原《あわぎはら》で禊をされた所として、元加江田村という所に加江田伊勢神明宮がありましたが、寛文２（１６６２）年の地震で近くの海辺は沈没しました。この地域は生目古墳群がある跡江と同様に、伊勢という地名で呼ばれていました。この近くの豪族ではなかったでしょうか。

　当時は、「伊邪《いざ》」から「伊勢《いせ》」に音が変化する時期でしたので、その地名が名前に付けられたのでしょう。

⑶ 弥馬升《みまつ》、弥馬獲支《みまわき》

古代の人名は、普通地名に呼び名が付くことが一般的であったと思われます。そこから二人の人名をみると、地名の「弥馬《みま》」と呼び名の「升」と「獲支」に分かれます。

「弥馬《みま》」は、『延喜式』でいう「水俣《みまた》（みにまた）駅」と関連がありそうです。駅馬５疋を置いた所で、現在の都城市の山之口町付近にあてられます。明治の後、この山之口町と都城市の間に三股町が出来ましたが、これは水俣が変化した地名です。水俣駅は都城市のすぐ東側に位置しており、宮崎に向かう国道269号の文字通り山の口にあります。

この付近には、都城市内に高木町、その東北に高城町《たかじょう》があります。もともと「たかぎ」と呼ばれている地域だったと思われます。私はこの「弥馬升《みまつ》」という人物は、「高皇産霊尊《たかみむすびのみこと》」別名「高木《たかき》の神」ではないかと考えています。この人物は、江戸時代は「大樹公」と呼ばれるほど優れた政治手腕を持っていた人物で、『記紀』をみても高天原の一切を取り仕切っていたことで有名です。「命令神」というあだ名もあり、卑弥呼の愛人ではないかとの噂もあります。

天照大神の子供の活目津彦根の命を補佐し、同時に次官としての位置にいたのでしょう。

古記録には、高木主水という人物が山之口町の南方神社を氏神にしていたという言い伝えの他、南北朝期に肥後菊池市の氏族高木久家が三股院にいたことが伝えられています。一説には、日向国造の子、諸県郡諸井の子大建《おおはな》（夷）持命《もちのみこと》は三股連となり、その子孫の中に高木（高城）氏と称するものがいたとも伝えられています。この人物は、自分を高木の神の子孫だと言っていたとも伝えられています（『〈宮崎〉県史蹟調査、国富の部』より）。

高城町に高城《たかき》神社があり、高皇産霊尊《たかみむすびのみこと》を祭神としています。この高皇産霊尊を祭神とする神社は対馬などにみられますが、京都の吉田神社や皇居の神殿に造化三神として祀られており、京都では重要な神となっています。

但しこの高城神社の祭神については、明治の元勲岩倉具視《いわくらともみ》が明治3（1870）年に島津斉彬に神号を贈るために鹿児島に来たその帰りに、東霧島《つまきりしま》神社の帰属問題のために、この高城に寄った際の出来事が深くかかわっており、軽々に判断ができかねるところがあります。

東霧島神社は、元々は高城郡の飛び地として高崎郷にあったが、郷村の統合再編の余波で高崎郷の区域に入ることになりました。このため高城郷の住民の悲嘆は大きく、この地域の重要課題になっていました。この解決のため、わざわざ明治3年の大晦日に岩倉具視が最高の賓客としてこの地を訪れることになります。この後の経緯は、高城町史に詳述されていますので、それを以下に記します。

「1月2日早朝、元地頭仮屋を出発した岩倉は、諏訪馬場を通って石山に向ったとき、片山集落の入口でにわかに小憩を命じた。道ばたに風雨に破れた小さく祠堂があった。輿から下りた岩倉は、随行者に荒れた祠堂の格子扉を開けさせて、堂内の柱にあった浮彫りに視線を凝らした。朽ち損じてはいたが、浮彫りは明らかに菊花の紋章であった。岩倉は驚きの声を発して深々と奉拝し、振り返ってこの小社の由来を問うた。しかし根占家の氏神社であるほかには、答え得る者は誰もいなかった。

天皇家ゆかりの十六菊花紋が、僻遠の祠堂に刻みこまれていたということは、稀有のことであり、岩倉にとっても、郷内諸役職者にしても、まったく思いもかけない発見であり奇跡でもあった。――もったいないこと、篤く崇めて斎き祭れと――との言葉を残して、岩倉は再び輿の上の人となった。

この後タカキと高城は同音となるので、高城郷の郷社として片前の小社を新築遷宮するに際し、祭神は高皇産霊尊とし、神社名を高城《たかき》神社と定められた。遷宮祭は明治5年に盛大に行われた。」

謎の多い出来事です。結論としては、高皇産霊尊が活躍されたこの地にこの神を祭った神社を設けたいという、皇族関係の意向があったのではないでしょうか。

谷川健一氏は、『青銅の神の足跡』の中で、この神が壱岐島の田河《たがわ》郷にある高御祖《たかのみおや》神社でも祭られていて、壱岐が本拠地ではないか。もしかしたらその出自が朝鮮半島にあるのではとの意見を述べています。もしそうだとしたら、「弥馬《みま》」という言葉が「任那《みまな》」との繋がりも出てきそうです。

「弥馬獲支《みまわき》」は、この一族の一人でしょう。高皇産霊尊の子供に、「思金の神《おもいかね》」（思慮の神）や「太玉命《ふとたまのみこと》」がいますが、この内のどちらかでしょう。

崇神天皇は、「御間城入彦五十瓊殖天皇《みまきいりびこいにえのすめらみこ》」の名前を持つため、この「みまき」について任那から来たのではないかという解釈が多いですが、私は、日向の「水俣」の「みま」から来たものと考えます。

⑷ 奴佳鞮《なかて》

奴佳鞮は、弥馬獲支と同じく地名と呼び名に分けられます。「奴佳《なか》」が地名、「鞮《て》」が呼び名でしょう。「奴佳《なか》」は「那珂郡《なか》」のことで、宮崎市周辺の古い呼び名でしょう。「て」は、『記紀』や風土記の中に散見される「手」と解釈できると思います。「八嶋手《やしまで》の命」や伊都の県主の祖「五十迹《いとで》」など数多くみられます。

⑸ 難升米《なしめ》

この名前も、奴佳鞮と同じく、地名の「難《なん》」と「升米」に分けられるでしょう。「難」は「奴」と同じ地名、「那（珂）」からきていると思われますが、その人物名は分かりません。『後漢書』の巻八十五の「東夷列伝」倭の条に、「建武中元二年（57年）倭奴国奉貢朝賀す。使人自ら大夫と称す。倭の極南界なり。光武帝、賜うに印綬を以ってす。」に出てくる「倭奴国」は、極南界と明記されていますので、この宮崎県の那珂郡のことでしょう。

宮崎県の南端に串間市があります。ここから王に与える「穀壁」が出土し、国宝に指定されています。この地域は以前から進取の気性があるところで、各地に那珂という地名を残しています。その長年築いた経験から、外交のプロとして、この大夫が中国への朝貢を主導したのかもしれません。

⑹　都市牛利《たじごり》

この名前も、地名の「都市《たじ》」と呼び名の「牛利《ごり》」に分けられます。「都市」は、佐土原町の田島に比定される「都支《たし》国」の豪族ではないでしょうか。内藤湖南氏は、「牛利」を『旧事本紀』にみえる「出石心《いづしこり》」ではないかという説を立てていますが、これはその通りと思われます。『日本書紀』の神代上に、「田心姫《たこりひめ》」と呼ぶ例があります。

⑺　載斯烏越《そしうお》

この名前は、朝鮮系統の名前で「載斯《そし》」が姓で、「烏越《あお》（うお）」が名と思われます。

韓国語で、高・上・大・首位など高い状態にある言葉に、「ソル」や「ソッ」がありますが、「載斯」の「そ」は、この言葉から来ているように思えます。新羅は、古くは「ソヤブル」「ソナブル」あるいは「ソブル」と呼ばれていましたが、首都の「ソウル」はこの「ソブル」から来ているようです。「ソウル」は「ソ＋ボル」で、大きな村という意味ですが、「ソ」の一字で都を表すこともあります。

須佐之男尊《すさのうのみこと》が高天原を追い出されて、新羅の「ソシモリ」に行っています。その「ソ」には「牛」という意味もあり、須佐之男尊が八坂神社に牛頭天王《ごずてんのう》として祀られていることに通じるものがあります。

「烏越」については、「身狭《むさ》の村主《すぐり》、青《あお》」という名前が、『日本書紀』の雄略紀に載っていることから、安本美典氏は、『卑弥呼は日本語を話したか』に、『烏越』も『青《あお》』という名前で、朝鮮半島出自の帰化系漢人の文人ではなかったか。」としています。別な箇所では「魚《うお》」の意味もありうるとされていますが、私は「烏奴国」が「うなこく（大野）」につながっているように、「魚《うお》」の方に賛成します。

後の空海（弘法大使）の幼名を「真魚《まうお》」と言いますが、日本ではこの時代の後も、自然の生き物を名前にすることが一般に行われていたようです。いずれにしても、渡来人として行政にあたっていたのでしょう。

⑻ 台与《とよ》

天照大神（卑弥呼）が亡くなり、「更に男王を立てしも国中服さず。更に相誅殺《ちゅうさつ》し当時殺すもの千余人なり。復た卑弥呼の宗女《そうじょ》の台与《とよ》、年十三なるを立てて王と為し、国中遂に定まる」ことになります。

歴史の研究者のなかには、天照大神が天の岩戸の後、それ以前と性格を異にしているようだということで、天の岩戸後の天照大神をこの台与に充てる説を唱える人がいるようですが、これには賛成できません。

平安時代、皇族は年が13歳になると官給されていた乳母から離されます。また南洋諸島では、女性が13歳になると初潮が始まるとして成人扱いとなりますが、これはこの台与の即位の年齢と関係があるかもしれません。大人になるその年まで待ったのでしょう。

⑼ 掖邪狗《えやく》

この名前の「掖《え》」は、薩摩半島の南部の頴娃《えの》郡の出身と思われます。投馬国を代表する豪族として、邪馬台国に務めていたのでしょう。

第7章　卑弥呼の墓

1 卑弥呼が死に至る経緯

『魏志倭人伝』では、狗奴国との戦いを有利に進めるため、邪馬台国は使者を魏の都洛陽に派遣し、色々な工作を行ったようです。その結果「其の八年、太守、王頎が官に到る。倭女王、卑弥呼は狗奴国王、卑弥弓呼《ひめくこ》と素《もと》より和せず、倭、載烏越等を遣わし、郡に詣り、相攻撃する状を説く。塞曹《さいそう》の掾史《えんし》、張政等を遣わし、因って詔書、黄幢を齎《もたら》し、難升米に拝仮し、檄を為《つく》りて之を告喩《こくゆ》す。卑弥呼以って死す。冢を大きく作る。径百余歩。徇葬ずる者は奴婢百余人。更に男王を立つ。国中服さず。更に相誅殺し、当時、千余人を殺す。復《また》、卑弥呼の宗女、壱与、年十三を立てて王と為す。国中遂に定まる。政等は檄を以って壱与に告喩す。」とあります。

「檄」とは、「仲間を集めるためのふれぶみ」のことで、「告喩」とは、「広く一般人民に告げさとす」という意味です。恐らく邪馬台国の役人、兵士、一般の人々へ、宮殿内の広場に集まるようにお触れが出され、人々が集められたと思います。そこに一人の男子に手を引かれ、年老いた卑弥呼も出てきたと思います。そして、帯方郡から派遣されている役人の張政らが、皆の前で邪馬台国の至らないさまを激しい言葉で叱責したのでしょう。卑弥呼はそれで全てを悟ったと思います。

この死の原因については諸説ありますが、既に八十を過ぎる老婆となっており国の最高指導者として全ての責任を持ってことに当たっていたことから、狗奴国との戦を有利に進めることが出来ず、檄まで作られ告喩されたことにより、その責めを負い、身を退けることに何のためらいも無かったと推察します。多分服毒し、それで一生を終えたと思います。西暦247～248年でした。

2 卑弥呼の墓の場所

(1) 発見にいたる経緯

卑弥呼の墓の場所については、今まで恐らく日本国中の邪馬台国候補地のなかで探されたと思います。しかし、径100余歩（魏の145m）の大きさがあり、殉葬された人々100余人の墓が併設している古墳としての遺跡は、見つかりませんでした。

しかし、ここに不屈の研究家がいて、その想像を超えた長期間にわたる努力により、その場所が判明しました。卑弥呼（天照大神）が生まれ育った、宮崎県（日向の国）の宮崎市から車で20分ほど行った瓜生野《うりゅうの》と呼ばれる場所です。

このすぐ近くには、最大の全長143mの生目3号墳を有する生目古墳群や下北方古墳群の多数の前方後円墳や円墳、そしてこれも多数の地下式横穴墓などが存在しています。しかしこの数でも大変ですが、特に戦後の農地造成事業で多数の古墳が破壊されており、実際は現在の数倍はあったのではないかと言われています。

例えば生目古墳群は終戦後番号が付けられましたが、昭和33〜39年の農地造成事業で、33番まであったのが23番に減っています。昭和37年に、他の円墳（60基と言われています）ともに、200m級（前方後円墳）と150m級（形式不明）が消滅しています。宮崎県の他の地域でも破壊が行われているため、宮崎県の考古学が遅れている大きな原因となっています。

この研究家は、日高祥《しょう》さんと言います。上北方に住んでおられます。子供の頃から古墳が農地造成事業で破壊されているのを見てきて、古墳だけでなく出土した土器やその他の遺物もなくなり忘れさられようとしていることに憤りを感じ、数十年の長きにわたり、こつこつとそれらや趣味の化石を含めて収集してこられました。

以下は、日高祥氏の著書『史上最大級の遺跡　日向神話再発見の日録』を参考にしています。日高氏は、平成8（1996）年職場の帰りに、宮崎市瓜生野の柏田変電所の北側の大きな山が広範囲に伐採されている様子を見ていると、頂上に大きな古墳の前方部のような段差があるのが見え、登ってみると、頂上部が30m以上あるような前方後円墳であることが分かったということです。

随分昔に父親から聞いた、「柏田に大きな古墳があって、学校の先生を案内したことがある」という話を思い出して、これがそうだったのかと思われたとのことです。そして巻尺を使い計測すると、前方部の長さが73・4m、後円部が72・1mで、全長145・5mの前方後円墳であることが確かめられました。後円部は削って形を作っていますが、元はやや長い楕円形的な形をしていたようで、間違いなく人工的な前方後円墳でした。

そこから更に北東にいくと、南北33・6m、東西42・0m、高さ約2・5m、2段構造のやはり楕円形の円墳があり、そこからさらに進むと、南北18・0m、東西25・3m、高さ約2・0mのこれもやはり楕円形の円墳がありました。

兄に聞くと、「大正時代の末に文化財に指定されている」との話であったので、安心していたら、平成9（1997）年の始めに、ユンボ（掘削機械）

図7-1　笠置山墳丘墓の空撮

（Image Landsat/Copernicus@2023 Google Earth）

が入って伐採が始まったそうです。その時日高氏は、この古墳を全て記録することに決め、時間の許す限り、写真撮影、計測、土器破片の収集等を行い、この古墳の全貌を記録されてきましたので、現在の我々はその記録を見ることが出来ます。

ちなみに発見された土器は庄内式土器で、弥生後期として確立されたもので、笠置山墳丘墓の年代を特定するのに有効でした。

その間、日高氏の度重なる抗議に対して、殆ど一顧だにせず後円部の直ぐ真横に道路が出来、そのため他の円墳がなくなり、同時に古墳の南側にあった土壙墓も破壊されました。前方後円墳の東北側は、変電所のため削られました。しかしまだ全体の形は残っていますし、日高氏の記録があります。

私も日高氏とともにこの場所に立ち、これが卑弥呼の墓であることを確信しましたので、今この弥生式墳丘

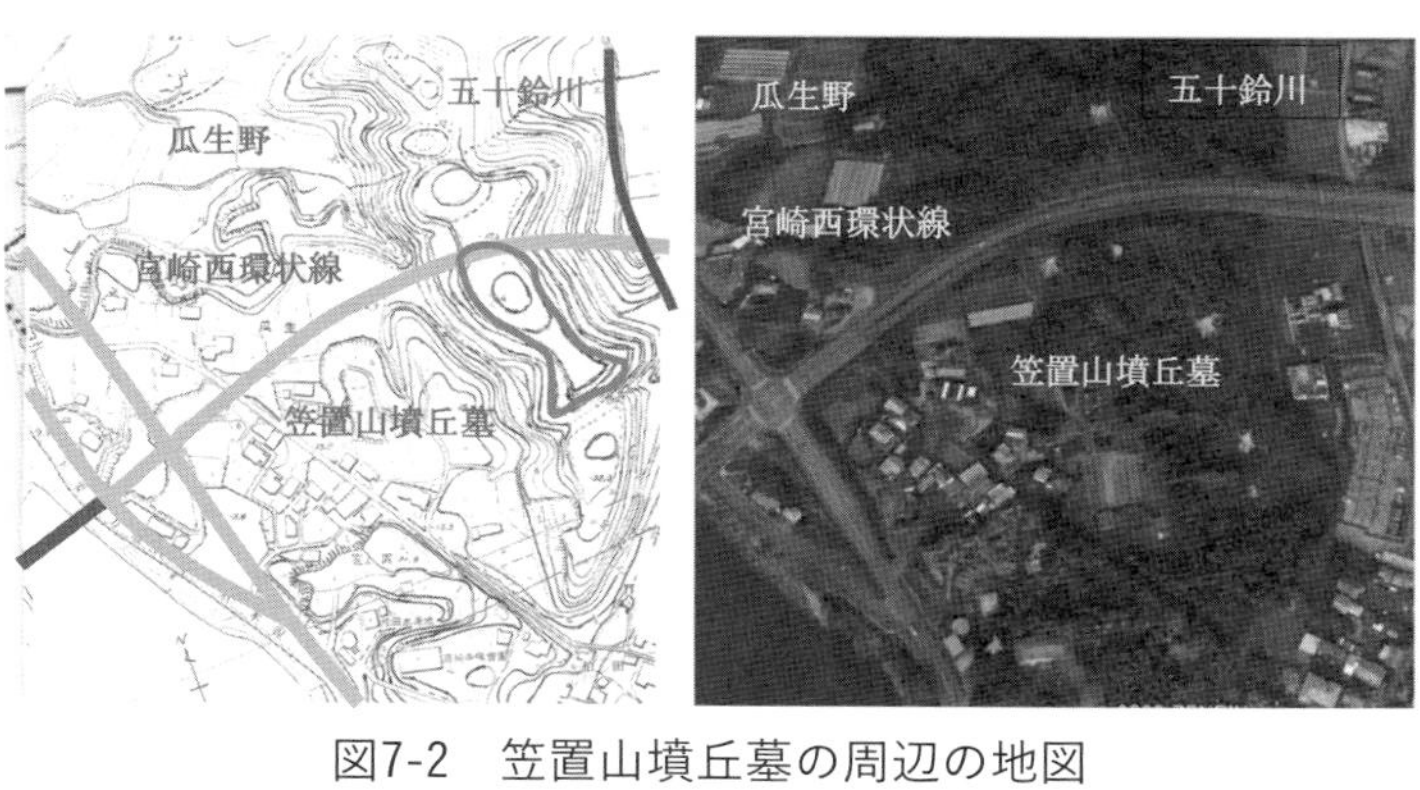

図7-2　笠置山墳丘墓の周辺の地図

墓（前方後円墳）を紹介できることを嬉しく思います。この山は、古来笠《かさ》置《ご》山と呼ばれてきていましたので、日高氏は笠置山墳丘墓と名付けました。この全貌からは、最古級の前方後円墳の可能性があります。

この笠置山墳丘墓の横を流れている川を五十鈴《いすず》川といいます。また大淀川の対岸の跡江地区にある跡江神社は、伊勢の豊受大神を祀ることから神明宮とも呼ばれており、

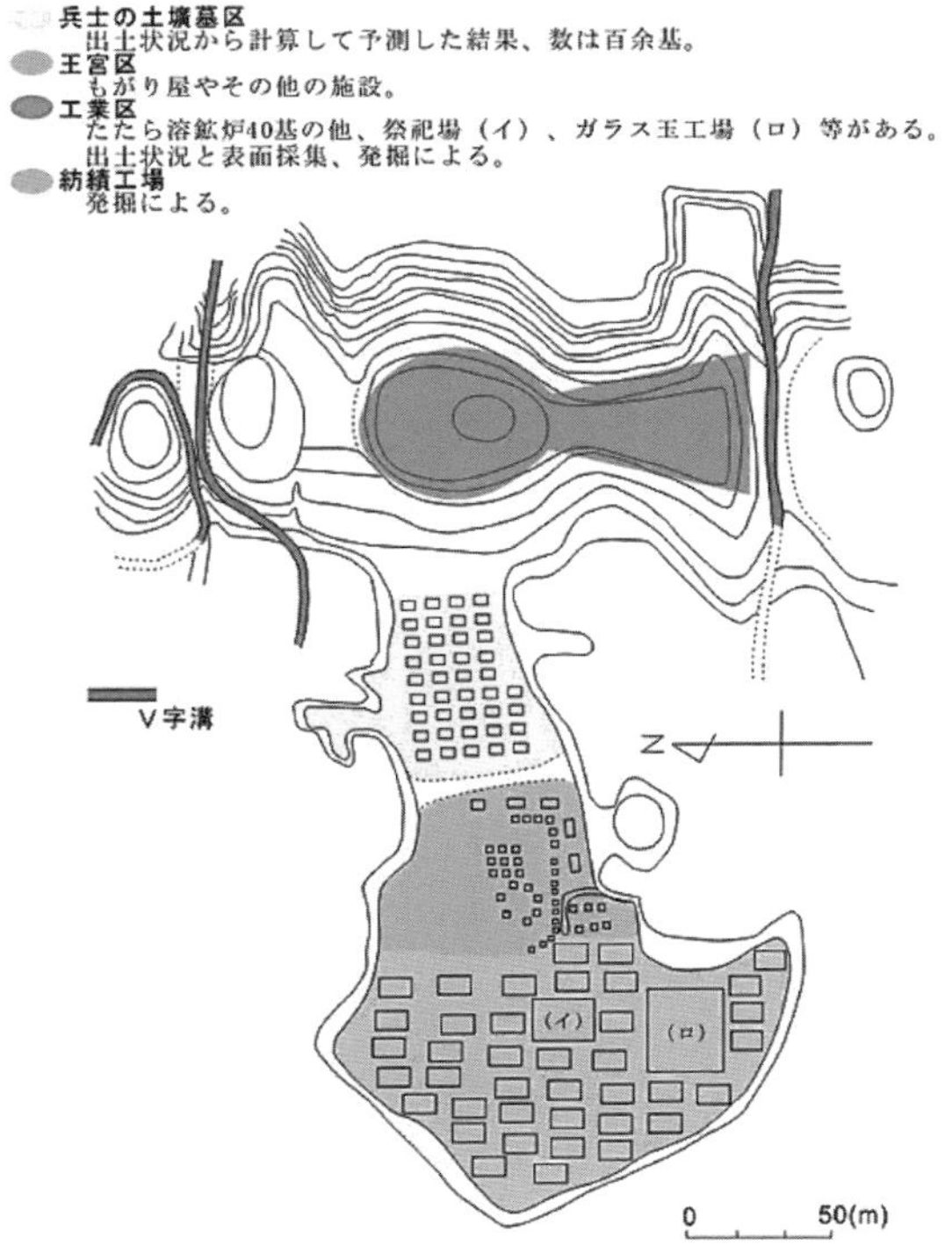
兵士の土壙墓区
出土状況から計算して予測した結果、数は百余基。
王宮区
もがり屋やその他の施設。
工業区
たたら溶鉱炉40基の他、祭祀場（イ）、ガラス玉工場（ロ）等がある。
出土状況と表面採集、発掘による。
紡績工場
発掘による。
V字溝
(イ)
(ロ)
N
0
50(m)

図7-3　全体像

（日高氏提供）

この地はそのため伊勢と呼ばれていました。この神社の神明形式とは、切妻式平入り形式で、伊勢神宮正殿と同じ建築様式です。

またこの地域には、古くから鶏を天照大神の使い鳥として信仰する習慣があり、地域住民は昭和2年までは鶏を食べなかったと伝わっています。笠置山墳丘墓の全体地形が、鳥の形に似ているのは意味深です。

これらを総合すると、伊勢神宮とのつながりが、かなり濃いものであることが窺えます。

3 笠置山墳丘墓の規模

(1) 全体像

笠置山墳丘墓は、墳丘それだけではなく、土壙墓、王宮部、工業区を付属して、一大複合体をなしています。しかしそれらの多くは、新たな宮崎西環状線や県道改良工事に伴い、破壊されています。日高氏は、その工事の進捗に応じて、土壙墓や、王宮部、工業区からの掘削状況や出土品を記録し、また出土品を自宅に保存するなどの努力をされていますので、現在凡その規模が推定出来ます。

またこの笠置山墳丘墓の横には、北から南に五十鈴川が流れており、この地が本来伊勢と呼ばれることもあったことを考えると、天照大神が眠る伊勢神宮との関連がより濃厚になり、ここが卑弥呼＝天照大神の墓であることは、より明確になります。

⑵　墳丘部

笠置山墳丘墓は、弥生式の墳丘墓で日高氏は生目古墳のその前の古墳ということで、０号墳と名付けられました。この古墳の周辺で出土する土器を考古学者に鑑定してもらうと弥生時代後期の庄内土器だということが分かり、この古墳が弥生時代のものであることが確信できたということです。

笠置山墳丘墓は、後円部が72・１ｍで、前方部が72・４ｍであり、全長で１４５・５ｍの非常に大型の前方後円墳です。この長さは魏の１００歩です。生目1号墳の全長が１３６ｍであることから、それよりも重要な人物が埋葬されていたことが分かります。後円部が32・０ｍですが、やや卵型をしています。

この卵型の円墳というのは、うっかり見逃しそうにな

図7-4　笠置山墳丘墓（宮崎市内側から）

りますが、初期の古墳を考える上での非常に重要なファクターになります。それは先ほども述べましたが、この墳丘墓に続く二つの円墳も卵型ないし楕円形をしており、これはこの地方で盛土が始まる前の円墳が、実は卵型あるいは楕円形をしていたということです。朝倉観音神社の横に円墳があります。日高氏と一緒に見に行きましたが、ここには手つかずの円墳が残っており、確かに卵型をしていることが分かり

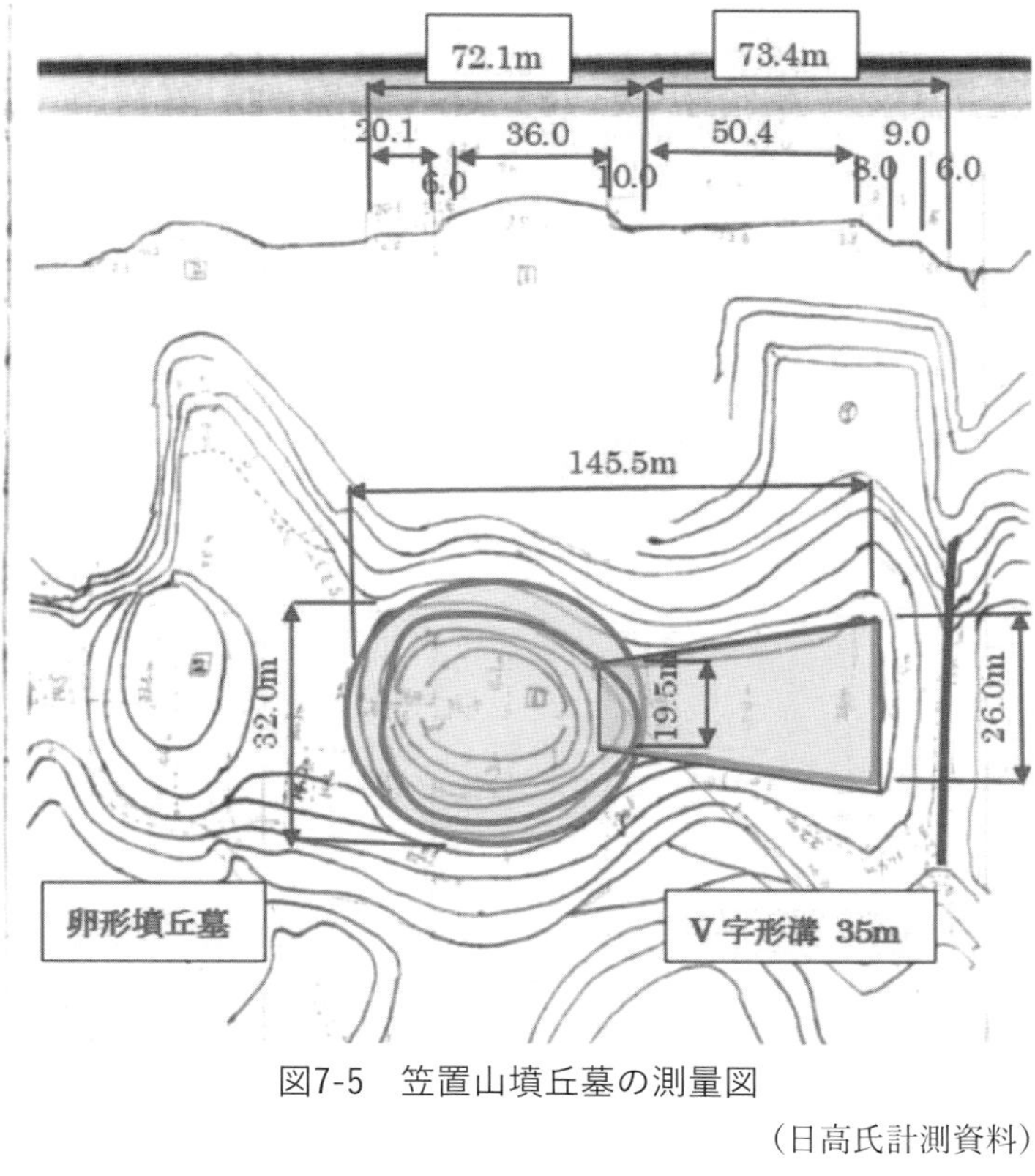

図7-5　笠置山墳丘墓の測量図

（日高氏計測資料）

ました。

西都原第2古墳群の、81号墳が3世紀中ごろ造られ、日本の最古級の前方後円墳と言われています。この後円部の径は37・5mで、前方部の長さ20・0m、全長で53・7mの形をしていますが、特徴的なことはこの後円部の形が卵型をしていることです。笠置山墳丘墓では、特に2段式の墳丘墓の上部の形が、完全に卵型です。

卵型の後円部は、人を埋葬する場所ですので、人が卵の中で温められ再生することを祈ったものではないかと思われます。生目1号墳も、よく見ると後円部が卵型をしています。このことは、当時の人々の願いを表していると思います。後の前方後円墳には周壕が作られますが、これは子宮を意味していて、同様に再生を願ったものだと考えています。

この笠置山墳丘墓は、日高氏の記録からは、墳丘が削られて造られた印象を受けます。このことは卑弥呼の死が予期せぬ形で起こったために、造成を短時間で行う必要があったことを意味しているように思えます。

(3) 土壙墓区

墳丘墓の西南側の道路工事をしていた際に、多数の土壙墓が発見されました。最初に4号土壙墓が発見されましたが、30㎝掘ると多数の土器片が現れ、この土器片は祭祀時のものと思われます。土壙の長さは2・57m、幅1・20m、深さ1・20mで、中に約95㎝の鉄剣が1

本と鉄の鏃2個、鐵飾りなどが入れられていました。

埋葬の様子から、日高氏は「装飾品は被葬者の肩の位置にあり、階級章ではないかと考えた。そこで右手に剣を持ち、左手に弓と矢を持った武人が枕を南向きにして、埋葬された」と判断したということです。また「副葬品から見ると、これ等は着装したまま埋められていることがわかる。」（著書より）とも書かれています。

下記の写真は、日高氏から提供を受けたものです。

その後も多数の土壙墓が発見されています。この土壙墓の総数は、ま

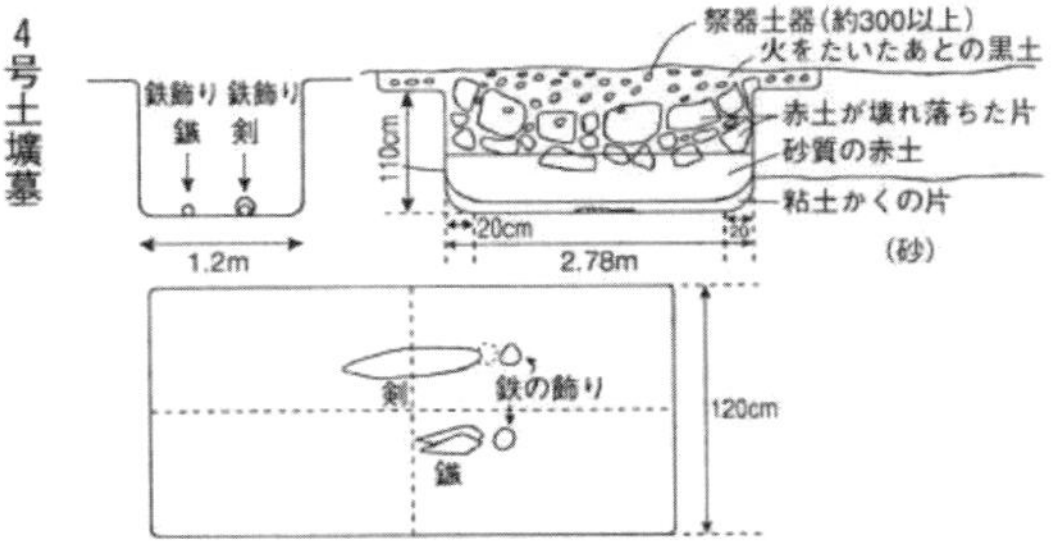

図7-6　４号土壙墓

図7-7　祭壇個所の掘削とＶ字溝

4号土壙墓の祭祀工場

図7-8　４号土壙墓付近

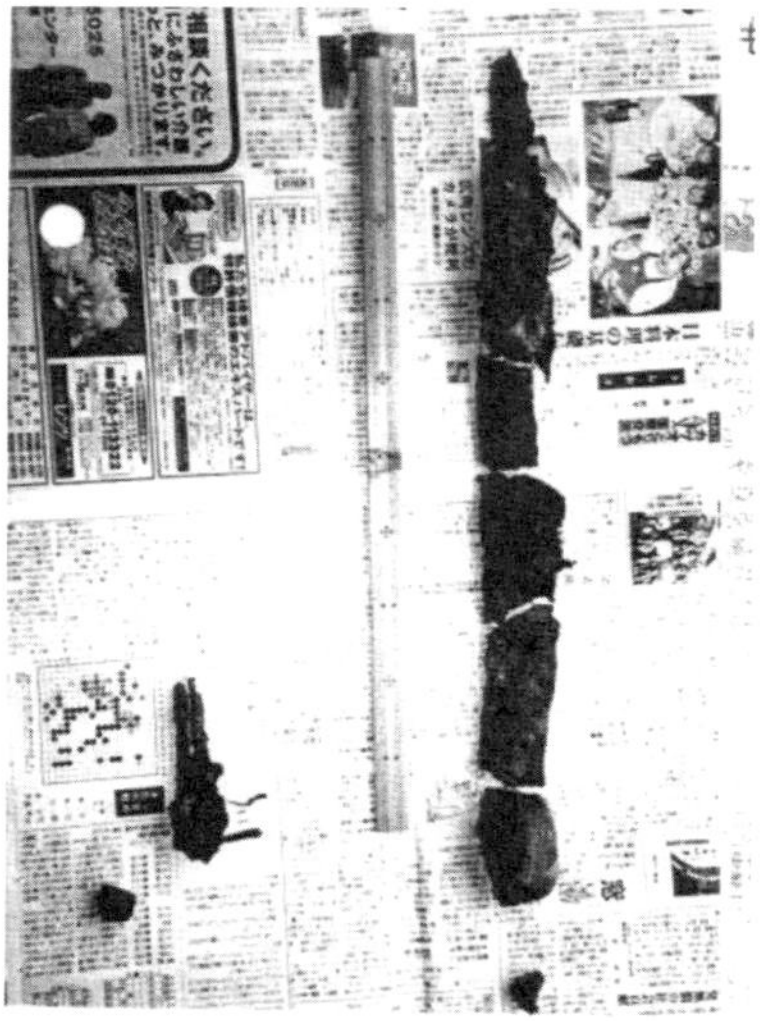

図7-10　４号土壙墓出土鉄剣

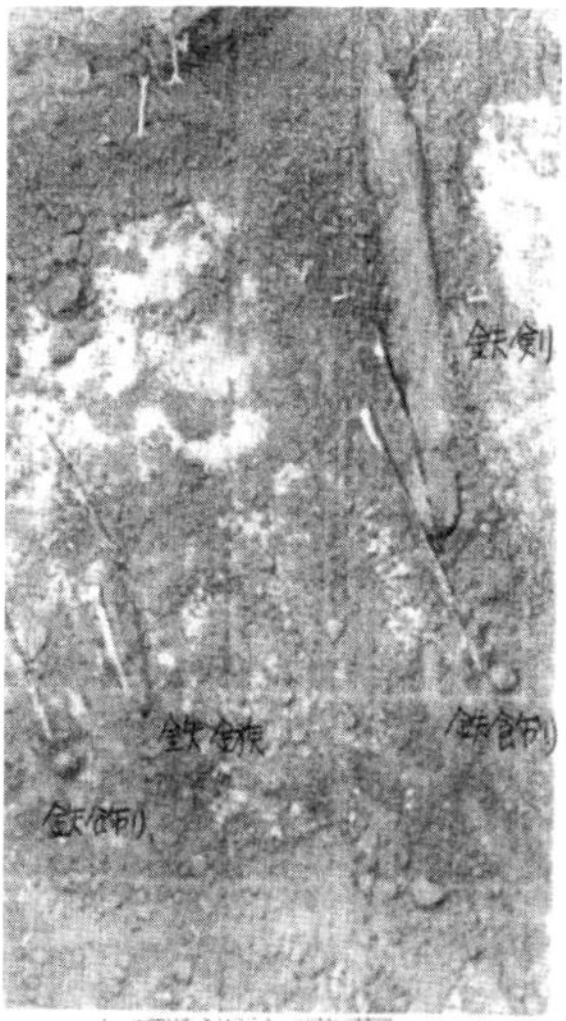

図7-9　４号土壙墓の埋葬品

図7-11　土壙墓の配置

（白いビニールが土壙墓：手前が４号土壙墓）

だ発掘されていないものを加えると、土壙墓区で最低１０５基を超えることが推定され、縦横きちんと整列した状態で埋葬されています。また直ぐ横の王宮区では、20基以上の土壙墓が見つかっています。総合すると１３０基ほどになると思われます。土壙墓の番号は、発見順に付けてありますので、位置はバラバラになります。

⑷ 王宮区

ここは土壙墓区よりやや南側に行った場所にあり「特殊建築物を囲うように建てられていた柵がずっと西方に続いていることがわかった。６個の柱穴を見つけた。間かくは７センチから37センチである。ところがこの柱穴の４個目で鉄さい、５個目で庄内式土器が入っていた。」、また「柱穴の列と直角に南方へ長い溝を入れた。すると溝ではないかと思われる凹と大きな柱穴もあった。柱穴

図7-12　20号土壙墓

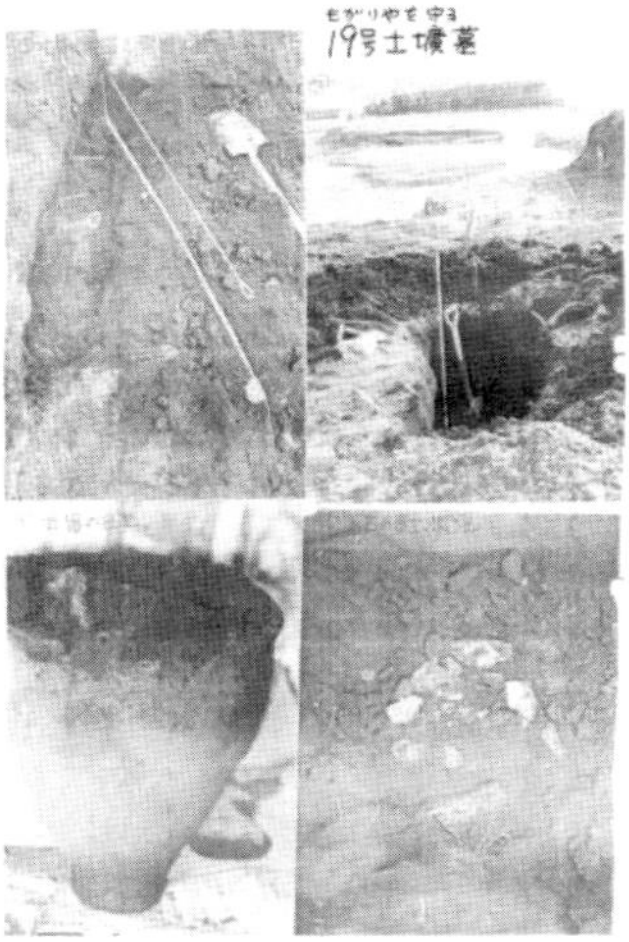

図7-13　19号土壙墓

は直径60センチ、深さは鉄棒を刺すと1メートル以上あった。」（著書より）というような柵や柱が出土しています。

この柵の内側に、特殊建築物と思われる柱穴があり「この建物は四角形で東西283センチ、南北295センチで小さいが、柱穴は平均29センチの大きなもので、中央に柱があり、北西側に南北1メートル。東西80センチの炉がある。」、また「火をたやさないほど燃やし続け」たようで、「もがりや」の建物とみられる施設が発見されました。

卑弥呼を祀る時に、使用した「もがりや」と思われます。殯《もがり》とは、日本の古代に行われていた葬送儀礼で、死者を埋葬するまで仮に安置する施設です。その変化から死の確認を行うとされている建物で、その安置の建物を「殯宮《もがりのみや》」といいます。

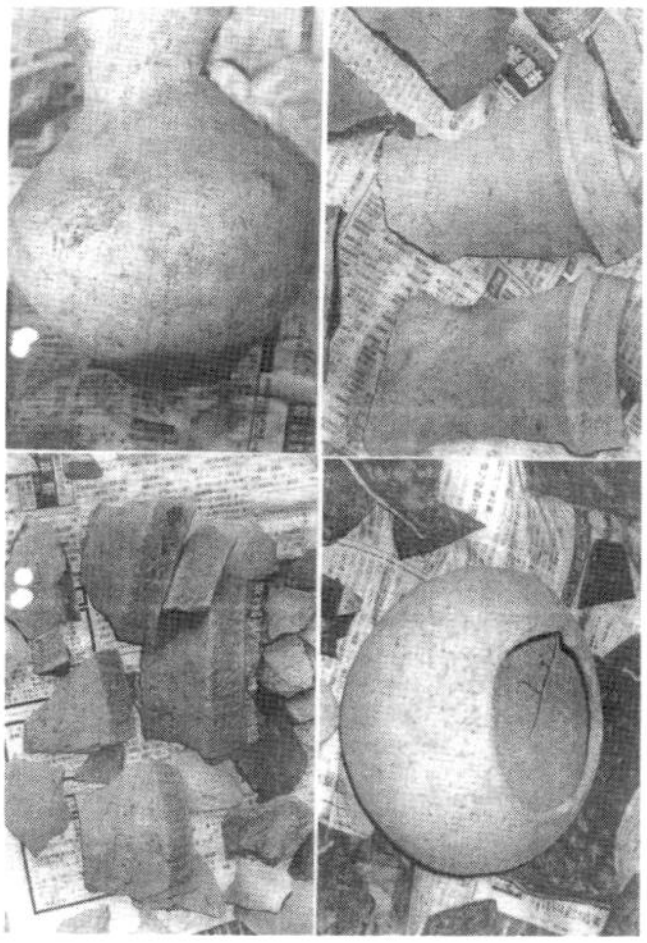
図7-14　発掘された庄内式土器の写真

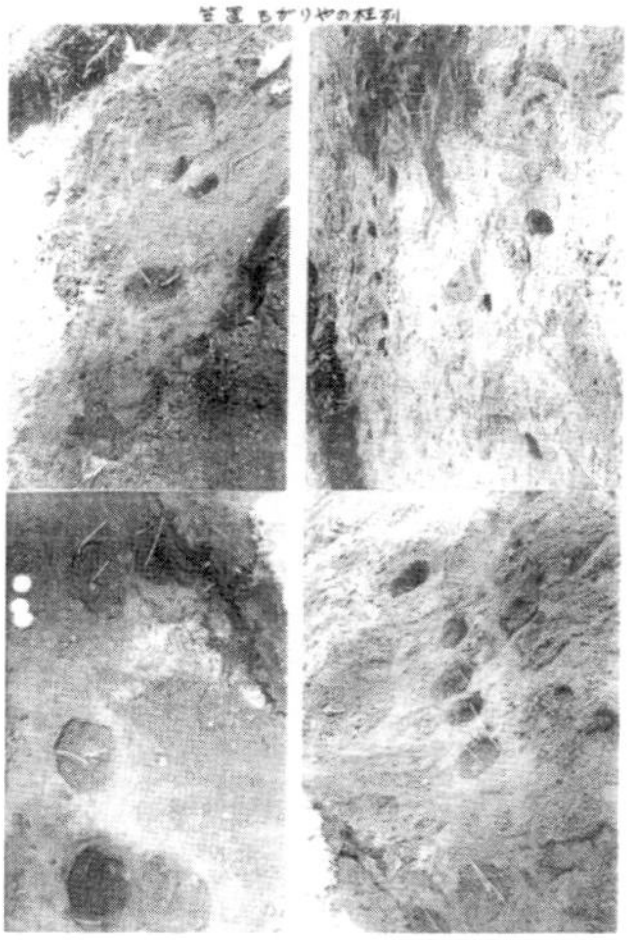
図7-15　「もがりや」の写真

『魏志倭人伝』では、「その死には、棺有りも槨《かく》無し。土を封じ冢《つか》を作る。始め死するや喪にとどまること十余日。当時は肉を食《くら》わず、喪主は哭泣《こくきゅう》し、他人は就きて歌舞、飲酒す。已《すで》に葬るや、家を挙げて水中に詣《いた》り澡浴《そうよく》す。以て練沐《れんもく》の如し。」とあり、十余日、殯を行って、それから埋葬となったようです。卑弥呼も同じだったと思います。

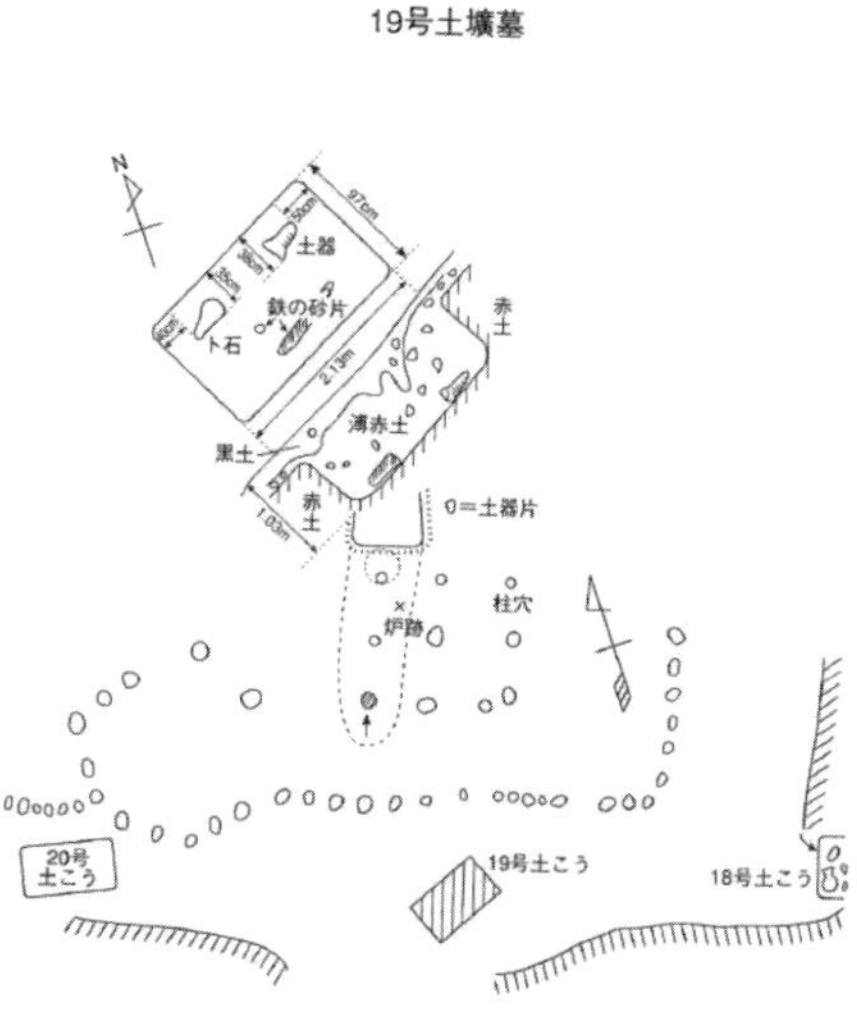

図7-16　「もがりや」と19号土壙墓の位置
（日高氏資料）

⑸ 工業区

たたら式製鉄の跡は、28～40基があったとみられ、数多くの鉄さいが見られます。また紡錘車石が２個見つかり、また勾玉なども多数見つかっています。このことからこの地域は、当時の工業地域であったと思われます。鉄の産地については、後に述べますが、この墳丘墓の真横を北から南に流れる五十鈴川の上流地帯の山々には、鉄さい（鉄滓）が文字通り一面に分布しており、それがあれば豊富な鉄製品を作ることが可能であったと思われます。

(6) 隣の卵型墳丘墓（2段式墳丘墓）の破壊状況

道路建設に伴い、笠置山墳丘墓の横の卵型墳丘墓が破壊されました。

4 戦前の古墳の調査

日本で初めての本格的な古墳の発掘調査を通して「日向神話」を証明する目的で、大正初年から西都原古墳群を手始めに調査が行われました。京都帝国大学の坂口昂教授、今西龍教授、東京帝国大学の黒坂勝美教授などを中心とするそうそうたるメンバーが参加しています。後に「風土記の丘」として実を結びます。

瓜生野には、大正2年には東京帝国大学の鳥居龍蔵博士、大正5年には京都帝国大学の内藤湖南博士、京都法科大学の仁科亀松博士、宮内庁事務官の五味均平氏ら一行が現地を踏査し、神話の里の可能性を調査されています。

その結果と思われますが、前述した日高さんの兄の大正末に

図7-17　卵型墳丘墓の破壊状況

文化財に指定されたようだという言葉に繋がると思われます。しかし破壊されました。

５ 卑弥呼の葬送の光景

これについては文献に細かく書かれていませんので、今の段階で分かっていることに少し想像を加えて述べることを許して下さい。

卑弥呼が亡くなった時、都城盆地の邪馬台国から運ばれた卑弥呼の亡骸は、笠置山麓の「もがり」の建物に安置されます。そこは周辺を木の板や草で囲み外からは見えないようにしてある建物で、跳ね上げ式の木の板や小枝、草で出来た出口が1カ所設けてあり、肉親など少数の人しか拝観を許されなかったでしょう。「もがり」の場所は瓜生野より卑弥呼が生まれた宮崎海岸に近く、永久の眠りにつく笠置山の直ぐ近くの場所が選ばれました。

「もがりや」に遺体が安置され腐ってゆく凡そ20日くらいの間に、宮崎市の瓜生野の笠置山では地形を生かし、その山を削り墳丘墓を作りますが、卑弥呼の老衰に合わせてある程度作られていたように思えます。この笠置山付近は豊富な鉄がいたるところにあり、たたら方式で既に製鉄もされていましたので、その鉄器を使った作業ではなかったかと思われます。ほぼ20年後くらいに出来た生目1号墳と同じ作りです。

それと同時に１００人余りの奴婢の人々に因果を含め殉死を選ばせるようにします。奴婢とありますから、女性も殉死させられているでしょう。仕えていた1000人の中から100人を選ぶのですから、阿鼻叫喚が見られたでしょう。しかし希望した人もあったでしょう。最終的に「もがり」を守るために殉葬された人を含め130人ほどになりました。それと並行して墳丘墓の真西側に殉葬墓である土壙墓が掘られ、その中にシラスや粘土、あるいは赤土を入れ丁寧に埋葬します。武人は鉄の刀を入れてやります。その上には焼いた黒土と祭祀土器が置かれます。また墳丘墓の北側に石で囲まれた小さなある幼児の墓が設けられます（現在はなし）。これが誰なのかは不明です。

墳丘墓の最後の工程として幅4m、深さ2・7mほどのV字溝が後円部、前方部それぞれに設けられ、これが結界となります。これらの完成とともに、墳丘墓の土壙墓のさらに西側に赤土を撒き太い柱を何本も立ててその中に祭祀のための建物を作ります。祭祀土器もこの周辺に並べられます。工事が全て終わった時に、魏の使者を呼び盛大な葬式を行ったものでしょう。この時「もがり」に安置した遺体から所々腐らずに残った肉のついた骨が出され、墳丘墓の中に安置されました。他に一人の幼児の遺体も同時に安置されました。

しかし一国の女王の葬式ですから、醜い遺体は決して魏の使者の目が触れないように工夫がされたと思います。そのため魏の使者は、公式の参観者として墳丘墓前方部東側の四角い区画の祭壇に設けられた祭祀の建物から出ずに、祭祀土器が並べられた土壙墓のその向こうに大きく横たわる墳丘墓を真西側に見ることになったと思います。時間は日が西から墳丘墓にあたる夕方だったと思われます。

そのため魏の使者は、横長い「径」と呼ぶ150mほど先にある墳丘墓までの距離を目測で測ったものと思いますし、倭の人からは魏の尺で100余歩とは聞いていたでしょう。また墓域は墳丘墓だけではなくその横の山も含め、墳丘墓を腹にした形をなしている非常に広い鳥型の墓域として作られており、墓を全体のなかの一部として捉えるしかなかったと思います。墳丘墓には後のような葺き石などありませんでしたから、魏の使者には少し祖国の方式と違うなと感じられたことでしょう。葬式の後、墓域が殉葬者の親族に解放され、泣く声が止まなかったと思われます。

この後、大和政権の力で卑弥呼の墓が掘り起こされ、大和に一旦運ばれ、最終的に伊勢の地に葬られることになります。そのためこの笠置山墳丘墓跡には、墓そのものはありません。

6 女性の殉葬者

笠置山墳丘墓の土壙墓においては、縦横きちんと整理された配列がなされていました。そして日高氏の話では、全ての土壙墓にナイフ状の刀子が穴の横に置かれていたそうです。それで思い出したのは、えびの市の島内地下式横穴墓群においては、埋葬された男性のみでなく女性の全員に刀子または鉄鏃が埋葬されていたことです。「女性単独埋葬の例でも、長さ1mほどの刀と鉄鏃などが副葬されていた」（北郷泰道『古代日向・神話と歴史の間』）。笠置山墳丘墓においても全ての女性が刀か弓矢で武装していたことを示しており、卑弥呼の強さがここにもあったのではと思われるのです。武装して須佐之男尊《すさのうのみこと》を迎えた時のりりしい姿は、日頃からの鍛錬の成果でしょう。邪馬台国そして女王国は、女性が強かったと言えそうです。

このことは、土壙墓に殉葬された人々のうち、女性もかなり多かったことを示すのではないかと推測します。

7 九州最大の製鉄地帯

⑴ 瓜生野の製鉄

笠置山墳丘墓の発掘に伴いその近くの工業区と呼ばれる区域では、多数の「鉄さい」が出土しています。この鉄は、この北東側の、五十鈴川の上流の平野の60～70m高い所にある、鶏足原、阿部ノ木、小原山、御大師原、久保、竹篠などの丘陵が連なっている所で作られたものです。各丘陵は更新世後期の、砂礫やローム層が厚く堆積した海岸砂丘の場所です。

この地域一帯に文字通り、くまなく鉄さいとたたら溶鉱炉の跡が分布しており、恐らく弥生時代から続く、鉄の一大製鉄団地であったと想像されます。鉄さいとは、たたらで砂鉄と木炭を炉にいれて燃焼させたのち、砂鉄を還元して鉄を製造しますが、この時の不純物を言います。

これは、この地域の一例ですが、殆どこの一帯がこのような状況です。鉄のみでなく柏田の直純寺の裏側（北側）の畑地からは、青銅遺跡も発見されています。この炉は、日本古来の青銅方法である真吹炉《まぐきろ》であると言われています。

日高氏によると、「天孫族は、国内でも飛びぬけて多い瓜生野、池内地区の鉄鉱石を求めて集団移動（天孫降臨）してきた。おびただしいかっ鉄鉱（渇鉄鉱）と包含した山々自体を蛇（鉄）と呼んだ。谷々（迫々）に自然に露出したかっ鉄鉱石を集めて製鉄しました」。そこで保水が不足し、災害が起こり、それをため池を作り防いだようです。この集団移動技術屋集団は、北九州からであったと考えられます。後述する笠置や朝倉などの地名は、その時移動したのでしょう。

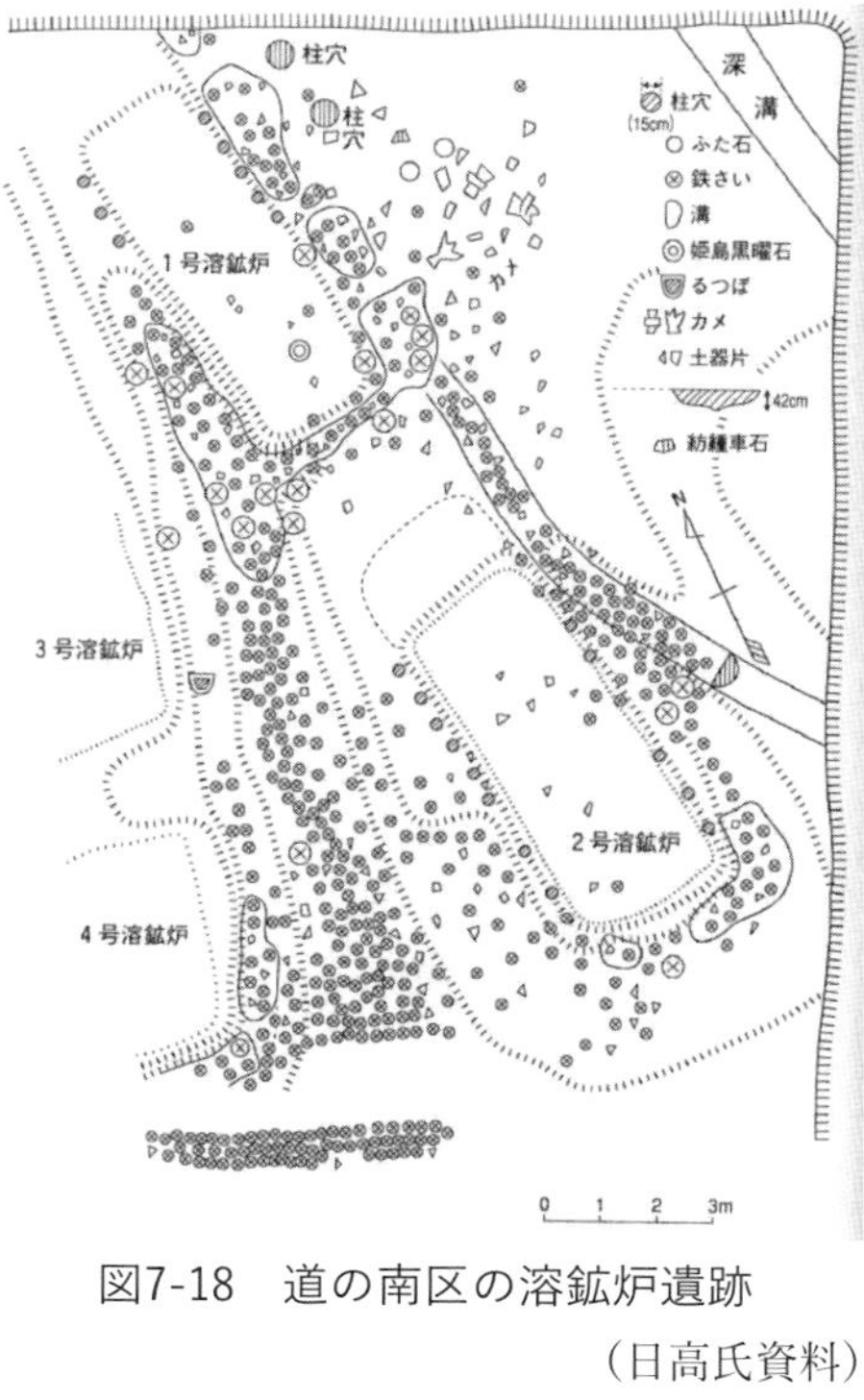

図7-18　道の南区の溶鉱炉遺跡
（日高氏資料）

また、ここにある迫田の八坂神社には、八俣《やまた》の遠呂智《おろち》伝説があります。島根県の出雲にもこの神話伝説がありますが、本来はこれが伝播したものと考えられます。ここが本来の神話の本拠地であった証明として、日高氏の著書では次のことが挙げられています。

①第一に丘が八つあること。
②丘と丘の間に谷があるが、半独立して続いていること。
③丘々からはそれぞれ尾根が下りて来ていること。
④尾根と尾根との間に「子捨平《コジェヒラ》」（八俣の遠呂智に女の子をささげた所）やモロケ迫（八俣の遠呂智に飲ませる酒のもろみを作った所）、「居屋ヶ谷」（八俣の遠呂智が住んでいた所）などの谷（迫）がある。

邪馬台国の力の源は鉄だと思います。鉄が高天原を作りました。そして4世紀後半にその勢いが衰えるのは、この技術が神武天皇の東遷とともに、近畿にその勢力が移動したことによると思われます。

製鉄方法には、直接製鉄法と間接製鉄法があります。直接製鉄法は、鉄鉱石、砂鉄などを低い温度で加熱し、溶かさずに半溶解状態のまま還元して、海綿状の鉄や鉄の塊を得るものです。この塊を鍛冶屋で見かけるように再度加熱、水をあて、鍛造して不純物を取り除き強い鋼を作るもので、たたら製鉄がこれに当たります。他方間接製鉄法は、鉄鉱石を高熱で加熱し、鉱石

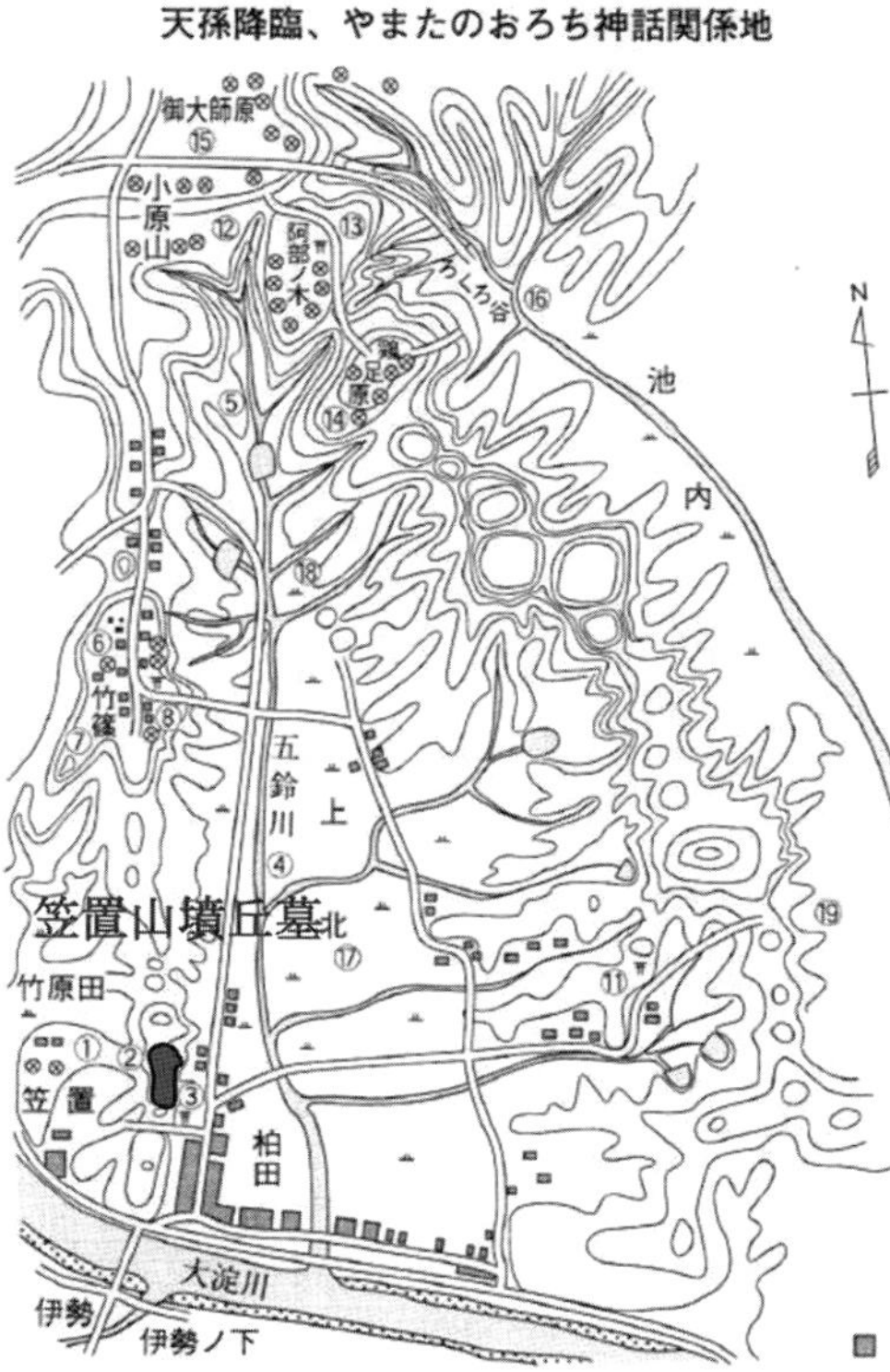

①笠置遺跡　②笠置山墳丘墓　③八坂神社。八龍様（やまたのおろち）を祭る　④五鈴川（やまたのおろち神話の川）　⑤居尾ケ谷（やまたのおろちがすんでいた所）　⑥竹篠鉄さい散布地（砂鉄のたたら溶鉱炉群）　⑦彦火火出見命陵（砂鉄の神様）　⑧福智神社（祭神彦火火出見命）。地域鉄さい散布地　⑨立花ケ迫（橘迫）天照大神降誕地　⑩もろケ迫。やまたのおろちに飲ませる酒のもろみをつくった所　⑪磐戸神社（祭神天照大神）　⑫小原山鉄さい散布地　⑬阿部ノ木鉄さい散布地　⑭鶏足原鉄さい散布地　⑮御大師原鉄さい散布地　⊗砂鉄のたたら溶鉱炉群　⑯ろくろ谷（池内町のやまたのおろちが住んでいた谷）　⑰かみきた（天孫降臨された神々がたくさん見えられた所）　⑱コジェヒラ（やまたのおろちにささげる子供を捨てた所）　⑲矢口（やぐち）　ᗡ＝池　ш＝田　■＝民家

図7-19　瓜生野の製鉄関係図

（日高氏資料）

を溶解しながら銑鉄を作るもので、中国では古代から今までこの方法によっています。

徐福が中国からもし製鉄技術を持ち込んだのであれば、間接製鉄法になったはずですし、弥生時代に製鉄が盛んになっていたでしょうが、そういうものは日本ではまだ知られていません。たたら製鉄法も、弥生後期から古墳時代（約5世紀頃）の間に確立されたようです。

瓜生野では、金床石、突き石などの鍛冶道具のセットも多数見つかっています。原始的ですが、製鉄には有効です。

⑵ 瓜生野の褐鉄鉱

東日本の『常陸国風土記』には「ダイダラボウ」という巨人伝説があります。その巨人が自分の食べた貝殻を捨てた所が貝塚になったという話です。この「ダイダラボウ」は「ダイダラボッチ」という呼び方もありますが、実は古代日本の製鉄をやる「たたら（タタラ坊）」から来たのではないかと考えられています。縄文時代から製鉄があったということを示しています。

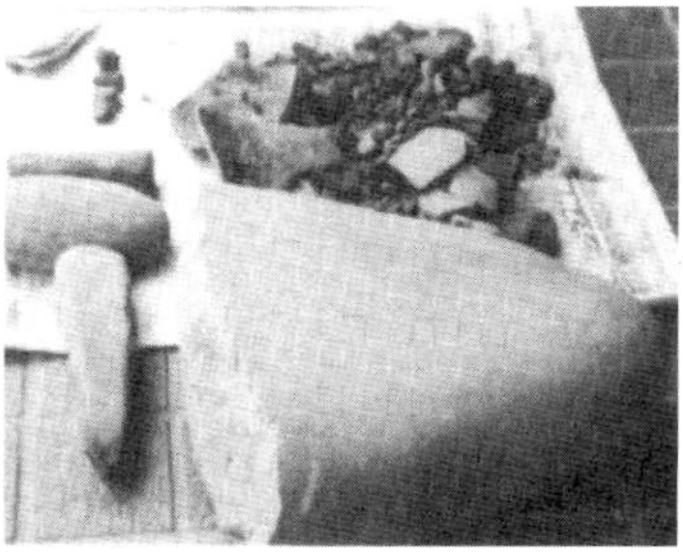

図7-20　鍛冶道具セット、鉄さい

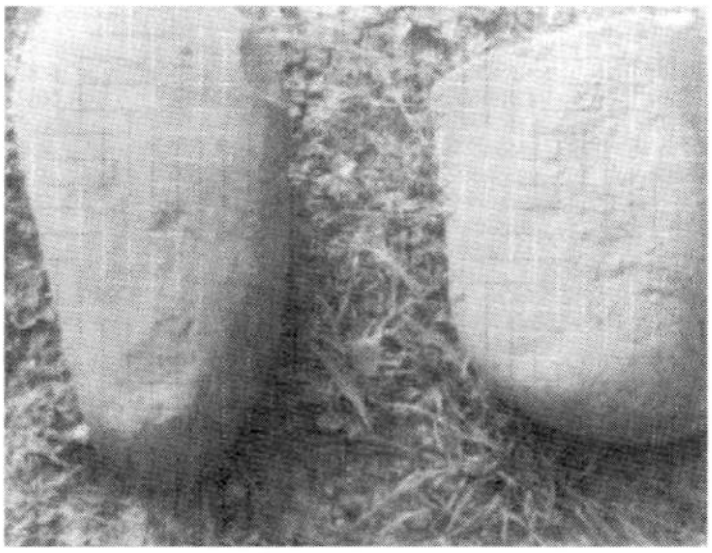

図7-21　金床石

つまり霞ヶ浦に生えている葦が吸い込む褐鉄鉱を、縄文人が製鉄して使っていたというのです。

この褐鉄鉱は、東日本で「高師《たかし》小僧《こぞう》」という言葉で呼ばれています。これも同じ葦のような植物が吸い込んで出来た褐鉄鉱のことです。沼地の鉄ともいいます。

この瓜生野においては、ありとあらゆる場所に、製鉄の原料となる褐鉄鉱が現在でもほぼ無限といっていいほど、散らばって存在しています。

縄文時代にはこの褐鉄鉱が製鉄に使われていたようです。これは石炭あるいは木炭で燃やせば還元され、鉄になるということで、当時の技術でも十分可能なものです。たたらを使えば、もっと効率的です。

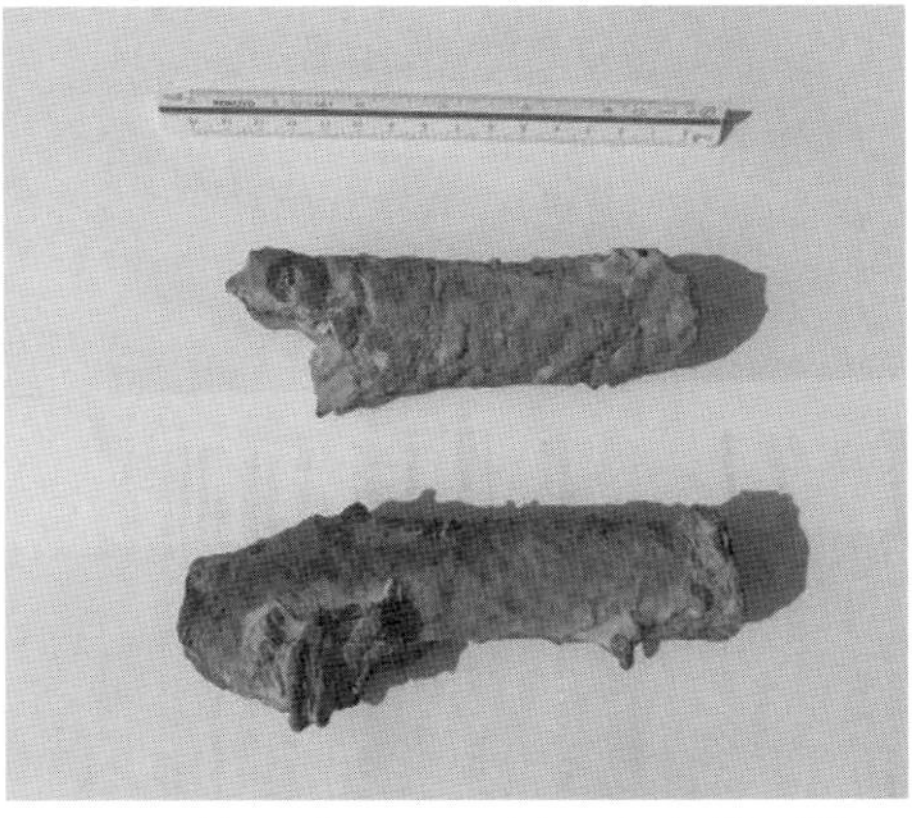

図7-22　笠置山周辺で採取した鈴（葦の褐鉄鉱）

宮崎市の瓜生野付近では、私も見て回りましたが、どこでも（数万坪）葦の形や粒状になった「鈴」と呼ばれるこの褐鉄鉱が見られます。私も探してみましたが、簡単に枝状の形になったものを見つけることが出来ました。枝状のものはさすがに少ないですが、粒状ですと無数にあります。ここには五十鈴川という川名もあります。この名は、本来はこの葦の褐鉄鉱から来ているのでしょう。日本各地でも同じように褐鉄鉱が見られる場所が多数ありますが、この地域は格別にそれが多い地域です。これが邪馬台国の原動力となったのでしょう。

8 地名の移動

卑弥呼は、日向国の発展のために北部九州から人々を勧誘し、日向国に移住させたと考えられます。

地名は、移住先に移住元の地名を移植することが、古来から現代まで行われています。そこで北部九州から宮崎に移動したと思われる地名を探ってみました。それが次の表です。地名はその場所の地形の条件などでその場所で新たに付けられることもあるため、これらの全てが人々の移動によるものではないでしょうが、ある程度の傾向は掴めると考えられます。

瓜生野周辺の製鉄業ですが、現地には縄文後期の遺跡がないことから、鉄の技術を持った人々は皆無に近く製鉄の知識を有していないために、その技術者が望まれ、特に宮崎市を中心に移住がなされたと思われます。国内最大の産出量の褐鉄鋼と、南九州の砂鉄、そして豊富な常緑広葉樹は、日向の製鉄業を大きく押し上げました。

宮崎の状況を、「3対7の弥生社会」と呼ぶことがあります（北郷泰道『古代日向・神話と

表7-1　北部九州から宮崎への地名の移動（案）

北部九州	→	宮崎	
日向峠《ひなたとうげ》	糸島市	日向《ひむか》	宮崎県
笠置山《かさぎやま》	宮若市	笠置山《かさぎやま》	宮崎市
平群郷《へぐり》	(和名抄)	平郡《へごおり》	西都市
池田《いけだ》	宗像市	池田台《いけだだい》	宮崎市
小田《おだ》	朝倉市	小田《おだ》	えびの市
三輪《みわ》	筑前町	三輪《みわ》	延岡市
鷹取山《たかとりやま》	八女市	高取山《たかとりやま》	西都市
朝倉《あさくら》	朝倉市	朝倉《あさくら》 朝倉観音《あさくらかんのん》	都城市 宮崎市
杷木《はき》	杷木町	萩《はぎ》	延岡市
鳥屋山《とやさん》	甘木市	鳥屋岳《とりやだけ》	高千穂町
山田《やまだ》	嘉麻市	山田《やまだ》	都城市
田原《たはら》	川崎町	田原《たはら》	高千穂町
吉野《よしの》	大牟田市	吉野《よしの》	宮崎市
住吉《すみよし》	福岡市	住吉《すみよし》	宮崎市
那珂《なか》	福岡市	那珂《なか》	宮崎南部
広瀬《ひろせ》	みやま市	広瀬《ひろせ》	宮崎市、小 林市
立花《たちばな》	新宮町、八 女市	立花迫《たちばなさこ》	宮崎市
柏原《かしはら》	福岡市	柏原《かしわ》	宮崎市
加納《かのう》	大牟田市	加納《かのう》	宮崎市
愛宕山《あたごやま》	福岡市	愛宕山《あたごやま》	延岡市
平原《ひらばる》	糸島市	平原《ひらばる》	延岡市、宮 崎市
岩瀬《いわせ》	中間市	岩瀬《いわせ》	小林市

歴史狭間』)。これは厳密な数字ではありませんが、「3」が水田、「7」が畑で、田畑の面積を示します。これは土壌が、海岸から内部では火山からのシラス(火砕流堆積物)であるためです。瓜生野の笠置山墳丘墓の土壙墓では、掘削底盤にシラスがまかれています。

逆に福岡県は、「7対3の弥生社会」です。耕地面積のうち約8割が水田であり、県南部の筑後平野を中心に稲作が行われています。そのため宮崎市には、製鉄業とその人々を食わせるために稲作をする人々が多く移住し、内部は畑作が中心ですが北部九州の人は苦手であるため、畑作が得意な人々だけが中心になり移住し開拓を行ったと思われます。卑弥呼は、まず都城盆地を中心とする地域の米作農業を盛んにしようと目論んだと思いますが、簡単には行かなかったでしょう。西暦200年頃起こった霧島山の噴火も、それを妨げたでしょう。しかし積極的な開拓を奨励し、農業全体の底上げには成功したと考えられます。

瓜生野の地元では、「北を向いて寝るな、死んで北へ帰る」ということを教えられていたようで、北から移住してきたことを忘れないようにしていたようです。これらの人々は定住した場所に、移住前にいた北九州の地名を植え付けたことでしょう。次の世代の西都原古墳群や多数の古墳群にみる大きく発展する社会につながることになりました。

逆に北部九州から人々を移住させることで、北九州との繋がりが強化され、卑弥呼の力が浸透し、「世、王有りて、皆、女王国に統属す」という状況になったと思われます。戦いに明け暮れるより、きちんと農業の生産が可能で、しかも日向は非常に暖かですので、そちらが好まれたことでしょう。そういうキャッチフレーズだったかもしれません。

その後、恐らく神武天皇の東征を通して、日向国の地名が近畿地方にもたらされることとなります。それが、笠置山、吉野、住吉、那珂、広瀬、平郡、伊勢、五十鈴川、大淀川、山田などの地名です。

第8章 語り残したこと

1 『魏略』と『魏志倭人伝』の比較

『魏略』は、魏を中心に書かれた歴史書で、晋の陳寿はこの本をベースにして、改正を加え、『魏志倭人伝』を作成しました。この『魏略』の作者は、魚豢《ぎょかん》という人物ですが、詳しいことは分かっていません。清代に王仁俊が逸文を集めて輯本《しゅうぼん》（集本）を作成しましたが不備だったため、その後また編纂をやり直したという曰く付きの書籍です。

邪馬台国の位置をもとめるには、『魏志倭人伝』を原文に忠実に解釈することが重要だと思います。それを通し、陳寿の意図がどこにあったかについて推測することが求められます。その意図を探る意味で、陳寿のわずか前に書かれ、陳寿が基本とした『魏略』との比較を通して『魏志倭人伝』との違いを知れば、そこに思わぬヒントがあるかもしれません。結論としては、『魏志倭人伝』は、恐らく幾世代での資料の集積でしょうが、かなり正確な資料に基づいて校正し作成されており、それを原本として正しく使用すべきと考えます。

残念ながら『魏略』は逸文しか残っていません。しかしその『魏略』逸文のうち重要と思われるものを拾いたいと思います。

（魏略）　従帯方至倭循海岸水行歴韓国到拘邪韓国七千里
（倭人伝）従郡至倭循海岸水行歴韓国乍南乍東到其北岸狗邪韓国七千余里

『魏略』では出発地点が「帯方」となっており、『倭人伝』では「郡」です。これは報告のあて先が、『魏略』では朝廷であり『倭人伝』は帯方郡であったからであると思われます。「乍南乍東」が加えられているのは、魏使の報告書を精査し航路を明確にしようとした意図が見えます。またその航路の規模感も見えてきます。ここでは明らかに「水行1日千里」を意識しています。また「狗邪韓国」が北岸と追加されたのは、陳寿が倭国との位置関係を明確に示すために付け加えたものと考えられ、逆に倭国はその南にありますよということをここで表現しています。九州（倭国）のことを頭に入れていたのでしょう。

（魏略）　南度海至一支国置官与対（馬）同地方三百里
（倭人伝）又南渡一海千余里名曰瀚海至一大国官曰卑狗副曰卑奴母離方可三百里多竹木叢林有三千許家差有田地耕田猶不足食又南北市糴

壱岐の描写については、より詳しく書かれているようです。対馬より千余里行った所ということで位置を明確にし、その海の名前を述べ、「一支」国としていたものをわざわざ「一大」国に変更しています。これは後の記述に出てくる「周旋可五千余里」とした九州島の大きさと位置関係を明確にする意図があるのと、『淮南子』で「朝鮮を過ぎ、大人の国を通って（貫いて）、東方の日の出の場所、榑木《ふぼく》の地」に到るとした時の「大人の国」という名前でこの壱岐が呼ばれていたことを裏付けるものだと思います。「方三百里」としていたものを「可」を加えて「方可三百里」としたのは、この壱岐島の形が正四角形の方で表現されるものであったと、魏使の報告書にあったのでしょう。

（魏略）　東南五百里到伊都国戸万余置曰爾支副曰洩渓觚柄渠觚其国王皆属女王也
（倭人伝）東南陸行五百里到伊都国官曰爾支副曰泄謨觚柄渠觚有千余戸世有王皆統属女王国郡使往来常所駐

末蘆国から伊都国へのルートとして、「陸行」というのが加えられていますが、これは魏使の報告書で「歩いて行きましたよ」ということがあったためと思われます。それがなければ末蘆国から水行して伊都国に入ったように思われます。荷の検査等を伊都国で行うという誤解が生じることを恐れたためでもあるでしょう。戸数が一万戸から千戸に減っているのは、誤記かもしれませんが、官の建物や民の家がそれだけしかなかったという報告だった可能性もあります。

他にもありますが、ここで止めます。このように『魏志倭人伝』の解釈には、他の角度からの視点も必要になると思われます。いずれにしても、できる限り明確な表現になるよう努力されている姿勢が見られます。

２　天の岩屋戸

(1)　暗闇の正体

今回はまず北部九州説でよく説明される「天の岩屋戸」は「日食」だったということが成立しないことを取り上げたいと思います。安本美典氏は、卑弥呼が天照大神であるとされていますが、これは私もそう思います。そのため殆どの方々が「天の岩屋戸」での真っ暗闇な世界の出現は、卑弥呼が存命中の２４７年あるいは２４８年の日食のために起こった出来事であると述べられています。本当にそうでしょうか。

日食の状況をみると、まず２４７年３月24日の皆既日食は、九州の西方海上から中国大陸にかけて18時25分から32分の間に見られましたが、この日の日没時間は18時35分です。九州本土では見られませんし、たとえ快晴であったとしても地平線の彼方に沈み行く時間の日食に何の意味があるでしょうか。曇りや雨であった可能性もあります。

２４８年９月５日は日の出前の５時30分頃から能登から東北を通り、本州の東に抜けます。これはたとえ卑弥呼の没年に起こったものとしても卑弥呼とは無縁の出来事です。これだけで北部九州が「天の岩屋戸」の出来事と関係ないことが分かります。安本美典氏はこの説明として、地球の自転速度には時代により変化があるというような言い訳をされていますが、いかがなものでしょう。百歩譲って日食が起きていたとしても、鉄鏡を作り、いろいろなことをした後、アメノウズメに踊らせるなどということが出来るような時間的余裕があるでしょうか。日食が見られる範囲は非常に狭いものですし、時間も短いものです。それではこの暗闇の出現は、本当はどういうことを意味しているのでしょう。

火山の噴火が起きると、空一面が雲に覆われ、地上は闇に閉ざされることになります。

１９８２年４月、私がバンドンに駐在していた時でした。朝起きると真っ暗闇で、とっくの昔に明るくなっていなければならない時間なのに真っ暗闇で一体何が起きたのか分からなくていたら、メイドがバンドンの西にあるガルングン火山が爆発したというニュースをラジオが伝えていたと知らせてくれました。

朝食を終えて暗闇の中を事務所の方にライトを点けたジープで向かっていたら、空から灰のようなものがフワフワ落ちてきて、フロントガラスにたちまち積もり始めました。それをワイパーで除きながら進んでいくと、灰が路上に積もり始めるとともに、徐々にではありますが空が明るくなってきました。事務所に着いた時は、それでもまだ夕方のような明るさで、机の上の灰を下にかき落としたことを覚えています。

それから2カ月バンドンには雨が降らず、灰の中で暮らすはめになりました。5㎝くらい灰の積もったゴルフ場も初めてでした。深く入ったら白いゴルフボールでは分からなくなります。これが火山の噴火による暗闇です。普賢岳の噴火でも、同様に夜のようになる風景が生じたことは記憶に新しいところです。

『古事記』に「高天原も葦原中津国も闇になり、様々な禍《まが》が起こった」と記されていますが、この出来事はまさしく火山の爆発がもたらしたものと言えます。それではこの火山の爆発がどこで起きたのでしょう。

霧島山の噴火の歴史を調べると、記録に残っているものが次のようになっています。

(データは「平成7年度　霧島山火山噴火災害危険区域予測図作成業務報告書」のデータに気象台の記録を補足して加えています)

霧島山火山の歴史時代の爆発の記録から、霧島山の特に御鉢の噴火が、1895～1896

年、１５６６年、１２３５年、７８８年に起こったことが分かります。火山の爆発はほぼ定期的に起こっており、この間隔から西暦２００年頃ちょうど卑弥呼の時代に噴火が起こったことが推定されます。しかもこの御鉢の噴火は時代を遡るほど規模が大きくなっていることが分かります。７８８年の噴火では溶岩流、火砕流、降下火砕流などが観測され、霧島神宮が焼失しています。

「霧島山起源の降下火砕物調査」（村井、１９９４）によると、最近の活動期間である７０００年前から現在までの間には、５００年に一度の割合で、１千万㎥以上の降下火砕物を噴出している噴火が発生しています。

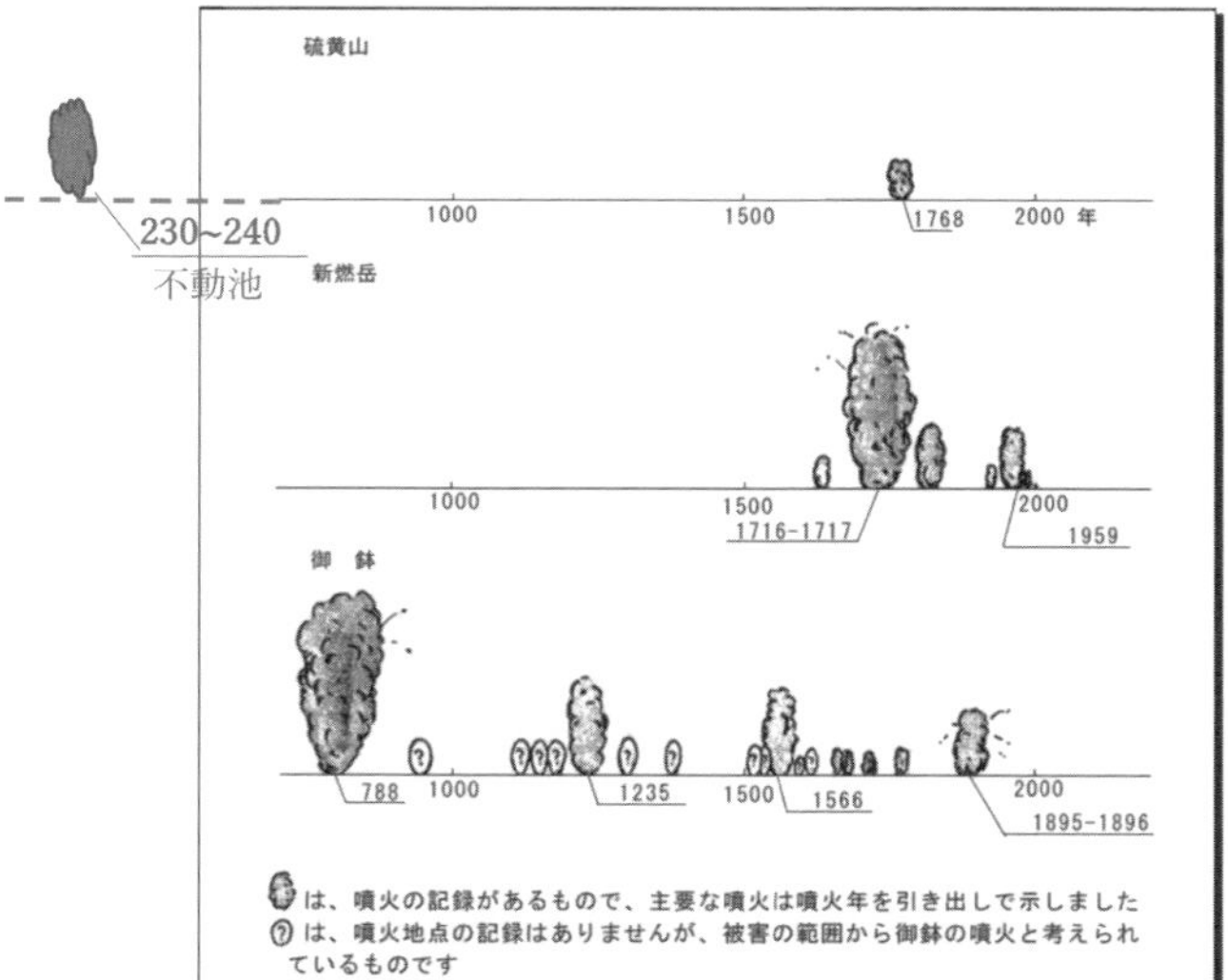

図8-1　歴代の霧島山の噴火状況

（「平成７年度　霧島山火山噴火災害危険区域予測図作成業務報告書」より）

しかしこの霧島山南東部の御鉢の噴火が始まる西暦７００年以前には、地質調査総合センターの３万年以降のデータ（井村・小林、２００１）では北西隣の中岳の噴火が休止するのに時期を合わせて霧島山は比較的安定した状態でしたが、不動池で突如マグマを少し含んだ水蒸気噴火が発生していました。不動池直下のEb-cと呼ばれるテフラがその時のもので、黒色土壌直下で採取され標本の14C年代測定では１７００±50ｙＢＰ（2σ：西暦２１９〜４３６年〈93％〉）という年代を示しています（産総研地質調査総合センター）。テフラとは、火山灰、軽石などの火山噴出物のことを言います。また、このσ（シグマ）は較生年代の範囲（暦年代）を示し、通常は2σですが、より絞った1σを使うこともあります。研究者の推計では、噴火の規模はやや小さなものですが（９×10^6㎥）、『記紀』天岩戸での高天原の騒動具合をみると、実際の水蒸気噴火は推計よりやや大きな規模であったのではないかと考えています。みかけ体積は、「霧島火山，えびの高原周辺における最近１５，０００年間の活動史」『火山第59巻』（２０１４）第2号より。

この噴火年代は、卑弥呼が生きていた西暦２３０〜２４０年辺りに当たると考えられます。中規模ですが、それまでに高天原で経験したことがない噴火が起こり、その灰が卑弥呼のいる邪馬台国である都城盆地に降り注いだことから、卑弥呼は恐れおののき岩屋戸の記事となったものと思われます。ＢＰとはBefore Presentという意味で、Presentは１９５０年を指します。

この噴火による高天原（都城：邪馬台国）のあり様は、『古事記』では「高天原皆暗く、葦原の中つ国悉《ことごと》に闇し。これに因りて、常夜行く。ここに萬の神の聲《おとなひ》は、さ蠅《ばへ》なす満ち、萬の妖《わざはひ》悉に發《おこ》りき」として、大きな混乱が起きたことが述べられています。日食ではこのようなことは起きないと思えます。

宮崎県の報告書では、１９５９年の新燃岳噴火による災害実績図が載っていますが、火山灰は東側に向かって都城盆地から宮崎市の海に及ぶ広範囲に広がり、農作物に多大な被害をもたらしました。卑弥呼の時代のものはそれより大きいものでした。霧島山の火山灰は気流の関係で、必ず東側に流れることが分かっています。まさに『記紀』の記録そのものです。これだけで邪馬台国が宮崎にあったということが

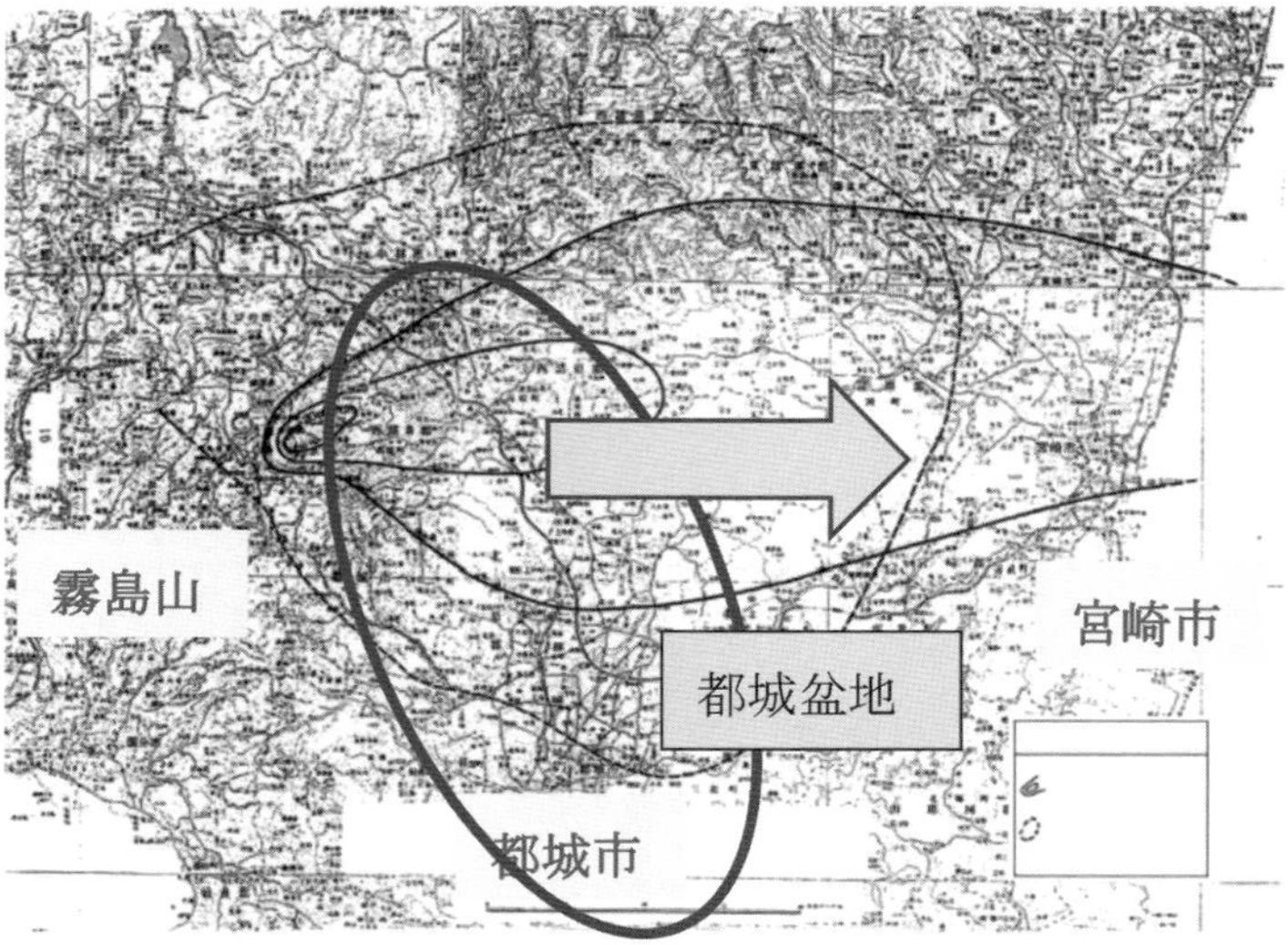

図8-2　霧島山の噴火灰の落下方向

(「平成７年度　霧島山火山噴火災害危険区域予測図作成業務報告書」より)

分かります。他の火山では、卑弥呼の時代を特定することが出来ません。天照大神がいた時代に起こった天地が暗闇に閉ざされる事件は、日食ではなく間違いなく霧島山の噴火によるものです。

⑵ 岩屋戸とは何か

ところで卑弥呼が閉じこもった「岩屋戸」とは何でしょう。後世本当の意味が分からなくなった時に「岩戸」として洞窟にされ、その挙句高千穂町の岩戸神楽なるものが中世に生まれるようになり、それがすっかり定着して誰も疑う人がいません。おかしなものです。饒速日尊《にぎはやひのみこと》は、天神の御祖神のご命令で、天の磐船に乗り、河内国の河上の哮峯《いかるがみね》に天降られましたが、この「天の磐船《いわふね》」は、頑丈な名木で出来た船を意味します。

これと同様に、「岩屋戸」とは頑丈な木でできた家、つまり「天の磐屋」ということです。それで天照大神が扉を閉めたり、少し開けたり、手力男《タヂカラオ》がその戸を押し開いたりすることが出来たのです。従ってアメノウズメが半裸状態で踊ったのは、高床式の弥生住居跡でよく見かける重要な数棟の建物の前にある広場であったと思われます。

3 邪馬台国の人口

(1) 当時の中国の人口

古代中国の人口について前漢以降の人口が把握できるのは、基本的に郡県制が敷かれたことにあります。郡県制を確立したのは秦の始皇帝でした。この制度では、郡には守（知事）、丞（副知事）、尉（軍事・警察長官）・監（官吏の監視）、その下の県には県令・県正が中央から派遣され、これらの人々が地方を管理するとともに、そのための人口調査を行っていたようです。郡県の数としては、前漢末に、郡国103、県邑・侯国・道が1587を数えます。武帝期には、複数郡を管轄する13の州が新たに設置され、後漢末までに州－郡－県の3級制が確立します。その後いろいろと変化しますが、州の数は300、県の数は1500程度であまり変化がないようです。

なお後漢の中元2（57）年は、王莽《おうもう》の混乱で人口が大幅に減少していたようです。『後漢書・郡国志』の中に427万9634戸と2100万7820人の数字があり、後述しますが菅谷文則氏は、これを採用したと思われます。確かに一時期人口が大幅に減少します。

三国時代は、お気づきのように人口が7分の1程度に減少します。これは、80年続いた戦乱・飢饉・疫病・逃亡・虐殺・兵役逃れのための戸籍抹消など、何でもありの混乱期となっていたためと思われます。三国末期から西晋初頭の史書に、晋の皇甫謐、魏の陳羣、呉の朱照日などが、人口が10分の1程になったという現状を上書していることから、この事実が本当であると考える人が多いようです。中国の国力が、丁度「邪馬台国」の時期に最低ランクまで落ちていたと考えられます。

このことが、倭国（邪馬台国）の地位が向上し、他国が自国の勢力圏に取り組もうとすることに繋がります。魏が邪馬台国との交流を求め、呉が領土獲得に乗り出すことになります。

ただ『晋書・地理志』や『通典・食貨七』などによれば、晋の太康元（280）年には、245万8969戸、人口1616万3863人までに戸籍上の人口が回復していますので、卑弥呼の時代では通常の5分の1程度、1200万戸で人口2000万人程度であったと思われます。

表8-1　前漢から三国時代の中国の人口

王朝	年代	人口A	戸数B	平均口数 A / B
前漢	元始2（2）年	59,594,978	12,233,062	4.87
後漢	中元2（57）年	21,007,820	4,279,634	4.91
	元興元（105）年	53,256,229	9,237,112	5.76
	永和5（140）年	49,150,220	9,698,630	5.07
	永寿3（157）年	56,486,856	10,677,960	5.29
三国時代				
魏	景元4（263）年	4,432,881	666,423	6.65
蜀	炎興元（263）年	940,000	280,000	3.36
呉	天紀4（280）年	2,300,000	530,000	4.34
合計		7,672,881	1,476,423	5.20

前記の数値は、基本的には１９９０年度に日本考古学協会が、福岡市でシンポジウム「東アジアと九州」と題する九州大会を開催しましたが、その中で菅谷文則氏が「中国から見た日本列島の国」と題する基調報告をされました。その中で、前漢時代から三国時代の中国の人口と朝鮮半島の郡の人口（表８－１、表８－２）を発表されていましたので、それをベースに使わせて頂いています。

⑵ 朝鮮半島の人口

朝鮮半島は、漢の安定した時代が終わると、混乱の中で戸籍も取れないような状態にまで陥ったようです。西晋やその前の時代に、戸数がかなり減少していることは、半島の東や南に逃れる人々が多数いたことを示していて、これが高句麗の強化、馬韓、弁韓、辰韓の成立につながったのでしょう。

表8-2　朝鮮半島の郡と人口

王朝	郡	年代	人口Ａ	戸数Ｂ	平均口数Ａ／Ｂ
前漢	玄菟郡	元始２（２）年	221,845	45,006	AV 4.93
	楽浪郡		406,748	62,812	AV 6.48
後漢	玄菟郡	永和５（140）年	43,163	1,594	27.08
	楽浪郡		257,050	61,492	4.18
西晋	玄菟郡	太康初（280）年	?	3,200	?
	楽浪郡		?	3,700	?
	帯方郡		?	4,900	?

⑶ 邪馬台国の人口

『魏志倭人伝』には、各国の戸数（家数）が載っています。次の通りです。

対馬国	千余戸	●	
一大国	三千許りの家	●	
末盧国	四千余戸	●	
伊都国	千余戸	●	（合計三万余戸）
奴　国	二万余戸	●	
不弥国	千余家	●	
投馬国	五万余戸可り	◎	
邪馬台国	七万余戸可り	◎	
合計	十五万余戸		

戸と家は、同じものを別な言葉で表現しているとしてよいでしょう。つまり1戸＝1家です。そのように見てくると、対馬国から不弥国を合計すると三万余戸となり、ここに3、5、7という奇数が並びます。この頃の中国では、陰陽五行説が盛んであり、その影響があったのでしょう。この説は、天地の万物は陽と陰に相反する性質に分かれていて、これが人の気や運命

に影響を与えるものだとする考えです。

陽数が一、三、五、七等の奇数で、陰数が二、四、六、八等の偶数です。そして1戸＝5人とすると、投馬国は「五万余戸可り」、邪馬台国は「七万余戸可り」とありますから、25万人や35万人のメガポリスが誕生します。これは本当でしょうか。

表8-3　日本の人口（1800年前、西暦200年頃）

奥羽	3.4万人
関東	9.9
北陸	2.1
東山および東海	13.9
畿内および周辺	10.0
中国	6.7
四国	3.0
北九州	4.1
南九州	6.5
合計	60.0万人

（鬼頭宏『人口から読む日本の歴史』講談社学術文庫、2000年より）

人口統計の資料からみると、中国は卑弥呼の時代と同時代の三国史の時期は、戦乱や逃亡で人口が極端に減っていて、朝鮮はもともとそれほど人口が多くないですね。そうすると、倭国での投馬国の5万戸や邪馬台国の7万戸という数字は大きすぎ、それをそのまま用いることが、いかにおかしなものかが分かります。これを解く鍵が、旅程のところで紹介した「可」です。戸数をよくみると、◎を付けた両国には「可」の文字があります。これは、かぎ型にくくりそれまでの数値を合計したことを表す文字（印）であることが分かっていますから、それを考慮すると投馬国も邪馬台国もそれぞれ2万戸となります。

投馬国　　5万戸－3万戸＝2万戸
邪馬台国　7万戸－5万戸＝2万戸

安本美典氏の『卑弥呼は日本語を話したか』によれば、奈良時代の薩摩国・大隅国・日向国それぞれの人口は、次の数字になります。

薩摩国　5万8869人
大隅国　4万4741人
日向国　6万1224人

これをベースに人口を推定してみました。投馬国を薩摩国、邪馬台国を日向の国とし、大隅国の一部が邪馬台国の時代は日向国に含まれていましたので、日向国に3分の1程度を配分しています。それに両国の人口を奈良時代の4分の3と推定しました。他国の人口も加えれば、次の通りになります。

投馬国（薩摩国）　4万4144人
邪馬台国（日向国）5万7104人

女王国（邪馬台国以外）　1万9037人（邪馬台国の3割として推定）
伊都国他　7万5000人（1戸2・5人として）
合計　19万5285人（狗奴国以外の総合計）

邪馬台国の人口を奈良時代の4分の3としたのは、『古代文化』の桑原秀夫氏の「日本の古代人　推計についての一考察」における人口増加曲線を使い、奈良時代（西暦680年）より邪馬台国の時代（240年）が440年遡るとして、奈良時代の比で求めています。

この人口は鬼頭氏の推定より大幅に大きなものですが、鬼頭氏の推定はあまりにも小さなものですので、この程度が適当でしょう。恐らく九州の人口は、狗奴国等を加えれば26万～27万人といったところと推定されます。

4 邪馬台国の人々の寿命

『魏志倭人伝』で「その人は寿考、或いは百年、或いは八、九十年。」とあるのは、中国の例を見てくると平均という意味ではなく、そこにいる方の最高齢の方に百年あるいは八、九十年の人がいるという意味です。

漢の時代の地方行政の報告書を「集簿」と呼びますが、「八〇歳以上と六歳以下の人数、九〇歳以上と七〇歳以上の受杖人の人数」を地方の行政官は調べあげて報告するようになっており、倭国に赴いた使者もこれらを報告したと思われます。

尹湾漢墓は江蘇省連雲港市で見つかったものですが、１号牘《とく》から出土した「集簿」では、次のような数字が挙げられています。

１　男子：70万６０６４人、女子：68万８１００人
２　年80以上：３万３８７１人、６歳以下：26万２５８８人
３　年90以上：１万１６７０人、年70以上受杖：２８２３人

高齢者が意外と多い気がします。倭国でも同様な人口比だったでしょう。ちなみに受杖人とは、国家に功労があった方でその証しとして杖を頂いた方です。

『魏志倭人伝』の文章について、「寿命というものは人々の平均を表しており、百年というのはあり得ない」、あるいは「倍歴」だと主張される方が多いですが、古代中国や多分日本でも寿命という時は、その地域の最高齢の方の年齢をいっていたと思います。

『魏志倭人伝』では「卑弥呼の宗女、壱与、年十三を立てて王と為す。国中遂に定まる。」とありますが、この年はどう考えても普通の四季を織り込んだ1年で数えていて、それで13歳になりましたということでしょう。

『魏志倭人伝』の注にある、「正歳四時を知らず、ただ春耕秋収を記して年紀とする」は素直に読めば、「春耕秋収」作業を通して1年を数えるということです。季節で年数が倍になるなどということは、あり得ない解釈です。

5 住居形式

『魏志倭人伝』では、住居のことを「屋室有り。父母、兄弟臥息処《がそくところ》を異にす」と記述しています。これは「部屋には区切りがあり、父母や兄弟が別々の所で寝ている」ということです。

この時代の普通の住居をみると、円か方形に掘り下げた竪穴住居が一般的です。ところが邪馬台国の時代を境目に、弥生後期から古墳時代にわたり、宮崎県の南部から鹿児島県が中心で、九州の北部にまで広がった「花弁状間仕切り住居」が出現しています。宮崎市熊野原遺跡、都城市祝吉《いわよし》遺跡、鹿屋《かのや》市王子遺跡など、この手の住居が数多く九州南部を中心に発見されています。邪馬台国の横市川両岸の竪穴住居も、半分程度はこの様式です。ここの住居は、かなり広さがあります。

この住居の特徴は、壁際の数カ所に幅50㎝、長さ1mほどの掘り残しがあり、この突出した壁により部屋割りをしていることです。円形の住居が花弁状にみえることから、この名が付けられました。

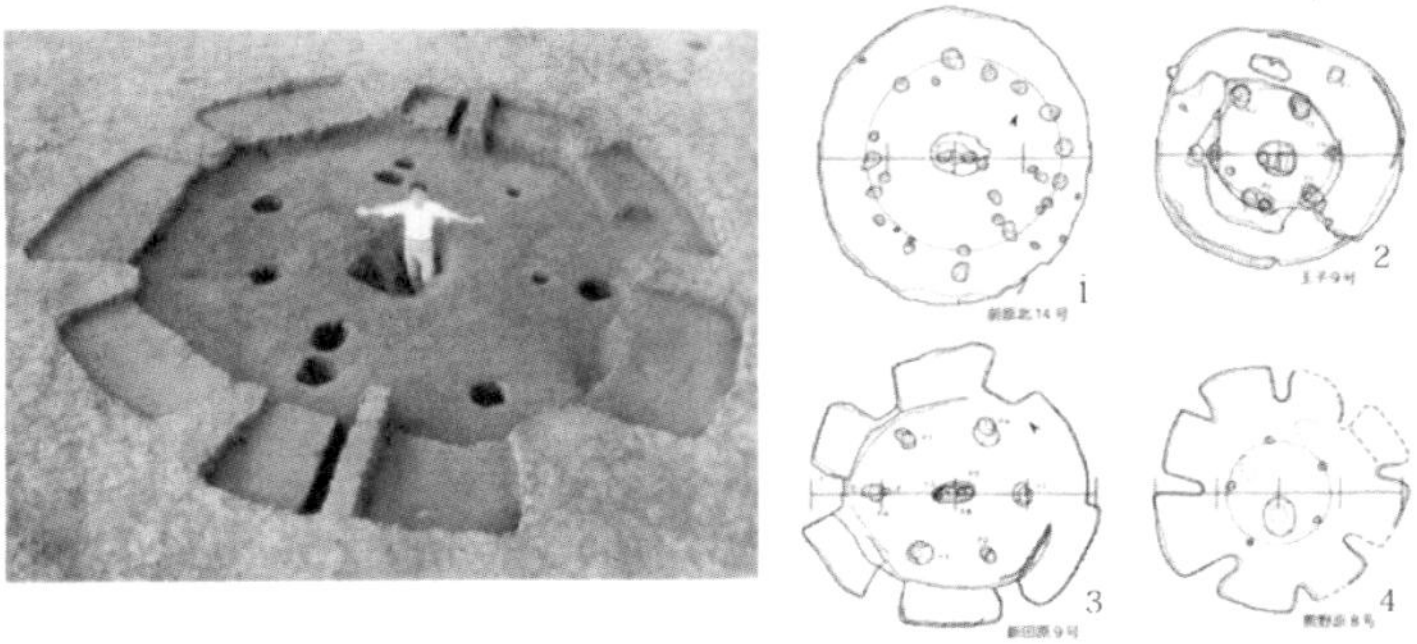

図8-3　花弁状間仕切り住居

（石野博信『邪馬台国時代のクニグニ 南九州』より）

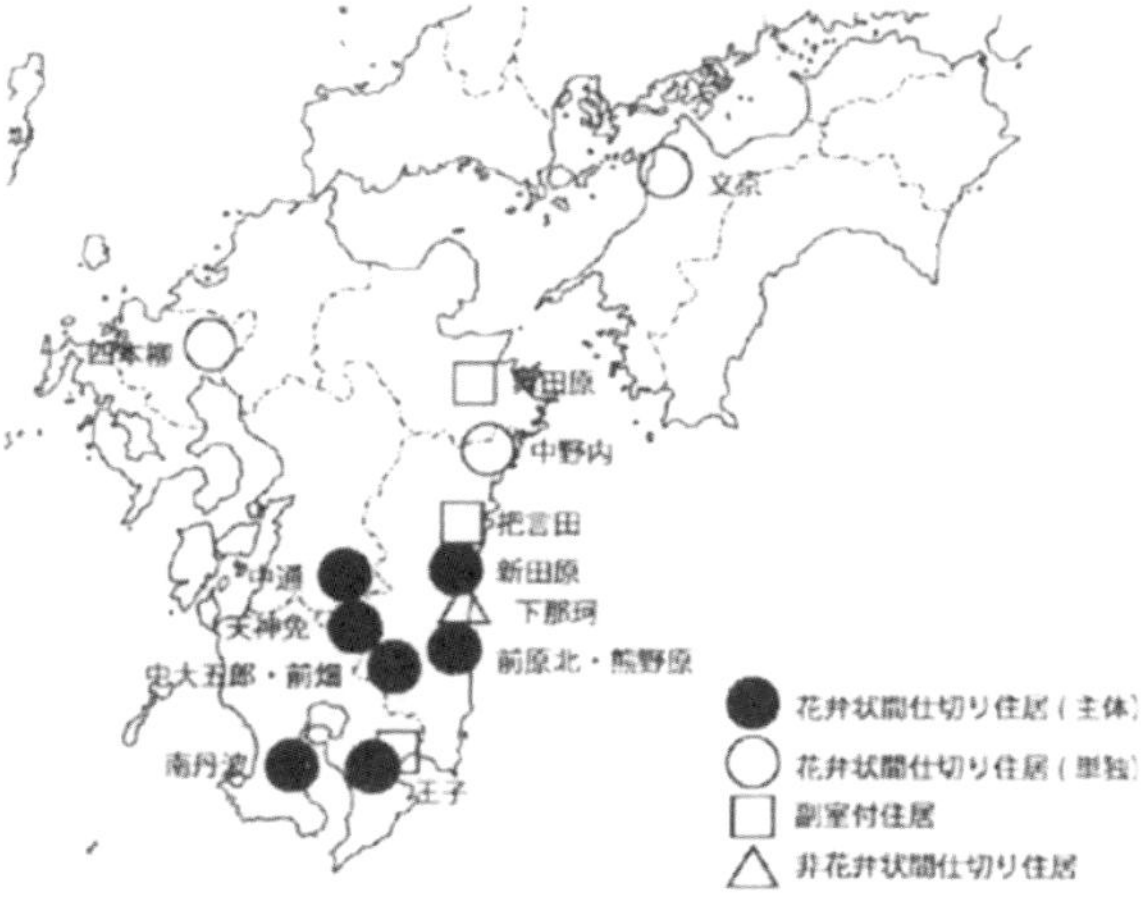

図8-4　花弁状間仕切り住居の分布図

（石野博信『邪馬台国時代のクニグニ 南九州』より）

この部屋は、幅が2mほどあり、人が寝るのにちょうど寸法が合うので、間違いなく寝るときは「床を異にす」の一人ひとり別々だったことが窺えます。これが、邪馬台国が宮崎であったという、はっきりした文献と考古学の成果が一致した大きな証拠でしょう。

6 卑弥呼の食事の道具

卑弥呼がどのような人であったかは、『魏志倭人伝』では詳しく述べられていませんので、不明ですが、その素性を何とか探れないか考え、食事の道具からの試みをしたいと思います。『魏志倭人伝』では、「食飲には邊豆《へん》を用いて手食す」とあります。この邊豆とは、唐の時代に顔師古が書いた『漢書註』では竹と木で作った高杯であるとしています。ただこの豆とは『説文』での「古食肉器也」という捉え方もあります。鉢のようなボウルという研究者もいます。いずれにしても、食器ということでしょうが、問題は手食です。

中国では、戦国時代には既に、三股や二股のフォークや匙（スプーン）が普及していて、箸も一般的になっていました。前漢時代の有名な馬王堆1号漢墓では、漆塗りの鼎や匙、竹製の箸もありました。

唐代（618~907年）の敦煌莫高窟の「宴飲図」では、私たちが宴会をやる時のように、テーブルを挟んで椅子に座り、大きな皿と小皿が用意され、この匙と箸が交互に並べられている図となっています。しかし箸は鍋の中にある肉等を摘むのに使い、他は手で食していたようです。これは、私がいたネパールと同じですね。

朝鮮半島では、三国時代の武寧王陵からは青銅製の箸と匙が出土しており、その後もこういう食事用の箸と匙がセットになって出土するようになります。為政者は、箸の使用が一般的だったようです。

日本では、弥生時代の静岡県の登呂遺跡や奈良県の唐古遺跡から木杓子や匙が出土していますが、箸は7世紀の奈良県の飛鳥板葺宮《あすかいたぶきのみや》遺跡から榎の箸が出土するのが嚆矢です。箸の使用はやや時代が下がるようです。

7世紀の『隋書』の「倭国伝」には、「一般民衆の間では盤俎《ばんそ》（食べ物を載せる長方形の台）が無く、食べ物を載せるのに槲《かしわ》の葉を用い、手で食べている」との記事がみられます。依然手食です。何となくバナナの葉を使うインドネシアを思い出します。

他方『記紀』に、須佐之男命が奇稲田姫を助ける話で、川の上流から流れてきた箸のことが契機となったと記載されています。これは出雲が舞台ですが、須佐之男命の時代には、北部九州や出雲など中国との交流の影響があるところでは、箸が普及し始めていたのではないかと思われます。この物語は後世に作られたと思われますので、2～3世紀ほど後での風景かもしれません。箸は当初は現在のように二本の棒状のものではなく、木製か竹製のピンセットのような二股の物だったと言われています。その後の時代でも箸の使用は上流階級のみで、一般はまだこの習慣を取り入れてはいませんでした。

日本では最近まで、野外では獣に襲われないまじないとして木の箸は使用後折って川に流していましたが、これは5~6世紀頃始まっていたのでしょう。但し箸が米を食べるのに使われるようになったのは、日中とも1000年弱程度前からで、南方の粘着米が日本に紹介されてからですので、箸の現在的な使用は比較的新しいと思われます。

そういうわけで卑弥呼は邊豆と呼ばれる食器を使っていても、手食ということで箸を使ってはいなかったと思われます。太夫と呼ばれるような幹部も同じだったでしょう。倭人伝の記述は、それらの人たちも含めたものだったと思います。但し匙は出土していませんが、木製のものを使っていた可能性はあります。これは卑弥呼の地域（南九州）が、まだ中国の文化の影響を十分に受けていない場所にあったためと思われます。

山の幸を十分に使った滋味のある食べ物も知らなかったようで、この点も文化のレベルが低く、この点中国の影響を濃く受けていた北部九州や、出雲などからは遠い場所にいたことが原因だったでしょう。倭人は酒を好んだようですが、食べ物を料理として一つ一つ味わうというより、量で満腹させるか酒のつまみ程度の食事法だったかもしれません。

彼女自身中国文化からは遠く、鏡などの舶来品のみの接触だったでしょう。伝説では生まれた場所は宮崎市の小戸とも朝倉とも呼ばれる場所です。当時は大変な田舎です。宮崎市瓜生野での天照大神の伝説では、鶏は彼女からのメッセンジャーということで、食べることが長年

（昭和2年まで）禁止されてきましたが、これは彼女が、鶏が鳴く環境の中で生まれ育ったことを想像させます。『記紀』での高天原は、邑長が初めて決まったような開拓地でした。

これらを総合すると、原初の邪馬台国はそれほど文化が進んだところではなかったと思われます。伊都国や奴国とは違った環境だったでしょう。しかし中国との行き来を通して少しずつ変化していったのでしょう。そして神武天皇が出て、古墳時代が始まります。

7 その他の自然・社会条件

『魏志倭人伝』の記事には、九州の南方の自然・社会条件がふんだんに盛り込まれています。明らかなものを列記すると、次の通りとなります。

①『魏志倭人伝』には、北九州に多い青銅器の記事がありません。南九州は、青銅器が発見されることが少ない地域であり、ここだと儀式にも使用がなかったでしょう。むしろ鉄の文化が栄えていました。

②「木綿《ゆう》を以て頭に招《かかぐ》」。これは鉢巻きを示していると思われます。これについては、『万葉集』に左記の歌が載せられています。

肥人《こまひと》の　額髪結へる　染木綿《しめゆふ》の

つまり、肥人（熊襲）の風俗としての鉢巻きのことですが、肥人のみでなく、隼人を含む南方では一般的に使用されたものです。

③「倭地は温暖にして、冬夏生采《とうかせいさい》を食う」。これは明らかに非常に暖かい所でなければ書けない記事です。宮崎県の平均気温は全国的に沖縄、鹿児島に次いで高く、3位です。気候は南海型で、冬も暖かい日が続きます。

④「朱丹《しゅたん》をもってその身体を塗る。中国の粉《ふん》を用うるがごとくなり」。これは宮崎県都城市山之口町の「弥五郎どん祭り」に見られるように、隼人などの南方の風俗としての赤く顔や体を染める風習をいったものでしょう。

弥五郎どん祭りとは、征服した隼人のたたりを恐れた朝廷が、隼人の鎮魂を願い放生《ほうじょう》会《え》を行った際、降伏した隼人の首領をその先払いにしたことに始まります。この弥五郎どんは、高さ3mほどの朱面を被った人形で、子供たちが引っ張って町中を練り歩く祭りです。この朱面が隼人の風俗を示していると伝えられていますが、九州の南部全体で同様の風俗があったものと思われます。

女王国は、阿蘇山でのベンガラを豊富に入手することが可能でしたので、こういう風習が自然と身についていたのでしょう。

8 弥生時代の別の風景

一大国の箇所で紹介した『淮南子』の巻五時則訓の、「五方位」の後半部分に着目したいと思います。

「そこでは、次のような政令が発布される。『禁止事項をゆるめ、閉鎖を開き、行き止まりを通じ、障塞《しょうそく》を開通させよ。交際をなだらかにし、怨みや憎しみを棄て、労役や処罰を免じ、憂患を除き、罰刑をとりやめよ。関所や渡しを開通し、在庫（庫財）を出し、外敵と講和し、四方を鎮撫し、柔恵を施し、剛強なふるまいをとどめよ。』」（『新釈漢文大系』明治書院）

基本的に「五方位」の記事は、学者の間では架空・空想上の出来事と認識されています。しかし私は「東方の日の出の場所、榑木《ふぼく》の地、青丘の樹木の野」あるいは「君子国」というのが日本のことを指していて、そのかすかな知識がこれらの記事に反映しているように感じています。

「榑木の地」とは東方の日の出の場所のことです。朝鮮を見て帰国した時に見る青々とした山並みは「青丘の樹木の野」そのもので、まさに日本です。

『山海経・海外東経』には、「東方句芒、鳥身人面、二条の龍に乗る。」、また『呂氏春秋・孟春紀』には、「その帝太皞、その神句芒。」とあり、太皞は死して東方に祀られ、木徳の帝となり、句芒は木徳の帝を補佐する立場だということです。

『山海経』にあるように、句芒は古くは鳥身人面で龍に乗る姿として描かれていますが、鳥の象徴であったようです。日本では大阪府和泉市池上曽根遺跡出土の鳥形の木製品に見られるように、穀霊を運ぶ生物として鳥を崇拝する風習があったようです。吉野ヶ里遺跡で鳥を載せた単純な木の鳥居が作られたようですし、唐古・鍵遺跡出土土器片の家屋上に鳥が載っているのもそのためでしょう。竿の先端に木製の鳥を載せた古代韓国のソッテ（鳥杆）の風習は、稲作とともに逆に日本から韓国にもたらされたものだと思います。

右記の記事は逆にすると、考古学資料のみでは分からない弥生時代における日本の姿が見えてくるように思えます。

「禁止事項が厳しすぎる。地域間が閉鎖されていて、行き来ができず障壁を生じている。地域同士の交際がなされておらず、怨みや憎しみがはびこっている。労役や処罰が厳しすぎて、恐怖や心配事が多く、罰刑が簡単に行われている。関所や渡しで人の行き来を止めている。貯蔵したものを施さず、外敵とは戦が絶えずあり、四方が静謐ではない。柔恵さがなく、剛強なふるまいが多い。」

卑弥呼は、女王国を構築する際に、地域間の行き来を活発にさせ、これらのことを少しでも軽減しようとしたと思います。しかし簡単ではなく、「その法を犯すや、軽者はその妻子を没し、重者はその門戸及び宗族を没す。尊卑はそれぞれ差序ありて、相臣服して足る。租賦を収め、邸閣あり。国国は市ありて、有無を交易す。大倭をしてこれを監ぜしむ」というような厳格さは残りました。

9 弥生人の心象風景

福岡県の飯塚市にある立岩遺跡には、弥生中期～後期の甕棺墓、銅鏡や鉄剣類が出土する遺跡群があります。ここから10面の前漢鏡が発掘されていますが、二つの連弧紋銘帯鏡に私の好きな銘文があります。この銘文は、戦国時代から前漢時代まで楚の地方で採取された詩集である『楚辞』の詩です（訳は私がしたもので、至らない所があります）。

日に喜びあり、月に富みあり。
――日ごとに喜びがあり、月ごとに豊かになる。
母事《ぶじ》を楽しみ、常に意を得。
――無事であることが楽しみであり、常に心が満たされている。
美人會して、竿瑟《うしつ》侍す。
――美人が横にはべり、琴を奏でようとしている。
賈市《こし》程々にして、萬物《ばんぶつ》平らかなり。
――市場はまずまずにぎわっており、萬物がおだやかである。

老丁《ろうてい》に復し、死生《しせい》に復す。
——老いの身になり、また死生に戻ろうとしている。
酔いては知らず、旦星《たんせい》に醒《す》む。
——酔いてわが身を忘れ、また明日になれば覚めるだろう。

この2面の鏡は仿製鏡であり、片面で字が抜けていたりします。字体はそれぞれ違い、見本を見て字を知らない製作者が何とか真似しようと努力している様が見て取れます。
大事なことは、鏡作りを命じた為政者が古代中国の『楚辞』の詩を通して、世の中を楽しみながら生きていたいと願っていることが読み取れることです。いつの世も同じですね。私が弥生時代を思い出した時には、この鏡の銘文が浮かびます。心情的に非常に好きな文章です。

10 何故魏使は九州を周回したのか

(1) 蓬莱の三神山

『魏志倭人伝』に、「倭地を参問するに、絶えて海中の洲島《しゅうとう》の上に絶在す。或いは絶え、或いは連なり、周旋五千余里ばかり。」とあり、「参問」とは「実際に訪ね確かめる」という意味ですので、魏の使者が倭地（九州）を周回したことが、その優れた短い筆跡から分かります。では、何故この九州の地を周回したのでしょうか。

この答えは、中国の蓬萊思想にあります。中国最古の地理書『山海経』の「海内北経」に、「蓬萊山《ほうらい》は海中にあり、大人の市は海中にあり」と記されているように、古代から海中には蓬萊山があることが言い伝えられてきました。この蓬萊山は仙境の一つで、仙人が住み不老不死の薬があるところとされていました。道教の中の神仙思想の流れを汲むものです。

なお、この文章中の「大人の市」は、ひょっとして古代南北に盛んに市糴《してき》していた壱岐の大人国の市街が海中にあることを示していたのかもしれません。

この蓬萊伝説では、海上に五神山があるとされていました。「蓬萊《ほうらい》」、「方丈《ほうじょう》」、「瀛州《えいしゅう》」、「岱《たい》輿《よ》」、「員嶠《いんきょう》」の5山ですが、このうち「岱輿」と「員嶠」は、海中に沈んでなくなったと言われ、三神山のみがあるとされていました。

これらの山は、壺の形をしているので「三壺山」とも呼ばれ、不老不死の象徴ともされ、それが前方後円墳の壺型の形となったと思われます。この三神山は、山東半島の先の海中にある日本のことを指すとも言い伝えられていて、古代日本は、日本の行基図が中国に紹介される前は、三つの島に分かれて描かれることが習わしでした。

秦の始皇帝は、紀元前226年に蘭池宮を作り、その中に山東地方を巡航した際、蜃気楼だと思われますが三神山を見たことから、蓬萊・瀛州を池内に作らせています。前漢の武帝は、建章宮を作った際に、その北に大池を設け、ここに三神山を配置したことが記録に残っています。他にもいろいろとあるようですが、古代中国人の憧れだったようです。

(2) 日本を描いた地図

中国が元〜明代に作成した世界地図に、日本を3分割し、それを三神山として描いた地図がありました。その二つを紹介させて頂きます。この三つの島は、西から「蓬莱《ほうらい》」、「方丈《ほうじょう》」、「瀛州《えいしゅう》」を指すと言われていますが、後には「瀛州」だけで日本を表すことも行われます。

まず最初の図は、日本を描いた最初の中国地図といわれているものです。明代の地図ですが、一つは『水東日記』巻十七に示された広輪疆理図（大蔵集古館蔵、米国国会図書館蔵など）で、もう一つが『声教広被図』での広輿図所収の東海海夷図（国立公文書館蔵）です。原図は、共に14世紀の元代に作成されたものです。

最初の広輪疆理図は、明代の蔵書家葉盛《しょうせい》（１４２０–１４７４）の著書『水東日記』の巻十七において、清濬《せいしゅん》の作製した「混一彊理図」が「広輿彊理図」と題して載せられていたものです。後の康熙刊本ではこれらが削除されており存在に気付かれませんでしたが、明の弘治年間（１４８８〜１５０５年）の初版本では付いていて、現在大倉集古館とアメリカの国会図書館に保存されています。東の海中にあるという三神山（蓬莱・方丈・瀛州）の伝説を、はっきり表しています。１３６０年作。この図には、長門の西に徐福祠が記載されています。つまり土井ヶ浜が上陸地であることを中国では知っていたことになります。

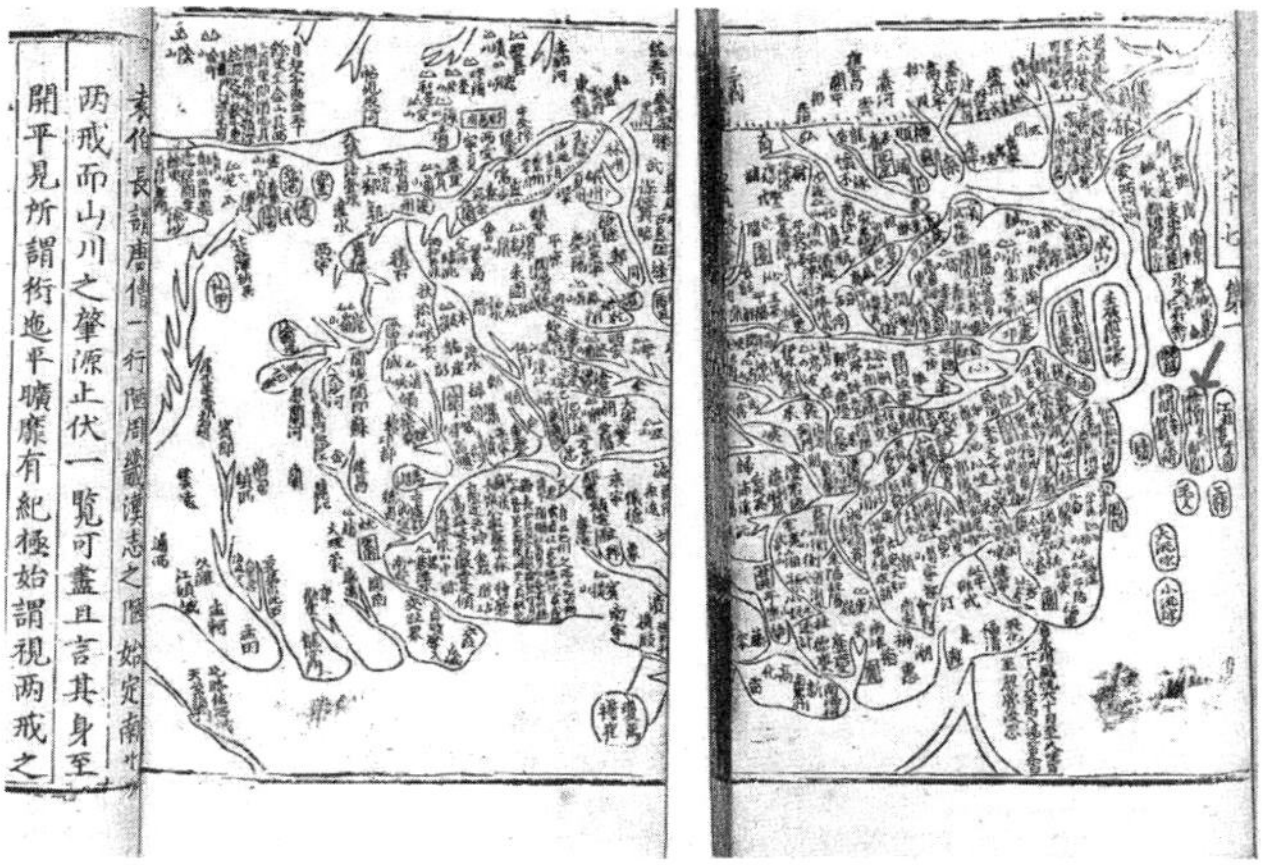

図8-5　『水東日記』巻十七の広輪疆理図
（大倉集古館蔵）

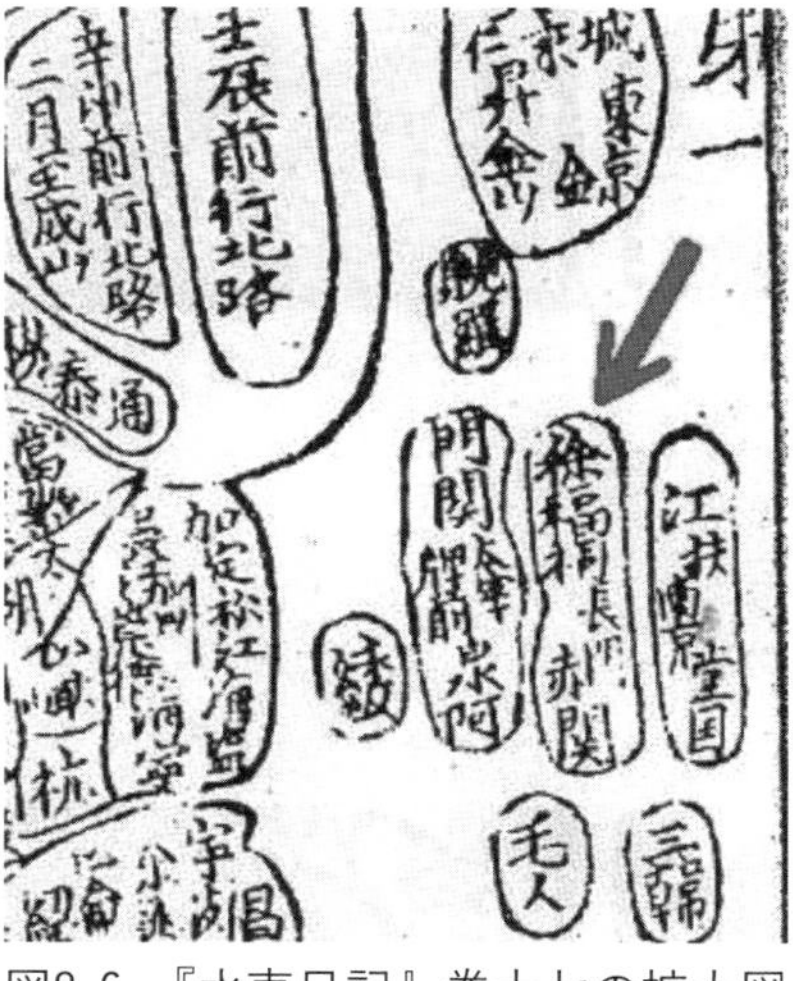

図8-6　『水東日記』巻十七の拡大図
（三神山の島々、矢印は徐福
祠の表示）

次の図と合わせて考えると、この西側の島は、地名からは「太宰（太宰府）」を代表する九州を指しており、中央の島は「長門」を代表する中国地方と「讃《さぬき》」を代表とする四国を合わせたもの、東側の島は「遠江」や「尾没（たぶん尾張）」を指す本州を表していると思われます。「南京」や「堂国」はどこを指しているのか分かりません。

南方の諸国については、「大琉球」や「小琉球」が、沖縄や台湾を指しているように見えますが、「毛人」、「三韓」や「倭奴」については、今までの歴史に登場してきた地名を、混乱して記載しているだけに見えます。

下の図は、『声教広被図』での広輿図所収の東南海夷図ですが、明の嘉靖34（１５５５）年羅洪先《らこうせん》が大元ウルス治下の朱思本の「輿地図」、李沢民の「輿地図」などの明代の各種地図を集めて編集、整理した『広輿

図8-7　『声教広被図』での広輿図所収の東南海夷図

（国立公文書館蔵）

図』の中にあります。その中の李沢民の「輿地図」＝「声教広被図」には、南半分の「東南海夷図」と「西南海夷図」が描かれています。国立公文書館蔵。１３６０年よりやや後に作製されたと言われています。ここでも日本は、小さな平戸の島を除き、大きくは３ブロックに分かれていて、徐福相の字が見られます。

邪馬台国の位置の手がかりとして、朝鮮の権近が世宗の即位に合わせて１４０２年に朝鮮王朝に差し出した、「混一疆理歴代国都の図」（龍谷大学付属図書館蔵）がよく使われますが、日本に派遣された朴敦之が入手した「大日本国図」（前田育徳会尊経閣文庫蔵）のような「日本図」を参考にしたと思われます。日本列島は倒立した形に描かれていて、年代も前記の図より新しいもので、それを使って邪馬台国の位置論の根拠とするのは無理があります。同時期に描かれた「大明国図」（本妙寺蔵）などでは、列島は東西に描かれています。

⑶　魏使の九州周回の目的

魏使は、この３ブロックの西側の島に行くことになり、この島が三神山の一つであるか確かめるため、そして倭の国の領域を確かめるために、この島を周回しそれを記録に残したと思います。倭国の九州を一周した際に、伝説と同じように一つの島であったことが確認でき感動し、それが『魏志倭人伝』の文章に残ったと思います。内陸部を陸行し女王国の国情を掴むとともに、その領域の大きさをも掴め、魏使の目的を果たせたことでしょう。

『魏志倭人伝』では、また「女王国の東、海を渡ること千余里。復《また》国有り」ということで、東側に同じような国があることを報告していますが、これは三神山での中央の島（方丈《ほうじょう》）が、同様に千余里離れた所にあり、この倭の地が伝説の土地であることを伝えていると思います。

ここで注目して欲しいのは、紹介した両図において、真ん中の島の「長門」の西側に、徐福祠あるいは徐福相が記載されており、徐福が長門の西、すなわち土井ヶ浜に上陸したと記録があります。魏使が帯方郡にいた時に、有名な秦の時代の徐福について伝説として伝え聞いて、その点から三神山を見てみようと思い立った可能性があります。徐福は、自分の居所を隠そうとしたふしがありますが、中国社会の中で元や明代までそれを伝えていた人々があったのでしょう。

そのため魏使が九州を周回した際、徐福の記載のある真ん中の島（中国地方）への上陸地についても確認のため、寄った可能性があります。しかしこの時代では、現地で徐福上陸の事実を確かめることが出来なかったため、記録に残らなかったと思います。

おわりに

私は、昭和52年29歳の時、かんがい設計の仕事で、ネパールの東のジャパ郡のカンカイという所に3月半ほど滞在したことがあります。ここでエンジニアとしては未熟でしたが、海外の仕事を初めて経験しました。

この付近の様子は、福岡県の平塚川添遺跡の大型掘立柱建物と殆どそっくりな建物が町をつくっており、2階に上る梯子も復元家屋に見られるものとほぼ同じもので、弥生時代か古墳時代にタイムスリップしたような感じをもったことを覚えています。

近くに、定期的に市が開かれる広場があり、時々遊びに行っていました。市場といっても、普段は地面に柱を立て屋根がある建物が2列に並んでいるだけのもので、よく教科書に載る一遍上人絵巻四の備前福岡の市の建物と、まったく同じものでした。

月のうち決まった市の日になると、ここが同じ市場なのかと見間違えるほど、人で溢れかえります。インド商人が、はりや柱に商品をかけ、あらん限りの声で人を呼び込もうとします。大道芸人はわざを見せ、お金を稼ぎます。広場の端に木があり、ヤギが繋がれていて、客の注文でその場で首を切り、肉を出します。そしてこの市の日が終わると、商人はまたどこかに荷物を持ち立ち去ります。

掘立柱の建物は、その木の感触が心地よいものです。2階に火を取るかまどがあり、そのためか時々火事があるようです。しかしすぐ後にはその横でまた柱を立て、一月もしないうちに新しい建物を造ってしまいます。

村には、日本の馬小屋のような小屋の中にかまどを設けたお茶屋があり、青年海外協力隊の人と一緒に行き、おいしいミルクティーのようなものを味わっていました。

ここには若い女性がいて、日本のことが聞きたいというので、このヒマラヤの山を越え、ずっと下ってゆくと平たい中国という所に着き、そこから海を渡ると日本に着くと話すと、熱心に聞き入っていました。このお茶屋の前を、ネパール独特のチョッキを着て、トッピという帽子をかぶった裸足で牛を引いてゆく年配の方が通り過ぎて行きます。

何もかもが、ゆったりと過ぎて行く時間が、そこにはありました。

ある時、夜に近くの小学校で児童の演技があるというので、出かけていくことにしました。この村はまだ電気を知らなかったので、夜はまさに墨を塗ったような暗さでした。昼間通った時には家並みが見られたのですが、夜通ると暗闇があるだけで、一瞬家がないのではと錯覚することがしばしばでした。小学校に向かう人たちに混じって付いてゆきましたが、隣で歩く人を、音で判断するような状態でした。小学校の手前の小川を横断する時は、真っ暗闇のなかで、川の冷たさが真っ先に来て、木の根や石ころに転ばないようにすることで精一杯でした。

小学校の舞台では、両脇に石油ランプがあり、それが唯一の照明でした。しかし途中1個が故障したため、残りの1個で明かりを取り暗い中での観劇でした。それでもネパールの人には苦にならないようで、驚かされました。

その後45年程が経ち、ネパールも明るい世界に変貌しました。

今から25年程前、初めて本を書こうと思いつき最初の粗原稿を作った時に真っ先に思い浮かべたのは、これらのタイムスリップしたような体験でした。『魏志倭人伝』の書かれた時代も、ちょうど同じような感覚の時代だったように思います。

また15年前、日高祥氏の著書『史上最大級の遺跡　日向神話再発見の日録』という本を初めて目にし、書かれた内容からこれが本物の卑弥呼の墓だと驚くとともに、一連のストーリーが目に浮かびました。

粗原稿でも都城盆地が邪馬台国の舞台であることに触れていました。卑弥呼が宮崎市で生まれたことは分かったのですが、墓までは分かりませんでした。

日高氏のご自宅を訪問した後、笠置山墳丘墓を熱心に案内して頂き、彼の書かれたあるいは集められた資料や出土品を拝見するにつれ、ここが今まで求めていたものであることを確信しました。そこで日高氏には、必ず笠置山を載せた邪馬台国の本を出版すると約束しました。

しかし、その後勤務地が東京に変わり、仕事の舞台が海外ということで駐在することも多くなり、本を書くことが出来ませんでした。2年半前コロナの影響で、ネパールから福岡の自宅に戻ることが出来ましたので、昔の粗原稿を元に、原稿案を作成しました。その後時間が経過し、更に新たな視点、知識が加わってきましたので、当初の原稿を更新し、今回の新原稿を作成することとし、この本となったわけです。

この原稿を書くにあたって、勇気づけてくれた友人たち、卑弥呼の墓を発見してくれた日高氏などの方々には感謝いたします。

令和4年12月吉日

髙木豊博

高木　豊博（たかぎ　とよひろ）

1948年福岡県福岡市に生まれる。福岡大学工学部を卒業し、建設コンサルタントとして国内のみならず海外の設計、調査、計画のプロジェクトに参加。現在も日本の現場で、現役として活躍中。技術士。歴史に興味が出てきたのは、小学校時代、校舎に安置されている石棺墓の発掘現場を見学し、塗られている朱の赤さに驚いたことからである。

邪馬台国の夜明け

新たな視点と緻密な検証で真実に迫る

2023年８月10日　初版第１刷発行

著　　者　高木豊博

発 行 者　中田典昭

発 行 所　東京図書出版

発行発売　株式会社 リフレ出版

〒112-0001　東京都文京区白山 5-4-1-2F

電話（03）6772-7906　FAX 0120-41-8080

印　　刷　株式会社 ブレイン

ISBN978-4-86641-645-8 C0095

Printed in Japan 2023